yn creu argraff
gwasg**dwyfor**

Ar Drywydd y Dringwyr

DEWI JONES

ISBN: 978-0-9562585-5-7

Argraffwyd a chyhoeddwyd
gan
Wasg Dwyfor, Pen-y-groes,
Caernarfon, Gwynedd,
LL54 6DB.
Ffôn: (01286) 881911.

Tudalen deitl:
O. G. Jones gyda dau gydymaith ar Grib y Cyfrwy, Pasg 1897
© Abraham Photographic

Clawr:
Clogwyn y Garnedd, Yr Wyddfa (Llun o gasgliad Maldwyn Roberts)
Llun bach: O. G. Jones © Abraham Photographic

Cynnwys

Rhagymadrodd

Tra'n blentyn yn Rhosgadfan denwyd fi'n reddfol i grwydro'r bryniau uwchlaw'r pentref o Foel Tryfan i gopa'r Mynydd Grug (Mynyddfawr) ac o'r mannau hynny gwelwn gadwyni mynyddoedd Eryri yn ymestyn i bob cyfeiriad. Dyna oedd fy niddordeb cynharaf, ac erbyn hyn rwyf wedi cerdded neu ddringo y rhan fwyaf o gribau a chopaon mynyddoedd Cymru, yn ogystal â chrwydro'r cymoedd diarffordd. Esgorodd hyn ar fagu diddordeb hanesyddol mewn olrhain dechreuadau mynydda yn Eryri a thu hwnt, a chofiaf fenthyca llyfrau o'r llyfrgell yng Nghaernarfon, fel, *Tackle climbing this way* gan John Disley, *The ascent of the Matterhorn* gan Edward Whymper, a chyfrolau Eric Shipton a Bill Tilman ar eu hymgyrchoedd yn yr Himalaia. Trodd y benthyca yn gasglu a nodi ffynonellau, ond cefais fy nenu i faes arall oedd yr un mor ddiddorol, sef astudio planhigion y mynyddoedd ac olrhain hanes y botanegwyr cynnar fu'n crwydro Eryri. Bwriais ymlaen gyda'r gwaith o gyhoeddi ffrwyth fy ymchwil i'r maes hwnnw, ond bellach dyma ddychwelyd at y cariad cyntaf, sef y mynyddoedd a'r mynyddwyr, a hanes sawl Cymro a Chymraes nodedig fu'n flaenllaw yn natblygiad mynydda dros y blynyddoedd.

Mae fy nyled yn fawr i Eric Jones, Tremadog, am ysgrifennu cyflwyniad i'r gyfrol, ac felly hefyd i Gareth Davies, Prenteg a'r Dr. Dafydd Glyn Jones, Bangor, am gytuno i ddarllen drwy'r testun. Bu eu sylwadau, eu ymgynghoriadau, a'u hanogaeth hwy o gymorth mawr. Rwyf hefyd yn gwerthfawrogi cyfeillgarwch y diweddar Showell Styles, Borth-y-gest, mynyddwr ac awdur nodedig, fu'n cydgerdded mynyddoedd Eryri gyda mi yn gyson yn ystod blynyddoedd chwarter olaf yr ugeinfed ganrif. Meddai ar stôr ddihysbydd o ffeithiau yn ymwneud â hanes mynydda ac elwais yn fawr o fod yn ei gwmni. Hoffwn yn ogystal gydnabod caredigrwydd y Dr. Huw Tegid Roberts, Llangefni, am ganiatáu i mi ymgynghori â'i draethawd M.Th. ar R. Camber-Williams, ac rwy'n mawr werthfawrogi cymwynasau Dr. R. Elwyn Hughes, Caerdydd, Dafydd Guto Ifan, Llanrug, Dr. Brinley F. Roberts, Aberystwyth a Medwen Roberts, Rhuthun am rannu â mi ambell ffaith perthnasol i'r astudiaeth hon o'u gwaith ymchwil eu hunain, a diolch hefyd i Roger a Sharon Vaughan, Pen-y-groes am eu cymorth yn y maes cyfrifiadurol.

Dymunaf hefyd gydnabod y cymorth a gefais gan staff y sefydliadau canlynol. Archifdy Gwynedd, Caernarfon; Llyfrgell y Sir, Caernarfon; Llyfrgell Coleg Prifysgol Cymru, Bangor; Llyfrgell Genedlaethol Cymru, Aberystwyth, a'r 'British Library Newspapers', Llundain.

Dewi Jones, Pen-y-groes.
Chwefror, 2010.

Cyflwyniad

Fûm i erioed yn ddarllenwr brwd am hanes mynydda, un ai yn rhy ddiog i bori neu yn rhy brysur yn dringo. Fodd bynnag fe berswadiodd yr awdur fi i ddarllen y gyfrol hon a hefyd un o'i lyfrau eraill, sef *The Botanists and Mountain Guides of Snowdonia*.

Bu'r ddwy gyfrol yn agoriad llygad i mi, ac ynddynt fe geir llwyth o straeon anhygoel a rhyfeddol, ac yn naturiol wrth drafod mynydda, ambell un drist iawn. Rhyfeddaf heddiw at ffitrwydd a chaledi'r arloeswyr cynnar yn gweithio fel tywysyddion a dringwyr, yn mentro concro'r copaon yn eu hoffer cyntefig cyn dyfodiad hofrennydd na 'ski lift'.

Fe'm synnwyd gan ambell stori, megis y rhai am y dringwr o Gymro, H. O. Jones gan i mi ddilyn, heb yn wybod, sawl dringfa a wnaeth ef. Ym 1909 fo oedd y cyntaf i ddringo copa gogleddol yr Aiguille Blanche de Peuterey a hyd heddiw caiff hon ei hadnabod fel 'Pointe Jones'. Chwe deng mlynedd yn ddiweddarach Cliff Phillips a minnau oedd y Prydeinwyr cyntaf i ddringo wyneb gogleddol yr Aiguille Blanche. Ym 1911 H. O. a Geoffrey Winthrop Young oedd y cyntaf i ddringo crib y Brouillard ar Mont Blanc, ac unwaith eto, chwe deng mlynedd yn ddiweddarach y fi ar ben fy hun oedd y cyntaf i ddringo piler canolog y Brouillard sydd yn gorffen ar yr un grib. Croesodd ein llwybrau sawl gwaith arall, a dim ond diolch i'r gyfrol hon yr wyf wedi dysgu am hynny.

Mae hoffter Dewi o fynyddoedd yn amlwg, ond cymer fwy na hyn i ysgrifennu llyfr da. Ceir sylfaen gref gan waith ymchwil trylwyr Dewi ar yr arloeswyr cynnar yma ynghyd â'i werthfawrogiad o fotaneg a'i wybodaeth fanwl am fynydda wedi eu cyflwyno mewn arddull ddifyr.

Bu mynyddoedd a mynydda yn rhan fawr o fy mywyd am bron i hanner canrif, ond heddiw mae fy ngyrfa fel dringwr yn nesáu at gysgod y machlud. Yn sgil darllen y gyfrol hon rwy'n siŵr y caf yr ysbrydoliaeth i ddarllen a dysgu mwy am hanes y mynyddoedd, yr wynebau a'r clogwyni hynny y cefais y fraint o'u cyffwrdd.

Eric Jones, Tremadog.

1
Eryri mewn chwedl a hanes

Mae'r rhanbarth hyfryd a garw o ogledd-orllewin Cymru a elwir Eryri yn llawn rhamant, chwedl a hanes. Mae wedi cyffroi diddordeb sawl awdur ac wedi bod yn atynfa i nifer fawr o ymwelwyr dros y blynyddoedd, ac yn parhau felly. Nid ystyrir tarddiad yr enw bellach fel 'trigfan eryrod' ond yn hytrach fel cribau uchel neu dir uchel[1] a dyna fu'r prif atyniad i genedlaethau o fynyddwyr dros y blynyddoedd.

Edward Llwyd ar Eryri

Edward Llwyd oedd un o'r cynharaf i gerdded copaon uchaf Eryri a chyhoeddi ei sylwadau:

> We may very properly call these Mountains the British *Alps*; for, besides that they are the highest in all the Island, they are also no less inaccessible, by reason of the steepness of their rocks, than the Alps themselves; … But it is observ'd by others, that the British name of these Mountains *Kreigieu Eryreu*, signifies *Eagle Rocks*, which are generally understood by the Inhabitants to be so call'd from the Eagles that formerly bred here too plentifully, and do yet haunt these Rocks some years though not above three or four at a time, and that commonly one summer in five or six; coming hither, as is suppos'd out of Ireland. Had the mountains been denominated from Snow, that name must have ben Kreigieu'r Eira, whereas the Welsh always call them Eryreu. Nor do the ancientest Authors that mention them, favour that other Etymology; for Giraldus Cambrensis writes it *Eryri* (which differs nothing in pronounciation from the present name) and Ninnius, who writ Anno 858, *Heriri*. However, seeing the English call it *Snowdon*, the former derivation was not without grounds; and it is possible the Word *yrau* might be either the ancient pronounciation, or a corruption of *eira*; and so these Rocks call'd *Kreigiau yr Yrau*, which might afterwards be written *Kreigieu Eryreu*.[2]

Llwyddodd Edward Llwyd i wrthbrofi'r hen goel bod eira yn parhau ar gopaon mynyddoedd Eryri drwy gydol y flwyddyn, ac yn ogystal cododd amheuon ynglŷn ag Eryri fel cynefin eryrod. Mae cryn amheuaeth yn parhau a fu erioed eryrod, yn enwedig eryr euraid, yn trigo ym mynyddoedd Eryri ac os bu, pa fath o eryr, gan fod mwy nag un cofnod ohonynt wedi ymddangos dros y canrifoedd.

Yn ei *Itinerarium Kambriae*, sy'n adrodd hanes ei daith drwy Gymru yn 1188, mae Gerallt Gymro yn cofnodi traddodiad a glywodd yn Eryri am eryr yn eistedd ar graig ar ddiwrnod arbennig pan fyddai'n darogan brwydr, ac wedyn yn bwydo ar y celanedd islaw.[3] Ar ddiwedd yr unfed ganrif ar bymtheg cyfansoddodd Thomas Prys, Plas Iolyn, gywydd lle mae'n anfon eryr gyda neges at rai o feirdd eraill Cymru yn peri iddynt lunio cerdd i ladd gŵr cenfigennus sy'n gwrthod rhyddhau cariad y bardd.[4] Yn 1639 ceir hanesyn diddorol gan Thomas Johnson y botanegydd am ei dywysydd yn gwrthod ei arwain at un o glogwyni'r Carneddau am ei fod ofn i'r eryrod ymosod arnynt, fel roeddynt yn gwneud, meddai, ar yr anifeiliaid oedd yn pori ar y mynydd a'u rhusio dros y dibyn.[5] Erbyn blynyddoedd olaf yr ail ganrif ar bymtheg roedd William Rowlands, a oedd yn frodor o Eryri, yn anfon gwybodaeth ar gais Edward Llwyd am hynafgwyr yr ardal yn tystio bod eryrod yn arfer bod yn Eryri, ond nid yw'r cofnodwr ei hunan yn dweud iddo weld rhai yno.[6] Ar ddechrau'r bedwaredd ganrif ar bymtheg dywed William Williams Llandygái[7] bod eryrod i'w gweld o dro i dro ar y clogwyni, ond mae J. Lloyd Williams[8] yn codi amheuaeth ynglŷn â'r holl beth drwy awgrymu bod llawer yn camgymryd boncath am eryr. Damcaniaeth arall yw mai ymwelwyr achlysurol ag Eryri oedd eryrod ac nad oeddynt yn nythu yma, a chafwyd cadarnhad o hyn yn ddiweddar pan welwyd aderyn tebyg i eryr y môr mewn rhanbarth o ogledd Cymru.

Pan oresgynnwyd Cymru gan y Rhufeiniaid ac wedyn y Normaniaid adeiladwyd ganddynt gaerau a chestyll mewn mannau strategol er mwyn cryfhau a sicrhau eu gafael ar y wlad, ond parhaodd y Cymry i wrthsefyll y gelyn ac i arddel eu hannibyniaeth a'u traddodiadau arbennig yn eu cestyll naturiol eu hunain, sef mynyddoedd Eryri. Drwy gloddio hen olion a thrwy astudiaeth hanesyddol ceir tystiolaeth nad encilio i'r mynyddoedd a wnâi poblogaeth gogledd orllewin Cymru ar adegau pan fyddai gelynion yn eu bygwth, ond eu bod wedi hen ymsefydlu yno. Ceir olion caerau amddiffynnol o wahanol faint ar gopa sawl bryn, yn ogystal â charneddau a meini hirion, ac mae'r safleoedd hyn yn dystiolaeth ddigamsyniol am berthynas yr hen Gymry â'r mynyddoedd, a'u henwau yn adrodd cyfrolau amdanynt. Dyma ychydig nodiadau ar y rhai mwyaf adnabyddus.

Caerau mynyddig y Cymry

Saif Tre'r Ceiri[9] ar gopa Mynydd y Ceiri, sef y mwyaf dwyreiniol o gadwyn mynyddoedd Yr Eifl.[10] Mae'r gaer, sy'n sefyll tua 400 medr uwchlaw'r môr, yn esiampl berffaith o amddiffynfa fynyddig, ac am ei bod yn parhau mewn cyflwr gweddol mae'n rhoi darlun byw inni o drigfannau cymunedol yr hen Gymry. Dyma'r fwyaf trawiadol o'r holl fryngaerau sydd wedi goroesi ac mae'n meddu ar olygfeydd eang o'r mynyddoedd tua'r gogledd a'r dwyrain a'r arfordir o Lŷn i ynys Môn. Mae rhagfur mewnol dros dair medr o uchder ar glwt o dir tua 2.5 hectar sy'n amgylchynu tua chant a hanner o gytiau cerrig, eu waliau ar gyfartaledd yn mesur un medr o'r llawr. O gloddio'r safle yn ystod yr ugeinfed ganrif darganfuwyd bod y gaer yn breswylfan yn ystod y cyfnod Rhufeinig ond mae'n fwy na thebyg bod ei dechreuadau o gyfnod cynharach, o tua'r flwyddyn 200 CC. Mae olion tebyg i'w gweld hefyd ar Fynydd Conwy a Dinas Dinorwig, yr enw olaf yn arwyddocaol o lwyth yr Ordoficiaid, ac sy'n cael ei ddyddio o'r mileniwm cyntaf CC.[11]

Mae sawl chwedl a thraddodiad yn perthyn i'r hen gaerau mynyddig ond nid oes un ohonynt yn fwy adnabyddus, nac ychwaith wedi cyffroi ein dychymyg yn fwy, na'r hanes hudolus a rhyfeddol am ddewiniaeth ynghlwm â Dinas Emrys sy'n sefyll ar fryncyn yn Nant Gwynant wrth ochr y ffordd rhwng Beddgelert a Phenygwryd. Nennius yw awdur yr *Historia Brittonum*, cyfrol a ysgrifennodd yn ystod y nawfed ganrif, ac ynddi ceir hanes Gwrtheyrn mewn cymysgedd o ddwy chwedl, fel yr adroddwyd iddo gan y cyfarwyddiaid. Dywedir yn un o'r chwedlau bod Gwrtheyrn, un o Frenhinoedd y Brythoniaid o'r bumed ganrif, wedi gwahodd y Saeson dan arweiniad Hors a Hengist i'w deyrnas er mwyn ei helpu i'w hamddiffyn rhag y Pictiaid a'r Sgotiaid. Er mwyn cael priodi merch Hengist, rhoddodd Gwrtheyrn dir Caint i'r Saeson ond sylweddolodd ei gamgymeriad o weld y Saeson yn cynyddu'n gyson mewn niferoedd. Yn dilyn y brad hwn enciliodd i fynyddoedd Eryri lle darganfu safle delfrydol i adeiladu amddiffynfa rhag y gelyn.[12]

Ar y cychwyn cafwyd cryn drafferth wrth adeiladu'r gaer ar Ddinas Emrys gan fod yr amddiffynfeydd a godwyd yn y dydd yn cael eu dinistrio drwy ddirgel ffyrdd yn ystod y nos. O ddilyn cyngor Derwyddon Gwrtheyrn ar beth i'w wneud i dorri'r swyn dechreuwyd chwilio am blentyn heb dad, ac wedi ei ladd tywallt ei waed ar y creigiau. Daethant o hyd i fachgen o'r fath, ond arbedwyd ei fywyd oherwydd ei ddoniau rhyfeddol. Dywedodd y bachgen wrthynt eu bod yn adeiladu uwchben llyn, lle'r oedd dwy ddraig yn byw, un goch yn cynrychioli'r Brythoniaid ac un wen yn cynrychioli'r Saeson, ac mai eu symudiadau hwy oedd yn gyfrifol am danseilio'r muriau. Enw'r bachgen dawnus oedd Ambrosius (Emrys) a adnabyddid yn ôl rhai fel Myrddin Emrys. Deffrôdd y ddwy ddraig a bu ymladd ffyrnig rhyngddynt nes i'r ddraig goch ennill y dydd gan erlid y llall oddi yno. Mae cryn ddryswch yn codi o gamgymryd yr Emrys hwn am Emrys Wledig (Ambrosius Aurelianus c. 475) ffigur hanesyddol oedd yn un o arweinwyr blaenllaw'r Brythoniaid. Yn ôl Sieffre o Fynwy ef oedd Aurelius Ambrosius mab Custennin a ddygwyd i Lydaw yn blentyn; wedi dychwelyd i Brydain fe'i eneiniwyd yn Frenin gan drechu Gwrtheyrn a lladd Hengist mewn brwydr. Daeth heddwch yn ôl i'r wlad, adferwyd yr eglwysi a chafwyd trefn. Mae rhai'n dadlau bod Nennius wedi creu dryswch a thybir mai'r bachgen ifanc a eglurodd fodolaeth y dreigiau oedd Myrddin y dewin a gysylltir gyda'r chwedloniaeth Arthuraidd.[13]

Yn dilyn cloddio ar Ddinas Emrys yn ystod 1954-1955[14] darganfuwyd bod y safle wedi bod yn breswylfan i rywrai yn ystod y cyfnod Rhufeinig hwyr, sef y drydedd a'r bedwaredd ganrif OC, ond bod y llethrau cerrig garw ar yr ochr orllewinol o gyfnod hwyrach ac efallai yn perthyn i gyfnod Gwrtheyrn. Roedd darganfod darnau o lestri o ardaloedd dwyrain Môr y Canoldir a chrochenwaith wedi ei addurno gyda symbolau *chi-rho* Cristnogol yn cadarnhau bod y safle yn drigiannol yn ystod y bumed ganrif OC gan rywrai a oedd â'r modd a'r gallu i fewnforio gwin. Mae nodweddion archeolegol y gaer yn cyd-fynd â'r hyn a ddisgrifir yn yr hen hanes. Mae'r ffaith bod y safle ar wastadedd ac wedi ei amgylchynu gan glogwyni serth yn ei wneud yn un o'r amddiffynfeydd naturiol cadarnaf yn Eryri, ond y nodwedd bwysicaf yw'r darganfyddiad o bwll dŵr ar ei chanol sy'n rhoi haen o hygrededd i'r llyn y proffwydodd Myrddin Emrys ei fod yno.

Myn traddodiad i Arthur Fawr gael ei ladd tra'n ymladd brwydr Tregalan ym mharthau uchaf Cwm Llan wrth droed yr Wyddfa, a bod ei farchogion wedi encilio i ogof ar y Lliwedd i ddisgwyl yr alwad i ail-gychwyn yr ymgyrch i amddiffyn y genedl. Wedi i bawb gilio i'r guddfan seliwyd y fynedfa gan adael ond agen gul yn agored. Adwaenir yr ogof fel 'Ogof Llanciau Eryri'. Flynyddoedd yn ddiweddarach roedd bugeiliaid Cwm Dyli yn bugeilio ar y llethrau islaw'r Lliwedd pan welodd un ohonynt olau yn treiddio o agen rhwng y creigiau. Mentrodd i mewn a chael ei hun mewn ogof helaeth yn llawn marchogion yn gorffwys ar eu tarianau, ac wrth wneud trawodd ei ben yn erbyn cloch fawr wrth y fynedfa. Deffrowyd y rhyfelwyr gan y sŵn gan floeddio nes dychryn y bugail i'r fath raddau na bu erioed yr un fath wedyn. Gelwir un o'r bylchau rhwng Lliwedd a'r Wyddfa yn Fwlch y Saethau hyd heddiw ac mae carn o gerrig yno a elwir yn Garnedd Arthur i nodi'r fan. Mae ffynhonnell arall yn crybwyll mai i Graig y Dinas, caer helaeth yn rhanbarth isaf Dyffryn Nantlle, y cludwyd Arthur wedi'r frwydr.[15] Mae'r hanes am Ogof Arthur ar y Lliwedd yn amrywiad ar chwedl werin a gysylltir ag ardaloedd eraill o Gymru, fel yng Nghwm Nedd er enghraifft.

Siarter Aberconwy

Ceir sôn cynnar am gopa'r Wyddfa mewn siarter dyddiedig 'Aberconwy, 7 Ionawr 1198' (1199 dull newydd) sy'n cofnodi rhodd gan Llywelyn ap Iorwerth i Abaty Sistersaidd Aberconwy gan cynnwys tiroedd yn 'Nanhwynan' – Nant Gwynant bellach.

> *A further grant and confirmation of these lands at Nanhwynan, namely Gwastad Onnos, Bryngwynein, Hafod Tandrec, Llyn Du, Cwm-y-gored, Ysgubor Din Emrys, (?) Hendref Hwynan (Hendrefwynein), Gwernos Deg, Pennant Morgenau, Pennant Crwn, Cwm Llain on both sides of the Llain, Cwm Erch on both sides of the Erch, Cwm Dylif on both sides of the Dylif, Kemen Terneint and Gwryd Cai on both sides of the Degymni, by these boundaries: ascending from the mouth of the Colwyn as it descends Into the Fferlas [Glaslyn] along the middle of the Colwyn to the head of the Colwyn as it descends from Bwlch Cwm Llain, hence by the ridge of the rocks to the top of Wyddfa Fawr [Snowdon], hence to the top of Crib Goch, hence to the top of Wregysog, hence along the height of the rocks to the seat of Peris [? Gorffwysfa Peris], hence to the top of Moel Berfedd, hence directly to the place where the river Mymbyr begins to descend precipitately like a torrent, hence along the middle of the Mymbyr to Yr Afon Goch, hence ascending by that water to Llygad-yr-ych, hence to the height of Cerrig-yr-ych, hence to Llech Edear, hence to Bancarw, hence by the summit of the rocks of Bancarw to the head of the Teirw, hence by the river Teirw to the rock which descends into the Teirw near to the upper ford of the Teirw, hence by the small rocky hills from the side of the Gerrynt to Llechwedd Gwylfau, hence indirectly to the small mountain which looks like a castle on the right-hand side of Llechwedd Gwylfau, hence by the heights to the top of Carreg-yr-eryr, hence by the summit of the rocks to the peak of Moel Dinewyd, hence to Bylchau*

Terfyn, hence by the ridge of rocks to Gorsedd Ressygynt as it hangs over the valley, hence turning towards Llyn Dinas along a rocky Arm above the valley to the top of Clawdd Main, hence by the middle of that Clawdd to the River Fferlas, and thence by the middle of the Fferlas to the mouth of the Colwyn as it descends into Llyn Cymer.[16]

Gellir adnabod rhai o'r enwau. Mae *Gwastad Onnos* erbyn heddiw wedi mynd yn Gwastadannas, *Hafod Tandrec* yn Hafod Tangraig, llygriad efallai gan fod Tandreg yn enw personol, *Cwm Erch* yn Cwm Merch a *Llyn Du* yn Llyndy. Mae'r enw 'Wyddfa Fawr' yn dynodi 'Beddrod Mawr' gan gyfeirio at y garnedd enfawr a fu unwaith ar y copa. Hen enwau arall ar y fan oedd 'Clogwyn Carnedd yr Wyddfa' a 'Carnedd y Cawr'. Beddrod Rhita Gawr (hefyd Rhica) oedd y garnedd; y cawr a laddai frenhinoedd a gwneud gwisg o'u barfau. Daeth ei yrfa waedlyd i ben fodd bynnag pan ddisodlwyd ef gan Arthur Fawr.

Mae'n amlwg bod tiriogaeth Eryri yn cael ei hystyried yn rhan annatod o'u treftadaeth gan Dywysogion Cymru ac erbyn y flwyddyn 1230 roedd Llywelyn ap Iorwerth (1173-1240) wedi rhoi heibio'r teitl 'Tywysog Gwynedd' (*dominus Northwallie*) a galw ei hun yn 'Dywysog Aberffraw ac Arglwydd Eryri' (*princeps Aberfraw et dominus Snowdonie*).[17] Gwelir bod Eryri yn cynnwys cantrefi Arfon ac Arllechwedd a chymydau Nant Conwy ac Eifionydd ac roedd llysoedd gan y tywysogion Cymreig yn Abergwyngregyn ac Aberffraw. Ffaith arall ddiddorol sy'n cadarnhau ymlyniad cryf y tywysogion Cymreig at Eryri yw'r modd y gwrthododd Llywelyn ap Gruffudd (Llywelyn ein Llyw Olaf, m.1282), ychydig amser cyn ei farwolaeth, diroedd eang yn Lloegr ar yr amod ei fod yn trosglwyddo Eryri i Edward 1.[18]

Adwaenir Môn erioed fel 'Môn Mam Cymru' am fod rhannau eraill o'r wlad yn dibynnu llawer ar ei chyfoeth o gynnyrch amaethyddol, ac roedd poblogaeth niferus yno yn ystod goresgyniad y Rhufeiniaid yn ôl cofnodion o'r oes honno. Doedd ryfedd felly bod tywysogion Cymru yn teimlo'n ddiogel ym mynyddoedd Eryri wedi eu gwarchod rhwng dyffrynnoedd coediog a'r fath gynhaliaeth ar gael iddynt mor hwylus dros y Fenai. Sylweddolodd Edward I pa mor bwysig oedd hyn i ymgyrch y tywysogion dros annibyniaeth a chyda'i nerth morwrol llwyddodd yn y tymor hir i ddatgysylltu'r ffynhonnell bwysig hon. Yn yr haf, meddir, cynhaliwyd y rhan fwyaf o ymosodiadau'r gelyn ac roedd Cymry Eryri yn llwyddo i gynnal eu hunain drwy hela a physgota, bugeilio eu diadelloedd a byw ar brif ymborth fel llefrith, caws, menyn ac ychydig o rawnfwyd. Arferiad arall sy'n nodweddu perthynas yr hen Gymry a'r mynyddoedd oedd yr arferiad o symud gyda'u hanifeiliaid o'u trigfan barhaol ar lawr dyffryn, a adnabyddir fel 'Hendre', i'r 'Hafod' ar yr ucheldir dros dymor yr haf o galan Mai hyd at Awst neu Fedi.

Roedd y beirdd hwythau yn ymwybodol o amddiffynfeydd naturiol y mynyddoedd. Yn dilyn menter aflwyddiannus i oresgyn Gwynedd gan fyddin y Saeson dan arweiniad Harri I (m. 1135) cofnodwyd gwerth cadernid Eryri gan Feilyr Brydydd yn ei farwnad i Ruffudd ap Cynan (m. 1137):

Dybu Brenin Lloegr yn lluyddawg,
Cyd doeth ef nid aeth yn warthegawg:
Ni yn Eryri yn rheïawg,
Ni thorres i bawr a fu breiddiawg.

(Daeth Brenin Lloegr yn fyddinog, / Er iddo ddod nid aeth ag anrhaith wartheg: / [Yr oeddem] ni yn Eryri yn oludog, / Ni thorrodd [Brenin Lloegr] i mewn i borfa a fu'n llawn preiddiau.)[19]

Ogof Owain Glyndŵr

Nepell o Ddinas Emrys mae ogof yn ogystal â dringfa sydd a thraddodiad chwedlonol cysylltiedig ag arwr enwocaf Cymru, Owain Glyndŵr. Yn ôl y chwedl roedd Owain yn cael lloches gan ei gyfaill Rhys Goch Eryri yn ei gartref, Hafodgaregog, Nanmor. Un diwrnod daeth gair i ddweud bod bonheddwr oedd yn elyniaethus i Owain wedi cael clywed lle yr oedd ac wedi danfon rhai o'i wŷr yno er mwyn ei ddal a'i drosglwyddo'n garcharor i'r Brenin. Dihangodd y ddau Gymro wedi eu gwisgo fel gweision, Rhys i gyfeiriad Nanmor ac Owain tua'r môr. Rhaid cofio bod hyn cyn i'r morglawdd gael ei adeiladu ar draws aberoedd afonydd Glaslyn a Dwyryd lle mae Porthmadog heddiw. Croesodd Owain i'r ochr bellaf gan ddringo drwy Gwm Oerddwr i gyfeiriad Moel Hebog – ei elynion yn dynn wrth ei sodlau. Yn y man cyrhaeddodd odre clogwyni serth ochr ddwyreiniol y mynydd wrth droed cwter a elwir yn Simnai'r Foel. Dringodd i fyny'r gwter gan ganlyn ymlaen at gopa'r mynydd cyn troi a dilyn y gefnen ogleddol uwchlaw Cwm Diffwys. Daeth at gyfrwy gwelltog sy'n ffurfio bwlch yn y gefnen a throdd i lawr yma nes cyrraedd rhes o glogwyni ac yn y man daeth at agen gul yn y graig. O ddringo i'r

Yr awdur wrth fynedfa
'Ogof Owain Glyndŵr' yn 1984
Llun: Showell Styles

agen gwelodd guddfan naturiol ac yno y bu'n cuddio tra'r oedd ei ymlidwyr yn chwilio amdano ar hyd ochr orllewinol Moel Hebog ac i lawr am Gwm Pennant. Yn ôl yr hanes bu Owain yn cuddio yn yr ogof hon am gyfnod o chwe mis a Phrior Beddgelert yn gweini arno. Yng Nghwm Diffwys hefyd mae pwll o ddŵr a elwid yn 'Ffynnon Owain Glyndŵr'. Yn ôl arweinlyfr dringo'r 'Climber's Club' a gyhoeddwyd yn 2003 ar gyfer rhanbarth 'Cwm Silyn and Cwellyn (Eifionydd)' cofnodir dringfa Owain i fyny Simnai'r Foel fel a ganlyn: 'First Ascent ... c. 1400 Glyndŵr's Ladder ... O Glyndŵr. On sight solo. A strong English party failed to follow!'. Rhaid cofio nad oes dim tystiolaeth yn yr hanes gwreiddiol sy'n cadarnhau mai Saeson oedd y rhai a oedd yn ymlid Owain; y cyfan a ddywedir yw mai 'haid o weision boneddwr gelynol i Owain'oeddynt.

Dihangodd Rhys Goch i Nant y Benglog yn ardal y Carneddau ac mae dwy ogof yn yr ardaloedd hyn sydd yn ôl traddodiad wedi eu defnyddio ganddo fel lloches sef 'Ogo Rhys' ac 'Ogo Ifan Goch'. O ddilyn yr afon o Gerlan ger Bethesda i Gwm Pen-llafar gwelir clogwyni'r Ysgolion Duon yn uchel ar Garnedd Dafydd ac ar y llethr mae maen anferth llawer mwy na'r lleill gyda gwagle dan un ochr iddo. Dyma 'Ogo Rhys'. Mae 'Ogo Ifan Goch' yng nghyffiniau Nant y Benglog gyda nifer o guddfannau addas i unrhyw un ar ffo lochesu ynddynt rhwng Pen yr Ole Wen a Charnedd Llywelyn.

Mae traddodiad yn dweud i Owain Glyndŵr ddiflannu am gyfnodau yn ystod ei wrthryfel, ac mae sawl man yng Nghymru yn hawlio cysylltiad ag ef yn ystod y cyfnodau cythryblus hynny. Fel mewn nifer o chwedleuon am arwyr gwerinol Celtaidd eraill, fel 'Robert the Bruce' ac Arthur Fawr er enghraifft, cysylltir Owain Glyndŵr gydag ogofeydd yn gyson ac mae nifer o ardaloedd drwy Gymru sy'n hawlio 'Ogof Glyndŵr' eu hunain. Y ddau brif reswm a geir yn ddieithriad am ddefnyddio'r llochesi mynyddig yw ymguddio yn ystod argyfwng, neu ymaros yr alwad i ailgychwyn y frwydr yn erbyn gormes.[20]

Dywedir na wyddai hyd yn oed ei gyfeillion pennaf ym mhle yr oedd Owain, ond yn ôl cywydd a dadogir gan 'Robin Ddu o Hiraddug', a gyhoeddwyd mewn cyfres o erthyglau o waith William Jones ('Bleddyn', 1829-1903) ar Blwyf Beddgelert[21], ceir mai yn Eryri yr oedd ei guddfan.

> Cael a wnawn wrth ein coel ni,
> Cyw yr Eryr acw o'r 'Ryri.
> Llew dulwyd llaw dialwr,
> Owain a gudd, enwog ŵr!

Awdur y cywydd yw Robin Ddu (y cyntaf) o Fôn (fl. C. 1450) a adwaenir hefyd fel Robin Ddu ap Siencyn Bledrydd, ac fe'i cyhoeddwyd yn *Ceinion Llenyddiaeth Gymreig* Owen Jones (Meudwy Môn) yn 1875. O gofio bod William Jones wedi cyhoeddi'r darn cywydd uchod yn 1861 mae'n debyg iddo ei chodi o hen lawysgrif, a rywsut bu dryswch wrth enwi'r bardd Robin Ddu.

Un o'r genhedlaeth o feirdd darogan oedd Robin Ddu o Fôn a oedd drwy eu cyfansoddiadau yn cysuro ei hunain a'r genedl Gymreig yn dilyn diflaniad Owain Glyndŵr y byddai'n dychwelyd ryw ddydd. Daeth enw 'Owain' fel rhyw arwyddair am y Mab Darogan a fyddai'n waredwr y Cymry. Cysylltwyd y gobeithion hyn â Harri Tudur a does dim amheuaeth na buont yn gymorth iddo ennyn cefnogaeth yn ystod ei ymdaith drwy Gymru cyn cipio coron Lloegr ym Maes Bosworth yn 1485. Gan mai yn ystod cyfnod y Tuduriaid y trigai Robin Ddu go brin y buasai'n cofio Owain, ond roedd yn sicr o fod wedi etifeddu'r traddodiad. Mae cof gwlad yn beth gwydn.

Ceir hanes un arall o arwyr Cymru a fu'n falch o lochesi mynyddig Eryri yn nhraethawd William Jones ar Blwyf Beddgelert[22]. Ieuan ap Robert ap Maredudd o'r Gesail Gyfarch oedd ef, rhyfelwr brwd oedd yn ymladd dros achos y Lancastriaid yn ystod Rhyfel y Rhosynnau. Gyda chymorth Dafydd ap Siencyn a nifer o gapteiniaid eraill y Lancastriaid ymosododd

Ieuan ar eiddo'r Iorciaid yng nghyffiniau Dinbych. Yna yn 1468 anfonodd y Brenin fyddin gref dan arweiniad William Herbert, Iarll Penfro, i geisio dial ar yr ymosodwyr. Symudodd Herbert a'i fyddin ymlaen drwy Ddyffryn Conwy i Ddolwyddelan gan ddiffeithio a llosgi popeth o'i flaen. Ar y pryd roedd Castell Harlech yn nwylo Dafydd ab Ifan ab Einion ac yno yr aeth Herbert o Ddolwyddelan a rhoi'r lle dan warchae. Yn y cyfamser roedd Ieuan yn ymosod yn gyson ar wylwyr ac ysgarmeswyr byddin Herbert ym mharthau Nant Gwynant a chan fod ei sefyllfa mor beryglus arferai gilio am loches i Ogof Elen ar Foel yr Ogof uwchlaw Cwm Meillionen gan nad oedd yn ddiogel iddo fentro i'w gartref yn y Gesail.

Hen enw Moel yr Ogof yw Moel Ogof Elen. Dywedir bod yr ogof hon mewn agen ar wyneb dwyreiniol y mynydd ond mae'n ddiddorol sylwi bod llawer o anghytuno a dryswch wedi bod dros y blynyddoedd ynglŷn â lleoliadau'r ogofeydd ym mharthau diarffordd Eifionydd. Yn ôl y mapiau'r Arolwg Ordnans dynodir safle Ogof Owain Glyndŵr ar Foel yr Ogof, ac mae llawer yn credu mai'r agen sy'n rhedeg yn wastad ar draws pen y talcen mawr o graig uwchlaw Nant Colwyn yw Ogof Owain, ac eraill yn meddwl mai siafft hen waith asbestos sydd mewn cwter gerllaw yw hi. O ddilyn y manylion a geir yn y chwedl am ddihangfa Owain drwy ddringo Simnai'r Foel gwelir mai ar glogwyn uwchlaw Cwm Diffwys y mae'r gwir safle. Mae'n eithaf posib fod lleoliadau'r ogofeydd hyn yn wybyddus i drigolion Eryri ac yn cael eu defnyddio fel math o 'dai diogel' fel y byddai'r angen. Os felly nid digwydd taro ar y cuddfannau hyn a wnâi'r ffoaduriaid ond yn hytrach roeddynt yn gwybod amdanynt, neu wedi cael gwybod amdanynt ymlaen llaw drwy gyfeillion.

Mae lle a elwir yn Bwlch y Saeson ychydig bellter tua'r gogledd-orllewin ar lethrau Moel Lefn ac yn ôl traddodiad dyma'r fan lle croesodd byddinoedd Edward I y mynyddoedd i Nant Colwyn, ond mae'n anodd credu erbyn heddiw pam y dewiswyd croesi'r gadwyn fynyddoedd dros fwlch mor anhylaw a charegog, a tramwyfeydd fel Bwlch Meillionen, Bwlch Cwm Trwsgwl a Bwlch y Ddwy Elor mor hwylus gerllaw, heblaw eu bod yn cynllunio ymosodiad annisgwyl.

Yn ôl *Geiriadur Prifysgol Cymru* ystyr y gair 'mynyddwr' yw un sy'n byw yn y mynyddoedd neu un sy'n dringo neu gerdded mynyddoedd. Y dehongliad cyntaf yw'r un hynaf a mwyaf traddodiadol tra mae'r ail yn cyfeirio at yr arferiad modern poblogaidd o hamddena a mwynhau'r mynyddoedd drwy ymdrech gorfforol.

Roedd y mynyddwyr traddodiadol wedi ymsefydlu ar y mynydd-dir ers cenedlaethau gan ennill bywoliaeth drwy gadw geifr, defaid a gwartheg. Wrth fugeilio roedd yn ofynnol iddynt grwydro'r mynydd o gwmpas y fferm nes dod yn gyfarwydd â'r llwybrau i bob cwm, crib a chopa, a throsglwyddwyd y wybodaeth amdanynt o genhedlaeth i genhedlaeth. Roedd eu gwaith dyddiol o warchod eu diadelloedd yn gofyn am fedrau tipyn yn wahanol i'r amaethwyr llawr gwlad, ac mae sawl bugail wedi gorfod dringo ar glogwyni anhygyrch i achub y ddafad farus a fentrodd i ddannedd y clogwyni er mwyn blasu'r borfa fras oedd ar silff gul o graig. Mae hyn yn digwydd heddiw a bydd Wardeniaid y Parc Cenedlaethol yn dringo i achub ambell ddafad sydd wedi mynd i drafferthion ar y clogwyni. Mac'r geifr ar y llaw arall yn llawer mwy hyblyg yn y fath sefyllfa ac yn gallu neidio'n ddidrafferth o un astell i'r llall.

Roedd y wybodaeth am safleoedd gwahanol blanhigion yn bwysig hefyd i'r cymunedau mynyddig drwy bod eu hangen ar gyfer paratoi moddion ar gyfer unrhyw anhwylder. Gan eu bod yn trigo mewn cymoedd diarffordd ymhell o dref neu bentref lle roedd meddyg swyddogol roedd y gallu i weinyddu cymorth meddygol yn hanfodol, ac mewn rhai cymunedau caed y 'Doctoriaid Dail' a weithredai drwy gyfarwyddyd un o'r cyfrolau meddygol fel *Y Llysieulyfr Teuluaidd*. Roedd hefyd yn arferiad gan rai fenthyca cyfrolau fel y rhain er mwyn gwneud copïau iddynt eu hunain.

Does wybod pa mor hen yw'r arferiad o gerdded copaon Eryri i'r pwrpas o'u mwynhau yn unig, ond gan fod awydd angerddol yn bodoli yn yr hil ddynol i adael cofnodion o'u hymweliadau â gwahanol leoedd erys tystiolaeth gadarnhaol am hyn. Mewn llythyr at Edward Llwyd dywed John Lloyd, Blaen y ddôl ger Corwen (1662-1725) iddo ef a'i gyd-deithwyr ddringo i gopa'r Wyddfa yn ystod haf 1686 a'u bod wedi cerfio eu henwau ar gerrig corlan fechan oedd wedi ei hadeiladu ar y copa er mwyn rhoi cysgod i unrhyw un a ddeuai yno.[23] Mae bodolaeth y gorlan hon yn profi bod rhywrai yn ymweld â chopaon mynyddoedd o gyfnod cynnar iawn gan fod amryw o enwau ar y cerrig yn barod. Adlewyrchwyd yr arferiad hwn yn y Llyfrau Ymwelwyr a fyddai ar gael yn y cabanau ar gopa'r Wyddfa yn ystod Oes Victoria.

Er eu bod yn aml yn crwydro cribau a chopaon, nid er mwyn mwynhau'r elfen gorfforol o ddringo y daeth yr ymwelwyr cynharaf i Eryri, ond yn hytrach i astudio ei chynhyrchion naturiol. Gwyddonwyr oedd y mwyafrif ohonynt. Daeth y botanegwr i chwilota am blanhigion alpaidd, y daearegwr i astudio'r creigiau ac olion y rhewlifoedd, y ffisegydd i wneud arsylwadau o bwysedd aer a'r tymheredd, yr archeolegydd i chwilio am olion hynafol, y mapiwr i geisio creu mapiau cywirach ac yn nes ymlaen derbyniodd yr arlunydd ysbrydoliaeth i greu tirluniau o'r golygfeydd. Ar wahân i ambell unigolyn ychydig iawn o sôn oedd gan y teithwyr cynnar yn eu llyfrau a'u cofnodion am gerdded y copaon i fwynhau'r golygfeydd er mwyn iechyd ac awyr iach yn unig. Mae'n debyg mai'r cyntaf o'r unigolion hynny a ddangosodd unrhyw gariad at ddringo mynyddoedd er profi'r wefr o sefyll ar eu copaon oedd Conrad Gesner, naturiaethwr o'r unfed ganrif ar bymtheg o Zurich a ddringodd i gopa Pilatus, mynydd yn Alpau Bern. Gwnaeth ddatganiad trawiadol ac eithriadol anarferol i un o'r oes honno ei fod wedi penderfynu dringo o leiaf un mynydd yn flynyddol, yn rhannol er mwyn gweld y planhigion ar eu gorau, ac er mwyn cynhyrfu'r meddwl o fwynhau'r golygfeydd o'r clogwyni serth annringadwy a'r fforestydd tywyll ymhell islaw.[24]

Yr ymwelwyr cynnar

Mae Thomas Johnson yntau, a ymwelodd ag Eryri yn 1639, yn datgan iddo fwynhau'r golygfeydd rhamantus, ond dringo'r Wyddfa er mwyn casglu planhigion Alpaidd oedd prif bwrpas yr ymgyrch. Bu cryn amheuaeth ar un adeg gan rai ai yn wir yr Wyddfa oedd y mynydd a ddringwyd gan Johnson gan y tybir ei fod wedi sôn am hafn enwog y Twll Du, neu Gegin y Cythraul yng Nghwm Idwal, drwy'r disgrifiad: '*stygiæ etiam hinc & inde paludes, quarum maxima Dæmonis domicilium ab incolis vocatur.*', sef, 'a hefyd hwnt ac yma, corsydd Stygiaidd, a'r fwyaf ohonynt yn cael ei galw gan y brodorion yn gartre'r cythraul'. Daw y gair *stygiæ* o *Styx* – Afon Angau – a gellid ei ddeall fel 'marwol' neu 'eithafol beryglus'. At y corsydd, felly, y cyfeiriodd Johnson ac nid at glogwyni.

Gwesteiwr Johnson oedd Thomas Glynne, sgweiar Glynllifon, brodor a oedd â gwybodaeth o safleoedd planhigion prin Eryri a go brin y buasai ef yn camgymryd enwau'r mynyddoedd. Llogwyd bachgen o un o ffermydd godre'r mynydd i'w harwain tua'r Wyddfa a dyma'r cofnod cynharaf o dywysydd lleol yn cael ei ddefnyddio; gellir dadlau hefyd ei fod yn gofnod cynnar o ffermwyr Eryri yn arall-gyfeirio drwy fanteisio ar ddechreuad y diwydiant twristiaeth.

Cyhoeddodd Thomas Johnson hanes ei ymweliad mewn cyfrol Ladin yn 1641 dan y teitl *Mercurii Botanici Pars Altera*, a chyfieithwyd y rhan ohoni oedd yn delio â gogledd Cymru i'r Saesneg gan W. Jenkyn Thomas yn 1908 dan y teitl *The Itinerary of a Botanist* gyda rhagair gan Llew Tegid.[25]

Unwaith yr oedd llyfr wedi ei gyhoeddi yn cynnwys rhestr o'r planhigion arbennig oedd yn tyfu yn Eryri roedd yn gaffaeliad nid bychan i eraill ymweld â'r lle, a dyma ddechrau ar nifer o deithiau gan aelodau o ddosbarth canol Lloegr a ddaeth yn arferiad ffasiynol erbyn traean olaf y ddeunawfed ganrif a dechrau'r bedwaredd ganrif ar bymtheg. Er nad oedd y sbort o ddringo ar fynyddoedd er mwyn pleser wedi datblygu yn ystod y cyfnod hwn roedd y gallu i sgrialu ar y clogwyni yn angenrheidiol os am gasglu sbesimenau o rai planhigion. Y botanegwyr enwocaf i ymweld ag Eryri oedd John Ray ac Edward Llwyd. Gwnaeth Ray ddwy daith, y gyntaf yn 1658 a'r ail yn 1662. Roedd yn amlwg bod Ray yn bwriadu dilyn ôl troed Thomas Johnson ac efallai bod cyfrol y gŵr hwnnw wedi bod yn ysbrydoliaeth iddo i gael golwg ar rai o'r planhigion mynydd. Ni cheir unrhyw sôn am sgrialu ar glogwyni yng nghofnodion Ray, nac ychwaith am unrhyw drafferthion wrth geisio cyrraedd planhigyn arbennig, ond mae'n rhaid bod Edward Llwyd wedi mentro i ddannedd sawl clogwyn o edrych ar restr y planhigion a ddarganfuwyd ganddo. Dechreuodd Llwyd ymweld ag Eryri tua 1680 ac erbyn 1688 roedd wedi darganfod dros ddeugain o blanhigion newydd a gyhoeddwyd gan John Ray yn y cyhoeddiad cyntaf o'i lyfr *Synopsis Methodica Stirpium Britannicarum* (1690). Y pwysicaf o ddarganfyddiadau Llwyd yn sicr oedd lili'r Wyddfa a gyhoeddwyd yn *Britannia* William Camden (1695) a'r ail argraffiad o *Synopsis* John Ray (1696). Erbyn gweld roedd y darganfyddiad hwn yn un hollol unigryw pan sylweddolwyd mai Eryri oedd yr unig safle ar yr Ynysoedd Prydeinig lle tyfai'r lili arbennig hon. Mae'n bwysig enwi'r safleoedd lle gwelodd Llwyd y planhigyn, fel 'Trigvylchau y Clogwyn du ymhen y Gluder' a 'Clogwyn yr Ardhu Crib y Distilh', gan eu bod oll yn safleoedd creigiog uchel. Mae cryn ddyfalu ynglŷn ag union leoliad Trigyfylchau a'r unig ddamcaniaeth yw ei fod yn rhywle rhwng y Glyder Fawr a Chlogwyn y Geifr. Nid ar chwarae bach y cyrhaeddir y safleoedd hyn ac mae'n rhaid bod Llwyd ei hun neu un o'i gymdeithion neu ei dywysydd wedi gorfod ymdrechu i'w cyrraedd. Mae'n anodd gwybod a oeddynt yn cael pleser o'r dringo fodd bynnag gan mai i bwrpas arbennig y gwnaent yr ymdrech. Go brin bod ymwelwyr y cyfnod cynnar hwn yn gweld unrhyw dlysni wrth deithio drwy'r mynyddoedd ac mae llawer ohonynt wedi cyfeirio at y tirwedd fel anialwch creigiog a diffaith.

Castell y Gwynt ar y Glyderau
Llun o gasgliad John Bryn Owen

Yr hyn sy'n bwysig i'w gofio yw mai yn nghyhoeddiad 1695 o *Britannia* William Camden sy'n cynnwys ychwanegiadau gan y Cymro Edward Llwyd y ceir y disgrifiad manwl cynharaf o'r hyn sydd i'w weld ar gopaon mynyddoedd heblaw'r Wyddfa. Roedd meini anferth copa'r Glyder Fach yn un o ddau beth a dynnodd ei sylw:

> ... the summit, or utmost top of the *Glyder* ... where I observed prodigious heaps of stones, many of them of the largeness of those of *Stone-henge*, but of all the irregular shapes imaginable; and all lying in such confusion, as the ruins of any building can be suppo'sd to do.[26]

Y llall oedd y grib sy'n disgyn o gopa'r mynydd at Fwlch Tryfan ac a elwir yn Saesneg yn 'Bristly Ridge'. Dywed y ffynhonnell ei bod nepell o 'Trigvylchau' neu 'yn un ohonynt' sy'n awgrymu mai ystyr Trigyfylchau yw tri bwlch yn rhannu clogwyn, sef tri bwlch gyferbyn â'i gilydd.

> On the west-side of the same hill, there is amongst many other one naked Precipice, as steep as any I have seen; but so adorn'd with

numerous equidistant Pillars, and these again slightly cross'd at certain joynts; that such as would favour the Hypothesis of the ingenious Author of the *Sacred Theory*, might suppose it one small pattern of the Antedeluvian Earth.[27]

Mae'n bwysig cofio bod Llwyd yn dweud yn gyson 'I observed' wrth ddisgrifio yr hyn a welodd, sy'n awgrymu iddo gerdded y copaon ei hun. Mae'n debyg bod hynny cyn dechrau 1692 gan iddo gyflwyno sylwadau ar yr union bethau hyn mewn llythyr at John Ray dyddiedig 30 Chwefror 1692[28] yn yr un geiriau ag a geir yn *Britannia* 1695 ac a welir hefyd yn argraffiad 1722. Roedd darllen y sylwadau hyn yn sicr o fod wedi dylanwadu ar Thomas Pennant yn ystod ei ymweliad ef â'r mynydd ganrif yn ddiweddarach.

Llythyr oddi wrth Richard Richardson[29] oedd y ddogfen gynharaf i gael ei ddefnyddio fel arweinlyfr yn Eryri. Roedd y meddyg o swydd Efrog yn gyfaill i Edward Llwyd a'r ddau wedi bod yn llysieua yng nghwmni eu gilydd, a phan glywodd am fwriad yr Almaenwr Johann Jacob Dillenius a Samuel Brewer o Trowbridge i ymweld ag Eryri yn ystod y flwyddyn 1726 anfonodd lythyr yn cynnwys manylion am y mannau delfrydol i letya a hefyd ar y ffyrdd hwylusaf i gyrraedd y cynefinoedd gorau er mwyn cael gweld y planhigion arbennig oedd i'w cael yn yr ardal.

Penderfynodd Samuel Brewer aros am flwyddyn ychwanegol wedi i Richardson ddychwelyd adref, a gadawodd gofnodion o'i weithgareddau mewn dyddiadur[30] sydd wedi goroesi ac wedi ei gopïo gan fwy nag un botanegydd diweddarach. Dyma sut yr oedd y wybodaeth am safleoedd y planhigion a'r llwybrau atynt yn cael ei throsglwyddo o genhedlaeth i genhedlaeth. Dringodd Brewer yr Wyddfa dair ar ddeg o weithiau a gwnaeth saith ymgyrch i'r Glyderau rhwng Chwefror a Medi 1727, ond nid oes gofnod iddo droedio'r Carneddau. Mae'n cofnodi defnyddio tywysyddion lleol ac yn mentro i lefydd digon serth ac anhygyrch fel Clogwyn y Garnedd, Cwmglas Mawr a Chlogwyn Du'r Arddu. Mae'n amlwg o ddarllen ei gofnodion nad oedd arno ofn dringo clogwyni serth, a cheir tystiolaeth o hynny pan ddywed iddo orfod rhyddhau ei dywysydd Richard Parry am nad oedd hwnnw'n fodlon ei ddilyn i fyny'r creigiau. Dringo er mwyn cael gweld a chasglu planhigion prin yr oedd Brewer ac nid oes un cofnod yn ei ddyddiadur sy'n awgrymu ei fod yn cael pleser wrth wneud hynny nac yn mwynhau'r golygfeydd. Roedd hyn yn agwedd gyffredin ymhlith ymwelwyr y cyfnod fel y dywedodd un awdur anhysbys wrth ddisgrifio ei daith drwy ogledd Cymru yn 1738: 'The country looks like the fag end of creation, the very rubbish of Noah's flood ...'[31]

Mewn oes cyn bod gwestai ffasiynol i'w cael ym mherfeddwlad Eryri yr arferiad oedd aros yng nghartref Offeiriad y Plwyf neu fonheddwr, fel y gwnaeth Thomas Johnson yng Nglynllifon, ac un o'r gwesteiwyr hyn yn ystod cyfnod Edward Llwyd oedd Thomas Evans, Ficer Llanberis o 1680 hyd at 1723. Collodd ei fywyd tra'n dychwelyd o fedydd un noson stormus wrth groesi un o lynnoedd Dyffryn Peris pan suddodd y cwch gan foddi'r teithwyr, a chan fod ei gartref yn wag wedi hynny gorfu i Dillenius a Brewer aros mewn tafarn leol ddigon tlodaidd am ysbaid. Roedd William Evans, mab y diweddar offeiriad, yn byw ym Mangor ar y pryd a phan glywodd am yr helynt agorodd ei hen gartref i'r ddau ymwelydd gael aros dros dro yno. Wedi i Dillenius ddychwelyd adref lletyodd Brewer gyda William Evans ym Mangor am y gweddill o'i arhosiad yng ngogledd Cymru.

Erbyn chwarter olaf y ddeunawfed ganrif cynyddodd nifer y teithwyr a gwelwyd newid sylweddol yn eu hagwedd tuag at fynyddoedd drwy weld y tirlun drwy lygaid esthetaidd a rhamantaidd. Roedd sawl ffactor yn dylanwadu ar gychwyniad twristiaeth boblogaidd yng Nghymru ac un ohonynt oedd y cynnydd yn y diddordeb yn hanes y wlad. Dyma'r adeg pan oedd yn arferiad ffasiynol gan feibion teuluoedd dosbarthiadau uwch Lloegr fynd ar y 'Grand European Tour' ar ddiwedd eu cyfnod yn y Brifysgol, ond oherwydd yr ansicrwydd a'r perygl a fodolai o deithio cyfandir Ewrop yn ystod y rhyfela parhaus yno trodd llawer ohonynt eu golygon at Gymru.

Yn ogystal â gwyddonwyr roedd sawl arlunydd enwog wedi 'darganfod' Cymru ac wedi llunio tirluniau cain o'r mannau mwyaf poblogaidd. Cynhwyswyd llawer o'r gweithiau hyn yn y llyfrau taith, y 'Tours' fel y cyfeirir atynt. Yn y 1770au daeth y ffyrdd tyrpeg i fodolaeth ond rhaid oedd marchogaeth neu gerdded os am ymweld â'r parthau mynyddig.

Nid gwyddonydd nac arlunydd oedd George Lyttleton o Hagley, swydd Caerwrangon, ond darpar ymgeisydd seneddol, ac yn wahanol i'r rhelyw o deithwyr y ddeunawfed ganrif dewisodd ddringo Moel Hebog mwy na'r Wyddfa neu'r Glyder a hynny o Fryncir yn hytrach nag o Feddgelert. Mewn llythyr dyddiedig 6 Gorffennaf 1756 mae'n datgan y teimlad o fwynhad a'r hunanfodlonrwydd a gafodd: 'The hill we stood upon was perfectly clear, the way we came up a pretty easy ascent; but before us was a precipice of many hundred yards, and below, a vale, which, though not cultivated, had much savage beauty'. Teimlodd fod dringo'r mynydd wedi gwneud lles iddo yn gorfforol a meddyliol: 'I am perfectly well, eat like a horse, and sleep like a monk so that I may by this ramble, preserve a stock of health, that may last all winter, and carry me through my parliamentary campaign'[32]. Mae'r defnydd cynnar hwn o'r gair 'ramble' yn ddiddorol yma gan ei fod yn awgrymu 'rambler', un sy'n cerdded er mwyn pleser ac nid er mwyn cyflawni unrhyw astudiaeth arbennig.

Digon gwael oedd y ddarpariaeth a geid yn nhafarnau gwledig perfeddwlad Eryri yn ystod yr ail ganrif ar bymtheg a'r ddeunawfed ganrif ond erbyn diwedd y ganrif honno a dechrau'r bedwaredd ar bymtheg roedd y gwesty a adeiladwyd gan Arglwydd Penrhyn yng Nghapel Curig yn rhagori ar y gweddill yn ôl cofnod gan Peter Bailey Williams yn y Llyfr Ymwelwyr. Mae sawl teithiwr wedi cofnodi ei deithiau cerdded yn y llyfr hwn sy'n dystiolaeth o allu cerdded a fuasai'n codi cywilydd ar sawl un heddiw. Roeddynt allan o'r gwesty yng Nghapel Curig am chwech y bore gan gerdded ymlaen i Benygwryd ac i lawr Bwlch Llanberis heibio Castell Dolbadarn a throi i fyny am gopa'r Wyddfa ar hyd Llwybr Llanberis. Wedi cyrraedd y copa cychwynnwyd i lawr ochr ddeheuol y mynydd i Feddgelert, ond yn lle troi yn ôl i gyfeiriad Capel Curig oddi yno penderfynwyd cael golwg ar Aberglaslyn yn gyntaf. Rhaid wedyn oedd dychwelyd drwy Feddgelert a Nant Gwynant ac i fyny yn ôl drwy Benygwryd i Gapel Curig.

Cymro arall, John Wynne Griffith (1763-1834) o'r Garn, Henllan ger Dinbych a ysgrifennodd gofnod yn yr un llyfr ar 4 Hydref 1804 sy'n sôn am daith i gopa'r Wyddfa gyda'i gyfaill William Withering (1775-1832) drwy gychwyn o Gapel Curig am hanner awr wedi saith ac ymlaen drwy Gwm Dyli. Mae'r ffordd hwylusaf a mwyaf poblogaidd o'r ochr ogleddol erbyn heddiw yn cychwyn o Ben-y-Pas ar hyd un ai Lwybr y Mwynwyr neu Lwybr Bwlch-y-moch. Doedd y sarn ar draws Llyn Llydaw a adeiladwyd gan y mwynwyr i'r gwaith copr ddim yn bod bryd hynny ac felly rhaid oedd dilyn glannau deheuol y llyn er mwyn cyrraedd Llyn Glaslyn. Maent yn cofnodi ffenomenon[33] a welwyd tra'n dilyn crib y mynydd. Gelwir y ffenomenon hon yn 'glorie' yn Saesneg a'r unig enw Cymraeg y gwn amdano yw 'cewri'r mynydd'. Fe'i gwelir pan mae cerddwr neu ddringwr yn dilyn cwrs crib fynyddig uwchben dyfnder yn llawn niwl. Ymddengys cysgod anferth y cerddwr yn y niwl oddi tano a phan dywynna'r heulwen arno drwy orchudd tenau o gwmwl mae enfys fechan i'w gweld yn amgylchynu ei ben.

Mae'n debyg mai Thomas Pennant yw'r enwocaf a'r mwyaf poblogaidd o holl awduron y llyfrau taith ac mae ei lyfrau yn cynnwys gwybodaeth hanesyddol ddibynadwy ac wedi eu defnyddio gan haneswyr dros y blynyddoedd. Er ei fod yn cofnodi ambell blanhigyn nid botanegydd oedd yn ôl ei dystiolaeth ei hun, ac roedd maes ei ddiddordebau yn un eang iawn. Does dim dadl nad oedd yn hoff o gerdded mynyddoedd ac yng nghwmni'r artist Moses Griffith o Fryncroes, Llŷn ymwelodd ag amryw o gopaon Eryri gan nodi'n ofalus yr hyn a welai arnynt. Cyhoeddwyd darluniau Moses Griffith o'r graig lorweddol a elwir 'y Gwyliwr' ar gopa'r Glyder Fach a hefyd y gefnen ddanheddog o'r mynydd sy'n disgyn i Fwlch Tryfan. Llogai Pennant dywysyddion lleol yn ogystal, a'r mwyaf adnabyddus ohonynt oedd Hugh Jones,[34] Cwmglas Bach, fferm fynyddig ar waelod Bwlch Llanberis. Fel 'Hugh Shone' y cyfeiria Pennant at y tywysydd yn ei lyfr, ond fel Huw Siôn yr adnabyddid ef gan ardalwyr bro Eryri. Mae'n debyg i'r enw Cymraeg gael ei gamddehongli fel 'Shone' gan yr ymwelydd. Bu'r mynyddwr lleol hwn yn arwain enwogion fel John Wynne Griffith, Y Garn, Henllan ger Dinbych, John Lightfoot a Joseph Banks.

Mae'n ddiddorol sylwi o ddarllen am un o deithiau Pennant i gopa'r Wyddfa dan arweiniad Huw Siôn eu bod wedi cychwyn i fyny drwy Fwlch Maesgwm ac wedi dychwelyd i lawr Llwybr Llanberis. Mae hyn yn gyfatebol â'r modd y trefnir teithiau cerdded heddiw, sef esgyn un ffordd a dod i lawr ffordd wahanol.

Dringo er mwyn dringo

Erbyn degawd olaf y ddeunawfed ganrif ceir ambell ddigwyddiad sy'n arwydd o'r arferion oedd i gynyddu yn Eryri yn ystod y ganrif ganlynol. Yn ystod haf 1794 daeth myfyriwr ifanc o'r enw Joseph Hucks ar daith gerdded drwy ogledd Cymru a chyhoeddodd fanylion o'i daith mewn cyfrol a gyhoeddwyd flwyddyn yn ddiweddarach. Roedd tri chyfaill a enwir fel S.T.C., Brooke a Berdmore yn cyd-deithio gydag ef erbyn cyrraedd Abergwyngregyn a phenderfynwyd dringo i gopa'r Penmaenmawr ar 19 Gorffennaf. Mae'r cofnod o'r antur yn werth ei ddyfynnu gan nad er mwyn casglu planhigion y gwnaed yr ymdrech ond er mwyn cyrraedd y copa, ac mae hefyd yn adlewyrchiad o'r trafferthion a geir pan fydd ymwelwyr dibrofiad yn mentro ar y mynyddoedd heb gyfarpar addas ar gyfer y daith, ac yn cael eu dal yn y tywyllwch tra'n dychwelyd ar derfyn dydd:

> We rashly took the resolution to venture up this stupendous mountain without a guide, and therefore unknowingly fixed upon the most difficult part to ascend, and consequently were continually impeded by a vast number of unexpected obstructions. At length we surmounted every danger and difficulty, and safely arrived at the top; … In the course of our descent we incautiously separated; and as it was dusk, I began to be under some apprehension that we might lose ourselves in the intricacies of the mountain; in order to discover their direction, or distance from me, I frequently repeated their names and was much entertained with a beautiful echo, which returned the sound of my voice in three different directions; … An awful silence succeeded the last vibration of the echo …[35]

O'r diwedd a chyda mawr ryddhad llwyddodd y cyfeillion i gyrraedd y dafarn gyda'i gilydd ac er bod yr hanes wedi ei gofnodi yn arddull flodeuog yr oes a chyda mynych gyfeiriadau rhamantus o'r clasuron mae'n amlwg iddynt hefyd brofi'r ofn a ddaeth o gael eu hunain ar fynydd agored dieithr yn y tywyllwch.

Yn ystod chwarter cyntaf y bedwaredd ganrif ar bymtheg cawn enghraifft debyg o deithiwr yn mentro dringo mynydd drwy ddilyn cwrs serth a chreigiog. Daeth y Parchedig G. J. Freeman ar ei deithiau cerdded drwy Gymru yn ystod y blynyddoedd 1823, 1824 ac 1825 ac mae cofnod ganddo o gyfaill iddo o'r enw J. C. Brettell yn dringo, yn rhannol os nad yn gyfan, gefnen ogleddol Tryfan, sy'n gryn orchest heddiw ond yn fwy felly yn ystod y cyfnod dan sylw, ac meddai Freeman:

> He [Brettell] told me that the ascent was the most laborious undertaking he ever experienced, that not seeing a n [sic] of me, he took but little time to consider his way, but chose as direct a path as he could from the high road. Bu he was much deceived; for all those places that looked available at a distance, proved nothing more than water courses, strewn with minute ruins of the rock, and particularly steep and treacherous. The upper part of the ascent could not be

Peter Bailey Williams

Llun drwy garedigrwydd Medwen Roberts

affected without a simultaneous use of both hands and feet, and the precipices were so awful, that to look down made him tremble. He stood on the higheast of the two pillars, and drank to the healths of his absent friends, from the contents of the canteen.[36]

Gellir yn ddadleuol enwi Peter Bailey Williams fel y dringwr mynydd go iawn cyntaf yng Nghymru os nad ym Mhrydain. Ef oedd Person plwyfi Llanrug a Llanberis o 1790 hyd at ei farwolaeth yn 1836, ac o 1815 ymlaen bu'n gwasanaethu ym Metws Garmon yn ogystal. Mae sawl awdur wedi cyhoeddi'r hanes amdano ef yn arwain y Parchedig William Bingley i ddringo ar Glogwyn Du'r Arddu yn 1798, ond ychydig iawn ohonynt sydd yn rhoi'r dyledus glod iddo am yr hyn a gyflawnodd.

Mae'n amlwg o ddarllen cyfrolau Bingley[37] ei fod yn cael pleser o gerdded mynyddoedd Eryri a chan fod botaneg yn un o'i brif ddiddordebau roedd yn awyddus i fanteisio ar y cyfle i ymweld â'r safleoedd oedd yn gynefinoedd i'r rhai prinnaf. Dywed ei fod wedi dod i wybod am y planhigion a dyfai ar Glogwyn Du'r Arddu drwy ddarllen am ddarganfyddiadau John Ray ac Edward Llwyd, ond er bod Ray wedi bod yn llysieua ar yr Wyddfa nid yw'n enwi'r clogwyn arbennig hwn fel y gwna Llwyd.

Cychwynnodd Bingley am yr Wyddfa yng nghwmni Bailey Williams drwy gerdded o gyfeiriad Castell Dolbadarn am Gwmbrwynog ac wedyn troi i gyfeiriad Clogwyn Du'r Arddu. Syniad Bailey Williams oedd ceisio dringo i fyny'r clogwyn yn y lle cyntaf yn ôl Bingley, ac mae'n cyfaddef ei fod wedi ymgolli gormod yn ei ymgais i ddod o hyd i blanhigion i wrthwynebu'r cynnig. Mae'n bur debyg mai i fyny'r synclin a adnabyddir heddiw fel y teras dwyreiniol yr aeth y ddau ac er bod y rhan isaf yn weddol rwydd buan y cafwyd anawsterau. Yn ystod y ddringfa aeth Bingley i drafferthion mewn un lle anodd pan ddaeth y garreg y gafaelodd ynddi yn rhydd, a bu ond y dim iddo lithro oni bai ei fod wedi cael gafael ar dusw o lystyfiant er mwyn arbed ei hun. Gwisgai esgidiau gyda gwadnau llyfn tra bod gan Bailey Williams rai cryfach efo hoelion mawr. Bu raid i'r Cymro ddefnyddio ei felt fel rhaff er mwyn helpu Bingley dros ddarn anodd o'r graig a dyma'r cofnod cyntaf ysgrifenedig o gymorth artiffisial yn cael ei ddefnyddio wrth ddringo mynydd. Unwaith eu bod wedi llwyddo i oresgyn yr anawsterau roedd yn weddol rwydd sgrialu i fyny'r rhan uchaf o'r teras, sy'n lletach, ymuno â llwybr y Snowdon Ranger a'i ddilyn i gopa'r Wyddfa. Cawn yn yr hanes hwn ragflas o'r

Teras ddwyreiniol Clogwyn Du'r Arddu
Llun o gasgliad Maldwyn Roberts

hyn oedd i ddod yn ystod blynyddoedd olaf y bedwaredd ganrif ar bymtheg pryd y daeth dringo cwterydd yn boblogaidd ymysg mynyddwyr. O edrych ar unrhyw glogwyn yn Eryri sylwir bod gwendidau ar ei wyneb yn ffurfio cwterydd neu derasau sydd yn haws i'w dringo drwy eu bod yn fwy cysgodol, ac yn llai agored, na'r wynebau llyfnion serth. Roedd dringo'r rhain yn cynnig mwy o sialens na cherdded i gopa'r mynydd drwy ddilyn y llwybrau haws.

Rhydd Bingley fwy o dystiolaeth i ni am ei anturiaethau mynyddig yng nghwmni Bailey Williams pan edrydd ei hanes yn cyflawni yr hyn y mae'n ei ddisgrifio fel y daith gerdded fwyaf llafurus y bu arni erioed. Wedi dringo llethrau'r Glyder Fawr o Nant Peris am Lyn y Cŵn gan gychwyn am saith y bore disgynasant i odre Twll Du ar hyd Llwybr y Carw, ac oddi yno croesi'r creigiau uwchlaw Llyn Idwal a dringo i Gwm Bochlwyd ac wedyn i gopa Tryfan. Dywed Bingley nad oedd modd cymryd mwy na thua hanner dwsin o gamau heb orfod defnyddio dwylo er mwyn cyrraedd copa'r mynydd caregog hwn, ffaith sy'n wybyddus i bawb sydd wedi

Siôn a Siân
Engrafiad allan o *Mountaineering Below the Snow-line*, M. Paterson, 1886

dringo Tryfan o unrhyw ochr. Ar gopa Tryfan saif dwy graig dal unionsyth ar erchwyn y mynydd uwchlaw Cwm Tryfan. Adwaenir y rhain gan estroniaid fel 'Adam and Eve' a chan bobl leol fel 'Siôn a Siân' a syllodd Bingley mewn braw pan ddringodd Bailey Williams i ben un o'r creigiau a llamu drosodd i'r llall. Mae'r orchest hon yn gofyn am gydbwysedd perffaith yn ogystal â nerfau cadarn, ac yn ôl y Cymro arferai merch o blwyf cyfagos gyflawni'r gamp yn weddol reolaidd. Wedi dod lawr yn ôl i Fwlch Tryfan aeth y ddau wedyn i gopa'r Glyder Fach ac oddi yno i'r Glyder Fawr ac yn ôl at Lyn y Cŵn cyn troi i lawr y mynydd am Lanberis am wyth o'r gloch fin nos. Dywed Bingley mai hon oedd y daith fynydd galetaf iddo ei chyflawni erioed ond ei fod wedi mwynhau'r profiadau a'r golygfeydd yn fawr. O ddarllen hanes y teithiau hyn yr hyn sy'n dod yn amlwg yw profiad a gwybodaeth Bailey Williams o'r llwybrau mynyddig, ac mae hyn yn peri i ni feddwl efallai nad dyma'r tro cyntaf iddo eu cerdded. Mae'n eithaf posib ei fod wedi dringo teras ddwyreiniol Clogwyn Du'r Arddu o'r blaen, a hefyd wedi dringo Tryfan a llamu o un graig i'r

30

llall. Roedd yn dywysydd mynydd dibynadwy, yn gerddwr cryf ac eofn a oedd yn amlwg yn mwynhau mentro i fannau anhygyrch ac yn rhagflaenydd teilwng i'r mynyddwr cyfoes a hynny mewn oes cyn bod sôn am ddringo fel sbort ynddo'i hun.

Roedd Bingley'n benderfynol o ddringo'r Wyddfa drwy ddilyn yr holl lwybrau cyfarwydd hefyd, ac wrth ddringo o Fetws Garmon, drwy ddilyn y llwybr a elwir y Snowdon Ranger erbyn hyn, cafod brofiad o storm mynydd a'r modd y mae'r tywydd yn gallu newid er gwaeth yn hollol ddirybudd. Aeth popeth yn dda ac wedi cyrraedd y copa daeth ei dywysydd ato (Ellis Griffith, Bron y Fedw mae'n debyg) a'i annog i gychwyn i lawr yn ddi-oed gan y tybiai bod y tywydd ar fin troi am y gwaethaf. Ar y dechrau ni welai Bingley unrhyw arwydd o hyn ond buan y daeth cymylau duon a gwyntoedd cryfion i'w gorfodi i gysgodi ymysg y creigiau. Anaml y byddai'r tywysyddion yn methu a chafodd amser i adlewyrchu ar antur y dydd tra'n aros i'w ddillad sychu wrth y tân ym Mron y Fedw.

Wedi crwydro mynyddoedd Eryri ar amrywiaeth o lwybrau a phrofi min yr elfennau mae Bingley yn ystyried ei hun yn eithaf arbenigwr ac â ymlaen i osod canllawiau ar gyfer cerdded mynyddoedd gan ychwanegu bod ymwelwyr eraill yn gwneud gormod o'r anawsterau. Er ei holl drafferthion ar Glogwyn Du'r Arddu dywed nad yw'n angenrheidiol gwisgo esgidiau trwm a chario ffon os yw dyn mewn llawn iechyd a hwyliau da. Mae'n argymell cychwyn cerdded yn fore, tua phump neu chwech o'r gloch, cyn i wres yr haul fod ar ei gryfaf a phan mae'r awyr yn oer, ond mae'n bwysig cerdded yn bwyllog a chaniatáu digon o amser er mwyn cael aros nawr ac yn y man i orffwys a mwynhau'r golygfeydd a ddaw i'r golwg wrth fynd yn uwch. Rhaid wrth dywysydd hefyd, meddai, gan fod tywydd y mynyddoedd mor gyfnewidiol a niwl y mynydd yn datblygu mor ddisymwth, ond dywed nad yw'r tywydd yn debygol o amharu ar y bobl leol gan eu bod yn adnabod y tirwedd a'r llwybrau mor dda. Does dim sôn ganddo am gario unrhyw offer ychwanegol fel cotiau glaw a dillad cynnes ond mae'n cofnodi bod basged ynghlwm wrth felt Bailey Williams er mwyn cludo planhigion ac efallai ar gyfer ymborth y dydd mae'n debyg.

Er iddo grybwyll mewn un llythyr nad oedd yn fotanegydd does dim amheuaeth nad oedd gan Bailey Williams ddiddordeb mewn planhigion; lluniodd restr o'r rhai a welodd ar fynyddoedd Eryri, ond nid yw'n cynnwys unrhyw blanhigyn nas gwelwyd eisoes gan eraill.[38] Fel hanesydd lleol casglodd lawer am hanesion a chwedleuon yr ardal a bu ei gasgliad o'r rhain yn gymorth i awduron eraill a fu ar ymweliad ag Eryri. Gwelir llofnodion Arthur Aikin (1773-1854), awdur llyfr taith poblogaidd, gydag un Bailey Williams yn llyfr ymwelwyr y Capel Curig Inn yn 1801. Bu Richard Fenton (1747-1821) o Sir Benfro, awdur llyfr taith arall drwy Gymru, yn aros ym Mhantafon, cartref Bailey Williams ac mae'n cydnabod ei ddyled iddo, a hefyd William Cathrall a gyhoeddodd *History of North Wales* yn 1828. Yn 1821 cyhoeddodd Bailey Williams ei *The Tourist's Guide through the County of Caernarvon*, cyfrol o'r un arddull â'r llyfrau 'Tours' poblogaidd eraill y cyfnod ond ei bod yn delio ag un sir yn unig.

Mae'n resyn na wnaeth Bailey Williams gynnwys enwau cyntefig y gwahanol gribau, bryniau a chymoedd yn ei lyfr. Roedd yn amlwg iddo fod yn eu casglu gan fod ganddo restr ohonynt yn un o'i lawysgrifau sydd ar gadw yn y Llyfrgell Genedlaethol.[39] Mae rhai o'r enwau a gynhwysir yn y llawysgrif i'w gweld ar fapiau cyfoes ac yn cael eu harddel heddiw, ond mae eraill wedi mynd o gof. Mae'r canlynol oll oddeutu Bwlch Llanberis: Llechwedd y Re, Bryn Pen y Llyn, Clogwyn yr Ysgwydd, Y Bol Du, Pen Carreg y Frân, Ysdol Felen, Cwm y Nadroedd, Pen y Cerneu, Llosgwrn, Pistyll Gwyn ac Esgair y Ceunant. Un o'r rhai mwyaf diddorol yn ardal y Cwmglas, Llanberis yw Clogwyn y Person – ysgwydd o graig sy'n gwyro tua'r gogledd o gopa Carnedd Ugain ac yn atynfa boblogaidd i ddringwyr cyfoes. Myn H.R.C. Carr[40], o ddyfynnu cyfrol John Henry Cliffe[41], i'r graig gael ei henwi ar ôl offeiriad Eglwys anhysbys a oedd hefyd yn gerddwr mynydd brwd ac yn ymwelydd cyson yng Ngwesty Penygwryd yn ystod blynyddoedd canol y bedwaredd ganrif ar bymtheg. Ar y llaw arall roedd y diweddar naturiaethwr Evan Roberts o Gapel Curig yn honni mai ar ôl y Person lleol Peter Bailey Williams yr enwyd y graig. Os gwir hynny buasai'n gofeb deilwng i ŵr a oedd mor hoff o ddringo a chrwydro mynyddoedd Eryri; y Cymro cyntaf nad yw'n ormodiaith ei alw'n fynyddwr yn ystyr gyfoes y gair. Y gwir yw, fodd bynnag, na allai hynny fod gan i Cliffe gyfarfod yr offeiriad anhysbys rhywbryd yn ystod y blynyddoedd rhwng 1840 ac 1860, o leiaf bedair blynedd wedi marwolaeth Bailey Williams.

1. Bleddyn Owen Huws, '... henffurf y mynyddoedd hyn': Eryri yn ein Llenyddiaeth (Darlith Flynyddol Eisteddfod Genedlaethol Cymru, Eryri a'r Cyffiniau 2005). t.1.
2. Camden's Wales being the Welsh chapters taken from Edmund Gibson's revised & enlarged edition of William Camden's Britannia (1722). Translated from the Latin, with additions, by Edward Lhuyd. (Carmarthen: Rampart Press 1984) pp.73-74.
3. Thomas Jones, Gerallt Gymro [:] Hanes y Daith trwy Gymru [,] Disgrifiad o Gymru (Caerdydd, 1938), t.140.
4. W. Dyfed Rowlands, 'Cywyddau Tomos Prys o Blas Iolyn' (Ph.D. Cymru (Aberystwyth), 1997, 388-389 (93.101-10). Hefyd The Cefn Coch MSS, 24, llinellau 5-14. (Cyhoeddwyd gan J. Fisher, Liverpool, 1889).
5. Thomas Johnson, The Itinerary of a Botanist (Bangor, 1908): pp.9-10.
6. Frank V. Emery, 'Edward Lhuyd and Snowdonia' Nature in Wales (new series) volume 4, parts 1 and 2, 1985: pp. 3-11.
7. William Williams, Observations on the Snowdon Mountains (London, 1802): pp.2-3.
8. J. Lloyd Williams Atgofion Tri Chwarter Canrif 2 (Y Clwb Llyfrau Cymreig,1942): tt.106-107.
9. Glanville R. J. Jones, 'Early Settlement in Arfon: The Setting of Tre'r Ceiri' Caernarvonshire Historical Society Transactions Vol. 24, 1963, pp.1-20.
10. Ceir erthygl ar fynyddoedd yr Eifl gan Geraint Jones yn rhifyn 100 o Llafar Gwlad, Gwanwyn 2008, tt.10-12.
11. John Davies, Hanes Cymru (Allen Lane [.] The Penguin Press, 1990) t.18.
12. Y Bywgraffiadur Cymreig hyd 1940, tt.307-308.
13. Y Bywgraffiadur Cymreig hyd 1940, tt.7-8.
14. H. N. Savory, 'Dinas Emrys' Caernarvonshire Historical Society Transactions Vol. 17, 1956, pp.1-8.
15. Canon Gwynfryn Richards. Traethawd ar Blwyf Llanllyfni. Llawysgrif Bangor 10436.
16. Huw Pryce, The Acts of Welsh Rulers 1120-1283 (Cardiff, 2005): pp.350-351. Rhaid cofio bod cryn drafod wedi bod ar ddilysrwydd y ddogfen hon; gweler yr uchod, a hefyd: Rhŷs W. Hays, The History of the Abbey of Aberconway 1186-1537, (Caerdydd, 1963), pp. 6-23, a Colin A. Gresham, 'The Aberconwy Charter' Archaeologia Cambrensis, vol. XCIV, 1939, pp.123-162.
17. J. Beverley Smith. Llywelyn ap Gruffudd Tywysog Cymru. (Caerdydd, Gwasg Prifysgol Cymru 1986) t.161.
18. J. Beverley Smith, op. cit., t.160.
19. Bleddyn Owen Huws, op. cit., t.4. Hefyd, J.E. Caerwyn Williams et al. (goln.), Gwaith Meilyr Brydydd a'i Ddisgynyddion (Caerdydd, 1994), cerdd 3.57-60.
20. Elissa R. Henken, National Redeemer [:] Owain Glyndŵr in Welsh Tradition (Cardiff, 1996) pp.75-88.
21. William Jones, Y Brython, Mehefin 1861. Rhif 32 tt.212-215. Gweler hefyd D. E. Jenkins (gol.) Bedd Gelert, Its Facts, Fairies and Folk-lore, (Portmadoc, 1899).
22. William Jones, op. cit., t.215.
23. B. Roberts 'Llythyrau John Lloyd at Edward Lhuyd' The National Library of Wales Journal xvii No 1, Summer 1971: tt.88-114.
24. Francis Gribble The Early Mountaineers (London: T. Fisher Unwin 1899) p.52.
25. Thomas Johnson, The Itinerary of a Botanist (Bangor, 1908).
26. Camden's Wales, op. cit., p.74.
27. Camden's Wales, op. cit., p.74.

28. R. T. Gunther *The Life and Letters of Edward Lhuyd* (Oxford: Early Science in Oxford 1945) pp.157-159.
29. Turner, D., (ed) *Extracts from the Literary and Scientific Correspondence of Richard Richardson, M.D., F.R.S., of Brierley, Yorkshire.* (Yarmouth, 1835).
30. H. A. Hyde *Samuel Brewer's Diary* Ad-argraffiad o adroddiad y Botanical Exchange Club am 1930. (Amgueddfa Genedlaethol Cymru, Caerdydd 1931).
31. Miriam Griffiths 'Wider Empire for the Sight: Picturesque Scenery and the First Tourists' *The Welsh Connection* pub. Tydeman 1986.
32. Lord George Lyttleton *An account of a journey into Wales* (mewn atodiad i gyfrol H. P. Wyndham *A gentleman's tour through Monmouthshire and Wales in the months of June and July 1774*) (London, 1781).
33. Capel Curig Visitors Book 1801-1836 Archifdy Gwynedd, Caernarfon. XM5171/1
34. 'Gimel', 'Ffordd ac Arweinydd i ben yr Wyddfa' *Y Gwyliedydd*, 1832, tt. 115-116.
35. J. Hucks (1795) *A pedestrian Tour through North Wales, in a Series of Letters.* (Cardiff, University of Wales Press 1979): pp.30-31.
36. G. J. Freeman. *Sketches in Wales; or a Diary of three walking excursions in that Principality in the years 1823, 1824, 1825.* (Llundain 1826): t.155.
37. William Bingley *North Wales; including its Scenery, Antiquities, Customs ...* (Llundain, 1804).
38. 'Botany of Snowdon Plants' Gwyneddon MS 6, Llyfrgell Prifysgol Cymru, Bangor.
39. Llyfrgell Genedlaethol Cymru. Llawysgrif 9177B
40. H. R. C. Carr and G. A. Lister *The Mountains of Snowdonia* (London,1948) p.72.
41. John Henry Cliffe *Notes and Recollections of an Angler* (London, 1860) pp.143-144.

2
Menter ac Antur

Yn ystod blynyddoedd cynnar teyrnasiad y Frenhines Victoria bu newidiadau pellach yn yr agwedd tuag at fynyddoedd. O ganlyniad datblygwyd yr agwedd ramantaidd ymysg teithwyr gan eu gwneud yn fwy ymwybodol o'r hyn oedd i'w weld o'r cribau a'r copaon yn hytrach nag o'r ffyrdd drwy'r dyffrynnoedd. Yn raddol daeth teithio yn hwylusach o ganlyniad i well ffyrdd ac o dipyn i beth ymestynnodd y rheilffyrdd i bob cwr o'r wlad.

Esgorodd hyn ar greu tywysyddion lleol a weithredai nid yn unig o'r ffermydd mynyddig fel yn y ddwy ganrif flaenorol, ond o'r gwestai newydd a ddatblygodd yn Llanberis, Penygwryd, Capel Curig, Beddgelert, Betws Garmon a Dolgellau. Datblygodd y Chwyldro Diwydiannol ochr yn ochr â'r diwydiant twristiaeth a symudodd mwy o deuluoedd i fyw i Eryri – y mwyafrif i weithio yn y diwydiant llechi gan roi cychwyniad i bentrefi a threfi fel Llanberis, Bethesda, Deiniolen, Dinorwig, Talysarn, Pen-y-groes a Blaenau Ffestiniog.

Ar ddydd Gwener 28 Mai 1819 cyrhaeddodd Jenkin Jones, Capten yn y Llynges Brydeinig, Gaernarfon gyda'r bwriad o ddringo'r Wyddfa. Cofnododd fanylion o'i daith mewn dyddiadur sydd bellach ar gadw yn y Llyfrgell Genedlaethol, Aberystwyth[1], a chyhoeddwyd hanes ei daith cyn belled â Chonwy yn y *Transactions of the Historical Society of West Wales* ac yng nghylchgrawn y 'Climbers' Club'[2]. Roedd wedi gwneud ei ffordd o Exeter i Ilfracombe gan groesi Môr Hafren gyda'r llong bost i Abertawe. Cerddodd oddi yno drwy siroedd Caerfyrddin, Aberteifi a Meirionnydd i Gaernarfon, ac ar ei ffordd dringodd Gadair Idris dan ofal y tywysydd enwog Richard Pugh a hysbysebai ei hun, meddir, fel y:

> Guide-general to the tremendous mountain of Cader Idris the astonishing Watter-Falls of Dolmelynllyn, Cain and Mawddach; and the most wonderful Oak Tree at Llettyrrhys, the boughs of which measure one hundred yard in circumference, etc., etc.[3]

Roedd yng Nghaernarfon ar 28 Mai ac wrth giniawa perswadiodd ymwelydd o Gaer i fynd gydag ef i gopa'r Wyddfa yn gwmpeini a hefyd er mwyn rhannu costau tywysydd. Cychwynnwyd cerdded am 6 o'r gloch wedi prynu dwy botel hanner peint o frandi i fynd gyda hwy a chyrhaeddwyd tafarn y Snowdon Ranger am 8.30 y noson honno. Eu bwriad oedd dringo'r Wyddfa ar hyd y llwybr a arweiniai oddi yno, i weld yr haul yn codi.

Adeiladwyd tafarn y Snowdon Ranger ar lain o dir a elwid yn Weirglodd Goch ger glannau Llyn Cwellyn ym Metws Garmon yn dilyn sicrhau prydles i John Morton o Gaernarfon yn Ionawr 1803.[4] Byddai John Morton yn arwain teithwyr i fyny'r Wyddfa o'i dafarn ac ef a fabwysiadodd yr enw 'Snowdon Ranger'. Yn ystod yr unfed ganrif ar bymtheg roedd yr Wyddfa yn rhan o heldir brenhinol y 'Royal Forest of Snowdon' ac Iarll Caerlŷr oedd y 'Snowdon Ranger' yn ystod y cyfnod hwn. Erbyn diwedd 1812 fodd bynnag roedd y brydles wedi ei throsglwyddo i John Morgan, Cae Darby, Caernarfon ac Ellis Roberts o Feddgelert am un mlynedd ar hugain ymhellach.

O ddarllen ei gofnodion mae'n amlwg bod y Capten Jenkin Jones yn ofalus iawn o'i geiniog ac yn nodi ei wariant yn ofalus. Costiodd y brandi ddau swllt a thair a dimai iddo (tua 12c). Roedd yn ofalus hefyd wrth logi tywysydd a chanddo gynllun cyfrwys er mwyn twyllo'r landlord i feddwl mai wedi galw i mewn i orffwys yr oeddynt, gan ofyn yn ddidaro pa mor agos oeddynt i'r Wyddfa. Yna, o ddangos syndod eu bod mor agos awgrymwyd y posibilrwydd o ddringo i'r copa. Roedd yn amlwg bod y landlord (nad yw'n cael ei enwi) yn dywysydd yn ogystal ac yna bu bargeinio brwd ynglŷn â'r gost o arwain ar y mynydd. Mae'n amlwg bod y tywysydd yr un mor stimddrwg â'r ymwelydd ac wedi cynnig amryw resymau dros beidio â mentro tua'r copa cynigiodd eu harwain am bymtheg swllt (75c). Gwrthodwyd y cynnig yn syth ond wedi bargeinio pellach cytunwyd ar bum swllt (25c).

Cyn noswylio cawsant swper o ham a wyau wedi'u ffrio a gwydriad o 'frandi-grog' ac awr neu ddwy o gyntun wedyn mewn gwely tair troedfedd o led. Chafodd Jenkin Jones fawr o orffwys gan fod chwyrnu di-baid ei gydymaith yn ei gadw'n effro, a bob tro y ceisiai ei dawelu y cwbl a wnâi oedd newid cywair y chwyrnu.

Cychwynasant ddringo'r Wyddfa am chwarter wedi dau ar fore Sadwrn, 29 o Fai, wedi cael ychydig o fara a chaws, ac mae'n ddiddorol sylwi mai dyma'r drefn yn yr Alpau heddiw. Collodd y gŵr o Gaer ei wynt tra'n

Hostel y Snowdon Ranger fel y mae heddiw
Llun: Yr awdur

dringo llechwedd serth y mynydd a rhaid oedd aros yn aml i orffwys. Yn y man cyrhaeddwyd Llyn Ffynnon y Gwas ac mae'r cofnodion am gwrs y daith oddi yno ymlaen yn achosi cryn benbleth, yn enwedig i'r sawl sydd yn gyfarwydd â dringo'r Wyddfa o ochr orllewinol y mynydd. Mae Jenkin Jones yn disgrifio'r llwybr ymlaen o Lyn Ffynnon y Gwas drwy ddweud ei fod yn dringo'n serth dros dir caregog, ac wedi esgyn yn uwch a hithau'n barugo'n drwm gyda chawod o eira daeth Llyn Padarn i'r golwg yn y pellter islaw. Mae hyn yn gwneud synnwyr gan mai dyna yw'r olygfa a geir o grib y mynydd uwchlaw Clogwyn Du'r Arddu. Erbyn hyn roedd y gŵr o Gaer yn dechrau teimlo'r oerfel ac awgrymodd y tywysydd y buasai'n well troi yn ôl, ond roedd y Capten yn benderfynol o fwrw mlaen gyda'r daith ac felly y bu. Ond y man nesaf a gofnodir ganddo yw'r Clawdd Coch sydd ar y grib ddeheuol ac ar gwrs y llwybr a ddaw i fyny o Ryd-ddu:

> 'I got him on to the Clawdd Coch, or Red Ridge, a very nervous pass, ... being about 10 feet wide, and on each side so steep that the eye reached down the whole extent of the mountain.'[5]

Er na ddywedir hynny yn y cofnodion dyma ddisgrifiad o Fwlch Main, sy'n dilyn ymlaen o'r Clawdd Coch at gopa'r Wyddfa. Sut felly, a pham, y croesodd y parti o Lyn Ffynnon y Gwas ar draws y mynydd i ymuno â Llwybr Rhyd-ddu? Mae'n ddigon posib gwneud hynny, ond mae'n golygu dilyn yr Afon Goch i gyrion Cwm Clogwyn ac un ai dilyn cefnen serth i Fwlch Main, neu groesi at Fur Murianau a dilyn llwybr Rhyd-ddu oddi yno. Mae dilyn y cwrs hwn yn golygu croesi mynydd agored dros dir garw, serth a charegog ac yn sicr yn gofyn am lawer mwy o ymdrech gorfforol heb sôn am ychwanegu'n sylweddol at bellter y daith. Gan mai dilyn llwybr y Snowdon Ranger fyddai'r arferiad gan dywysyddion Betws Garmon buasai'n hollol anymarferol iddynt ddilyn y cwrs anhylaw a gofnodwyd, ond dyna'r hyn a geir yn y testun.

Ar ôl cyrraedd y copa mae'r teithiwr yn enwi'r gwahanol rannau o'r wlad mae'n eu gweld ond nid yw'n rhoi unrhyw ddisgrifiad o'r haul yn codi. Digon sarhaus yw ei sylwadau am y tywysydd oherwydd ei anallu i siarad Saesneg coeth, ac o'r herwydd roedd yn dibynnu ar ei wybodaeth ddaearyddol ei hun i adnabod y gwahanol olygfeydd o gwmpas. Fel llawer eraill o'r teithwyr cynnar gwelodd swydd Efrog, Ynys Manaw ac Iwerddon cyn cychwyn ar y daith yn ôl am Gaernarfon ac erbyn hyn roedd y cyfaill o Gaer yn cwyno a grwgnach:

> For God's sake, sir, come down, the swet [sic] on my hair is all frozen, and I do think I shall never recover the use of my fingers and toes; besides, we have 12 miles to go before we can get breakfast, and begging your pardon, I have finished the last drop of brandy.[6]

Erbyn 10 y bore roedd Jenkin Jones a'i gydymaith yn cael brecwast yng Nghaernarfon ac yn mwynhau ymolchi mewn dŵr cynnes. Aeth Jenkin ymlaen i ysgrifennu llythyrau cyn cael cinio am 4 o'r gloch y prynhawn. Cafodd wydryn o gwrw cyn noswylio.

Y tywysyddion Cymreig

Er mai dilyn y llwybrau hawsaf y byddai'r rhan fwyaf o'r tywysyddion lleol yr oedd rhai ohonynt yn llwyddo i ddringo'r mynyddoedd drwy ffyrdd gwahanol i'r arferol ac yn annog ymwelwyr i geisio amrywio eu teithiau. Efallai mai dyna oedd bwriad tywysydd y Snowdon Ranger pan arweiniodd y Capten Jenkin Jones a'i gydymaith o Gaer yn 1819.

Yr amlycaf o'r tywysyddion mwyaf mentrus oedd Robin Hughes o Gapel Curig a fu'n gwasanaethu'r teithwyr Thomas Roscoe, John Henry

Cliffe a'r gwyddonydd John Tyndall, a thrwy eu sylwadau hwy cawn wybod mwy am agwedd y tywysydd hwn tuag at grwydro'r mynyddoedd.[7]

Y ffordd arferol o ddringo'r Wyddfa o Gapel Curig yn ystod blynyddoedd cynnar y bedwaredd ganrif ar bymtheg oedd dilyn y ffordd i Benygwryd ac yna croesi'r mynydd i gyfeiriad Llyn Teyrn, a chan nad oedd y sarn ar draws Llyn Llydaw yn bod bryd hynny rhaid oedd dilyn glannau deheuol Llyn Llydaw cyn dringo at Lyn Glaslyn ac wedyn i fyny Llwybr y Mul i Fwlch Glas.

Yn ôl Roscoe[8] tueddai Robin Hughes i fod braidd yn ddilornus o'r tywysyddion hynny a arweiniai ymwelwyr i'r Wyddfa drwy ddilyn y llwybrau haws, ac roedd yn ei elfen pan ddeallodd fwriad ei gwsmer o groesi'r Glyder fel rhan o'r ymgyrch. Yn ystod eu sgwrs dywedodd Robin Hughes nad oedd llwybr hawdd Llanberis ddim i'w gymharu â'r ffyrdd o Gapel Curig, Beddgelert a Llyn Cwellyn. Proffwydodd y tywysydd hefyd ddyfodiad y dydd pan fyddai ffordd lefn 'yn union fel rheilffordd' yn ymddolennu o gwmpas y mynyddoedd 'yr holl ffordd o Gapel Curig i gopa'r Wyddfa' ac wedyn 'byddwn yn gallu mynd i fyny'r Wyddfa mewn cadair freichiau ar ôl cinio', meddai.

Mae rhan o ddisgrifiad Roscoe o'i daith i gopa'r Wyddfa yn tystio i feddylfryd y tywysydd a'r modd y llwyddodd i arwain dros rannau anhygyrch o'r mynydd:

> He engaged to bring me to the finest points of view, without reference to toil or danger. By a broken, rock-strewn path – trodden only by the neighbouring shepherds – wild as it was precipitous, I reached the interior vales and lakes hidden in the bosom of the great mountains. It was one laborious ascent of a mile and a half, and both the guide and myself were well breathed when we gained the first resting-point.[9]

Nid yn ystod tymor yr haf yn unig y mentrai'r ymwelwyr i gopa'r Wyddfa, ac mae sôn am orchestion Robin Hughes yng nghyfrol y gwyddonydd a'r mynyddwr profiadol John Tyndall a ddaeth ar ymweliad ag Eryri ym mis Rhagfyr 1860.[10] Cyrhaeddodd Tyndall a'i gyfaill T.H. Huxley Fangor ac arhosodd y ddau am noson yn y Penrhyn Arms yno cyn cerdded drwy Fethesda i Gapel Curig. Efallai mai drwy wneud paratoadau brysiog yr anghofiodd y mynyddwr profiadol hwn am ei fwyell rew a buan y gwelodd ei cholli gan fod rhew ar y ffordd a'r gwynt oer yn lluwchio'r

John Tyndall

Llun o Archif Wikipedia

eira mân i'w hwynebau. Penderfynwyd ceisio ffyn ym Methesda a llwyddasant i gael gafael ar ddwy goes cribyn am rôt yr un gan fynd â hwy at y gof yno a gofyn iddo lunio dau gylch a hoel o haearn a'u gosod ar flaen pob un. Wedi cyrraedd Capel Curig arhoswyd noson yno a cherdded ymlaen fore drannoeth i Ben-y-Pas. Yno yn disgwyl amdanynt yr oedd Robin Hughes a logwyd ymlaen llaw gan Tyndall fel tywysydd ond bu'n rhaid iddo gael gair â'r Cymro yn ystod y rhan gyntaf o'r daith oherwydd ei fod yn cerdded yn rhy gyflym i'r ddau arall allu ei ddal.

Mae Tyndall yn canmol ymddygiad 'admirable' Robin Hughes yn ystod gweddill y daith i gopa'r Wyddfa drwy'r eira trwchus er ei fod dros ei drigain oed ar y pryd, ond roedd yr hen dywysydd yn falch o ddracht o frandi gan Huxley mewn un lle ar Lwybr y Mul cyn cyrraedd Bwlch Glas. Aeth Tyndall i'r blaen am ysbaid wedyn er mwyn lliniaru ychydig ar y gwaith caled o dorri llwybr, ond yn y man bu raid iddo yntau aros er mwyn tynnu ei esgidiau er mwyn gwagio'r eira ohonynt. Doedd gan yr un o'r ymwelwyr socasau ac o ganlyniad roedd yr eira'n treiddio i mewn i'w hesgidiau gan fferru eu traed. Ceisiwyd datrys y broblem drwy glymu dwy hances boced o amgylch eu fferau a bu hynny o help.

Yn ei gownt o'r daith mae Tyndall yn rhoi disgrifiad byw o'r mynydd dan haen o eira trwchus a oedd mewn mannau yn cyrraedd at eu pengliniau ac yn gwneud y dringo yn llafurus a blin. Cyn cyrraedd y grib ym Mwlch Glas rhaid oedd torri drwy fargod trwchus o eira oedd wedi ffurfio yno, ac wedi llwyddo i wneud hynny safent ar y gefnen oedd yn arwain tua'r copa o gyfeiriad Llanberis. Roedd y dydd yn hwyrhau erbyn hyn a'r copa i weld yn eithaf pell i ffwrdd, a phan gyrhaeddwyd am dri o'r gloch y prynhawn roedd y cabanau pren dan orchudd trwchus o rew. Mae'n debyg mai dilyn y llwybr i lawr i Lanberis a wnaeth y cwmni wedyn ac aros noson yn y pentref cyn cerdded i fyny i Ben-y-Pas drannoeth. Wrth grynhoi anturiaethau'r cyfnod Nadolig hwn yn 1860 dywed Tyndall am y golygfeydd o'r Wyddfa: 'The scene would bear comparison with the splendours of the Alps themselves'.[11]

O ymchwilio ymhellach i hanes y tywysyddion lleol daeth yn amlwg bod amryw ohonynt yn cael mwynhad o fentro i ddannedd y clogwyni yn rhinwedd eu swydd. Fel botanegydd maes y cofir William Williams[12] yn bennaf a chan mai fel 'boot-boy' y dechreuodd ei yrfa mewn gwahanol westai yng ngogledd Cymru bedyddiwyd ef â'r llysenw 'Wil Boots' gan ardalwyr bro Eryri. Yn frodorol o Ruthun daeth i Lanberis tua 1832 lle bu'n gweithio fel cariwr a thywysydd yng Ngwesty Victoria a buan y gwnaeth enw iddo ei hun ymysg naturiaethwyr yr oes fel un a feddai ar wybodaeth fanwl am safleoedd planhigion prin Eryri.

Daeth Edwin Lees, botanegydd o Gaerwrangon, i Lanberis yn ystod haf 1838 gan letya yng Ngwesty Dolbadarn, a adwaenid fel y 'Dolbadarn Castle' bryd hynny. Yn fuan wedi iddo gyrraedd anfonodd am dywysydd a gofynnodd iddo a fuasai yn ei arwain i'r Wyddfa er mwyn iddo gael llysieua ar y clogwyni y diwrnod canlynol. Atebodd y tywysydd na fuasai'n talu iddo gytuno i wneud hynny gan egluro y buasai tasg o'r fath yn cymryd y diwrnod i gyd lle buasai'n cael tywys tri o bartïon i fyny'r Wyddfa ac ennill mwy o gyflog. Aeth ymlaen i egluro y gwyddai am dywysydd oedd yn arbenigo yn y math hwnnw o waith ac anfonodd am William Williams i ddod i weld yr ymwelydd yn ddiymdroi. Eglurodd Lees:

> Next morning a brisk little Welchman, active as the goat of his native mountains, with a tin box on his back, on which was painted "William Williams", presented himself to my inspection and said that he was so fond of plants that he would go with me any where, as long as I pleased. My arrangements were at once made, and we started.[13]

Arweiniodd William Williams y botanegydd yn gyntaf i gopa'r Wyddfa ac oddi yno i lawr i Glogwyn y Garnedd. Dringwyd wedyn yn ôl dros Fwlch Glas ac i lawr ar hyd rhan uchaf llwybr y Snowdon Ranger nes cyrraedd pen y deras ddwyreiniol ar Glogwyn Du'r Arddu. Drwy fynd i lawr y ffordd honno hyd at odre'r clogwyn roeddynt yn dilyn yr union ffordd a gymerwyd gan Peter Bailey Williams a William Bingley ar ddiwedd y ganrif flaenorol, er yn groes.

Ar y diwrnod canlynol ymwelwyd â'r Twll Du uwchlaw Cwm Idwal drwy ddringo'r Glyder o Ddyffryn Peris heibio Llyn y Cŵn. Y prif amcan ar y diwrnod oedd cael sbesimenau o'r rhedyn prin Woodsia hirgul a'r Gelynredynen. Wedi cyrraedd gwaelod hafn y Twll Du rhaid oedd ceisio dilyn silff gul ar y clogwyn sy'n arwain at Glogwyn y Geifr, cynefin enwog am amrywiaeth o blanhigion Arctig-Alpaidd. Ond wrth geisio dilyn ei dywysydd collodd Lees ei nerfau:

> At this point my nerves actually quailed at the prospect, and I could move no farther. But my little guide soon gave me a recipe for my nervousness, occasioned by my looking down into the cloudy gulph beneath. "Look up", said he, creep close to the rock, and there is no danger. I still hesitated, till measuring the distance with my eye, and at last forming my resolve, I closed my eyes on the fearful view, felt my way with cautious steps, crossed the dreaded ledge in safety, and gathered my plant![14]

Nid botanegwyr a chasglwyr planhigion yn unig oedd yn ceisio gwasanaeth William Williams ond hefyd ddaearegwyr. Pan ymwelodd W. S. Symonds yng nghwmni yr Athro James Buckman a'r Parchedig R. Hill ag Eryri cofnodwyd enghraifft bellach sydd yn tystio i allu arbennig y tywysydd fel creigiwr.

> Williams was a most daring cragsman, and my companions will not easily forget him on the precipitous escarpment of Moel Siabod, searching for the Saussurea alpina, and the Woodsia fern (Woodsia ilvensis).[15]

Defnyddiai William Williams raff er mwyn cyrraedd y planhigion oedd allan o'i gyrraedd ar y clogwyni. Byddai'n colbio barrau haearn i agennau yn y clogwyni er mwyn sicrhau ei raff ac wedyn yn abseilio i lawr i gasglu'r planhigion a fynnai. Roedd o flaen ei amser yn hyn o beth ac yn rhagarwydd o'r hyn oedd i ddod ym mysg dringwyr diwedd y bedwaredd ganrif ar bymtheg a dechrau'r ugeinfed.

Nid pob ymwelydd oedd yn llogi tywysydd ac mor gynnar ag 1832 mae hanes am ddau ŵr ifanc dibrofiad yn mentro am gopa Moel Siabod o'r gwesty yng Nghapel Curig ac yn mynd ar goll yn y niwl gyda canlyniadau trychinebus. Philip Homer, mab i ddarlithydd o Rugby, oedd y bachgen a gollodd ei fywyd. Yn ôl adroddiad Roscoe[16] o'r digwyddiad gwelodd y tywysydd Robin Hughes y ddau yn cychwyn am ddau o'r gloch y prynhawn a cheisiodd eu darbwyllo rhag mynd oherwydd ei bod mor hwyr yn y dydd a hithau'n Hydref, ac os oeddynt am fynnu mynd cynigiodd eu harwain. Er hynny mynd a wnaethant. Synhwyrodd y tywysydd bod y tywydd ar fin troi am y gwaethaf a'r noson honno bu storm fawr a dim golwg bod y ddau ymwelydd wedi dod i lawr o'r mynydd. Deffrowyd gwesty Capel Curig am dri o'r gloch y bore canlynol gan lais yn gweiddi oddi allan a phan agorwyd y drws pwy oedd yno ond un o'r ddau ymwelydd mewn cyflwr lluddedig a bron llewygu. Wedi ei gael i mewn a rhoi ymgeledd iddo cafwyd yr hanes. Roedd y ddau wedi gwahanu fin nos yn y niwl a'r storm ac yn fwy na thebyg wedi arswydo o sylweddoli eu bod ar goll. Er gweiddi a rhedeg yma a thraw ar y mynydd ni lwyddodd i ddod o hyd i'w gyfaill Philip Homer a phenderfynodd droi i lawr i geisio help yn y gwesty a llwyddodd drwy lwc i gyrraedd yn ddiogel.

Drannoeth ffurfiwyd mintai i fynd allan i chwilio amdano ac roedd y tywysyddion Robin Hughes o Gapel Curig a Richard Edwards o Feddgelert yn chwarae rhan flaenllaw yn yr ymgyrch. Daethpwyd o hyd i gorff Philip Homer ymhen pythefnos wedyn dan graig gysgodol ar lethrau isaf Moel Siabod o fewn golwg i Lyn Gwynant. Roedd y tywydd wedi bod yn niwlog gydag eira ar lawr ac roedd modd dilyn ôl ei droed mewn mannau ond yn ddamweiniol y cafwyd hyd i'w gorff yn y diwedd. Doedd dim olion iddo gael unrhyw niwed a'r farn yn gyffredinol oedd iddo drengi drwy oerfel a newyn. Ceisiodd greu cysgod iddo ei hun drwy ddefnyddio cerrig a brwyn ond yr hyn oedd yn ymddangos yn rhyfedd oedd ei fod wedi tynnu ei esgidiau a'i sanau ac wedi eu gosod yn ei het a chlymu ei gôt o'u hamgylch.[17] Dyma symptomau clasurol hypothermia, sef person yn tynnu ei ddillad am ei fod yn teimlo'n boeth, er bod tymheredd ei gorff mewn gwirionedd yn beryglus o isel.

Roedd y digwyddiad hwn yn enghraifft gynnar o drychinebau oedd i ddigwydd yn gynyddol ar fynyddoedd Eryri dros y ddwy ganrif ddilynol; trychinebau nad oedd angen iddynt ddigwydd. Petai Homer a'i gyfaill wedi derbyn cyngor Robin Hughes o beidio mentro i fyny Moel Siabod heb dywysydd buasai wedi arbed ei fywyd.

Drwy brofiad mae dod i adnabod llwybrau'r mynydd ac mae'n debyg bod llawer yn ystod yr un cyfnod wedi mentro i gopa Moel Siabod a mynyddoedd eraill ar dywydd clir ac wedi dychwelyd yn ddiogel. Doedd dim cyfarpar arbennig ar gael ar gyfer cerdded mynyddoedd yn 1832, a gwisgai'r ymwelwyr rywbeth yn debyg ble bynnag y byddent. Ar dudalennau rhai o'r llyfrau ymwelwyr a gedwid yng nghabanau copa'r Wyddfa tua chanol y bedwaredd ganrif ar bymtheg ceir amlinellau o'r ymwelwyr yn gwisgo cotiau llaes tywyll, hetiau uchel a'r merched mewn gwisgoedd helaeth ac yn cario ambarél. Roedd rhai cerddwyr mynydd fodd bynnag yn fwy ymwybodol o'r peryglon ar y mynyddoedd ac wedi paratoi ar eu cyfer.

Botanegydd oedd Charles Babington (1808-1895) o Gaergrawnt, ond roedd hefyd yn gerddwr mynydd brwd ac yn ymwelydd cyson ag Eryri gan letya mewn amryw o wahanol westai, ran amlaf yng Nghaernarfon a Llanberis. Cadwai gofnodion o'i deithiau mewn dyddiadur ac fe'i cyhoeddwyd, ynghyd â rhai o'i lythyrau, yn 1897[18]. Roedd yn Eryri yn y flwyddyn 1832, sef y flwyddyn pryd y collodd Philip Homer ei fywyd ar Foel Siabod, ac ar 23 o Orffennaf penderfynodd gerdded i Ddolgellau i weld Cadair Idris. Teithiodd ar goets fawr Capel Curig gan ddod oddi arni mewn lle mae'n ei alw yn 'top of the pass'. Yma cyfarfu gydag un 'Mr. D. Williams, agent for Sir R. Bulkeley' a chafodd gan hwnnw gyfarwyddiadau ar sut i groesi'r mynyddoedd i Ffestiniog. Dywed Babington nad oedd y llwybr yn glir iawn ac oni bai am ei fap a'i gwmpawd buasai wedi colli ei ffordd neu wedi gorfod troi yn ôl. Drwy ddefnyddio'r rhain cyrhaeddodd Gwmorthin yn ddiogel ond yn lle mynd i Ffestiniog cerddodd ymlaen i Faentwrog. Mae'r ffordd o Benygwryd dros y mynyddoedd i Gwmorthin yn croesi mynydd-dir gwlyb a bryniog ac yn flin i'w gerdded ac os bydd yn niwlog bydd angen gofal er mwyn dilyn y ffordd gywir. Mae'r rhan fwyaf o gerddwyr mynydd cyfoes yn gyfarwydd â map a chwmpawd, ac yn gwybod y ffordd i'w defnyddio, ac yn hyn o beth roedd Charles Babington o flaen ei amser.

Mae'r llwybrau gweddol hawdd sy'n arwain o'r dyffrynnoedd i'r rhan fwyaf o gopaon Eryri wedi eu creu drwy fugeiliaid yn eu cerdded i gychwyn, ac wedyn y mwynwyr a'r tywysyddion a'r ymwelwyr yn ddiweddarach. Yn sylfaenol mae mynydda wedi ei rannu'n ddwy ran. Yn gyntaf cawn y cerddwyr mynydd sydd yn ddigon bodlon i gyrraedd copa unrhyw fynydd drwy gerdded yn unig, ond o dipyn i beth dechreuodd rhai ohonynt chwilio am ffyrdd oedd yn cynnig mwy o her, fel y dywed Charles Evans:

What we know as mountaineering started with hill-walking, the enjoyment of the mountain scene, and the wish to explore. Gradually the standard of what could safely be done rose, and with the growth of a craft a new sport came into being; in part a tool for better knowledge of the mountains, in part a game in its own right, exciting and sometimes highly competitive.[19]

Aeth pedair blynedd heibio ers yr amser y cyflawnodd Peter Bailey Williams a William Bingley y ddringfa gyntaf i gael ei chofnodi mewn print ym Mhrydain, a hynny ar Glogwyn Du'r Arddu, cyn bod cofnod o unrhyw orchest gyffelyb o unrhyw ran arall o Brydain. Roedd Bailey Williams yn ymddiddori mewn llenyddiaeth a barddoniaeth ac efallai mai cyd-ddigwyddiad oedd mai bardd arall a gyflawnodd y ddringfa gyntaf i gael ei chofnodi yn Lloegr. Ar 4 o Awst 1802 dilynodd Samuel Taylor Coleridge y ffordd fyrraf o gopa Scafell i Mickledore, gan roi disgrifiad o'r modd y gollyngodd ei hunan lawr o un astell ar y graig i'r llall. Erbyn heddiw adnabyddir y trywydd a ddilynodd fel 'Broad Stand.'

Broad Stand ar Scafell
Llun o gasgliad Maldwyn Roberts

Aeth peth amser heibio wedyn cyn y cafwyd unrhyw ddatblygiad pellach mewn dringo clogwyni ym Mhrydain, ond roedd un cerddwr mynydd, offeiriad eglwys, na wyddai neb ei enw na fawr ddim am ei gefndir, yn ymweld yn gyson ag Eryri yn ystod y 1840au a'r 1850au. Yn lle cerdded y llwybrau arferol mynnai ddilyn y cribau creigiog tua'r copaon ac roedd yn ei elfen yn sgrialu ar y creigiau; doedd dim ond y clogwyni mwyaf serth yn ei rwystro. Dyma'r 'Climbing Parson' a ddaeth i enwogrwydd drwy lyfr John Henry Cliffe[20], pysgotwr brwd, awdur a dawn ddiddorol ddarllenadwy ganddo, a cherddwr mynydd a fyddai'n ymweld ag Eryri yn ystod yr un cyfnod. Disgrifia Cliffe yr Offeiriad mynyddgar hwn fel gŵr main gewynnog tua pum deg dwy oed yn gwisgo trowsus llac llongwr, siaced liain gwta, yn bennoeth a heb dei, gyda choler ei grys yn llydan agored. Arferai gario ffon hirach na'r cyffredin, neu 'alpenstock' i ddefnyddio'r term cywir, a gallai fynd am ddiwrnod cyfan heb gario bwyd na diod o naw o'r gloch y bore hyd at wyth yr hwyr boed heulwen neu law. Er mwyn torri ychydig ar ei syched cariai garreg fechan gron yn ei geg, a haerai Harry Owen, gwestÿwr tafarn Penygwryd, a fu'n gweithredu fel tywysydd iddo, na welodd ef erioed yn ymgymryd ag unrhyw beth i'w fwyta nac i'w yfed tra allan ar ei deithiau mynydd. Byddai'n ymweld â gogledd Cymru am ychydig wythnosau yn flynyddol gan letya ym Mhenygwryd, Capel Curig neu Lanberis. Roedd yn gymeriad unigryw ac yn ôl ei dystiolaeth ei hun yr unig amcan oedd ganddo wrth gerdded cribau'r mynyddoedd oedd edmygu gwaith y Creawdwr. Wedi dychwelyd i'r dafarn yn chwys diferol ar derfyn dydd byddai'n aros i'w ginio gael ei baratoi drwy gyflawni ymarferion ysgafn er mwyn oeri tymheredd ei gorff.

Dywed sawl awdur mai blynyddoedd canol y bedwaredd ganrif ar bymtheg oedd dechreuad oes aur mynydda ac yn ystod y cyfnod hwn, dan arweiniad tywysyddion lleol, llwyddodd partïon o Loegr i ddringo rhai o fynyddoedd uchaf Ewrop. Roedd llawer ohonynt yn dod i Eryri yn ystod misoedd y gaeaf i ymarfer. Rhaid cofio, fodd bynnag, bod rhai o frodorion mentrus yr Alpau wedi bod yn dringo eu mynyddoedd eu hunain ers peth amser.[21]

Yn y flwyddyn 1800 dringodd dau saer coed, J. ac M. Klotz, o Heiligenblut, i gopa uchaf y Gross Glockner yn Awstria. Roeddynt yn rhan o ymgyrch wedi ei noddi gan y Cownt Franz von Salm, Esgob Gurk. Yn 1802 llwyddodd y ddau dywysydd lleol Laurens a Rondo i gyrraedd copa Mont Perdu yn y Pyreneau. Dringwyd copa gogleddol yr Jungfrau yn Alpau Berne, y Swistir, yn 1811 gan y ddau frawd Johann-Rudolf (yr ail) a Hieronymus Meyer o Aarau, noddwyr y mapiau cynharaf o'r Swistir, yng nghwmni dau o helwyr gafrewig o'r enw Alois Volker a Josef Bortis. Y flwyddyn ganlynol dringodd Gottlieb, mab pedair ar bymtheg oed J-R Meyer (yr ail) i gopa deheuol y mynydd. Ar 10 Awst 1829 dringodd dau dywysydd arall, J. Leuthold a J. Währen, y Finsteraarhorn gyda'r Athro Hugi, y daearegwr, ond arhosodd ef ychydig yn is na'r copa. Llwyddodd Hugi i gyrraedd Bwlch Strahlegg yn Ionawr 1832 a dywedir mai ef oedd y cyntaf i gyflawni dringfa alpaidd yn nhymor y gaeaf. Ceir mwy o dystiolaeth am weithgareddau'r mynyddwyr lleol mewn amryw gyfrolau.[22]

Doedd y gorchestion hyn ddim yn cael yr un cyhoeddusrwydd ag a fynnwyd gan ddringwyr o Brydain yn ystod eu cyrchoedd diweddarach hwy. Rhywbeth i'w gadw ymysg eu cymunedau eu hunain oedd y gorchestion i'r rhan fwyaf o'r brodorion, a dim ond carfan fechan ohonynt a fyddai'n mentro uwchben y llinell eira yr adeg honno. Er mwyn llwyddo ar fynyddoedd o rew ac eira rhaid oedd datblygu'r medrau angenrheidiol ar gyfer eu dringo, ac mae'n debyg mai drwy brofiad y datblygodd y medrau hynny i fod yn grefft arbennig.

Agweddau cymdeithasol

Aelodau o'r dosbarthiadau uwch oedd y mynyddwyr cynnar Prydeinig yn ddieithriad, ac felly y bu hyd at y blynyddoedd a ddilynodd y Rhyfel Byd Cyntaf. Oherwydd eu bod yn perthyn i deuluoedd cefnog doedd dim rhaid i rai ohonynt weithio ac roeddynt yn byw yn gyfforddus ar lwfans preifat. Roedd eraill ohonynt yn offeiriaid eglwys neu athrawon prifysgolion, swyddi diogel broffesiynol nad oeddent yn dod â fawr o gyffro i'w bywyd dyddiol. Derbyniodd y Clwb Alpaidd 823 o aelodau rhwng 1857 ac 1890 a phob un ohonynt o deuluoedd dosbarth canol ac wedi derbyn addysg prifysgol.[23] Dyma'r bobl oedd yn mynd allan i chwilio am berygl. Mae'n amheus a oedd un o frodorion ifainc Eryri o blith y dosbarth gweithiol oedd â'r awydd i ddringo clogwyni yr adeg honno, a hawdd deall hynny gan mai chwarelwyr a gweision ffermydd oedd y mwyafrif ohonynt; y lle diwethaf y mynnent fod yn ystod eu oriau hamdden oedd ar greigiau anhygyrch yng nghanol mynyddoedd anghysbell. Mae'n debyg bod rhai ohonynt yn 'mynd am dro' i'r copaon yn ystod yr haf, neu yn cerdded i gopa'r Wyddfa ar nos Sadwrn adeg 'naw nos ola' gyda'r bwriad o weld yr haul yn codi ond ymarfer hen draddodiad yr oeddynt ac ni ellir cyfri hyn fel 'mynydda' yng ngwir ystyr y gair. Roedd agwedd y mynyddwr yn gwbl groes i un y chwarelwr a'r ffermwr mynydd. Tra roedd y dringwyr yn dyheu am weld eira a rhew ar y llethrau golygai hyn golledion i'r chwarelwyr drwy bod y chwareli ar gau yn ystod y cyfnodau hynny gyda'r canlyniad nad oeddynt yn ennill cyflog. Roedd tywydd garw hefyd yn effeithio ar y ffermwyr mynydd yn enwedig yn ystod y tymor wŷna. Byd tra gwahanol oedd eu byd hwy, a gadawyd yr anturio yn yr oes honno i aelodau o'r dosbarthiadau uwch. Estroniaid oedd y mwyafrif ohonynt ac oherwydd eu bod yn ddigon niferus i ffurfio clybiau mynydda, ac i gael cyhoeddi eu gorchestion mewn cylchgronau arbennig, roedd yr holl gyhoeddusrwydd a ddilynodd yn arwain un i gredu mai Saeson yn unig oedd yn dringo mynyddoedd. Does dim dadl nad oeddynt yn dylanwadu'n gryf yn y maes oherwydd eu niferoedd, ond roedd Prydeinwyr eraill, fel o'r Alban a Chymru, hefyd yn eu plith, a gwelsom eisoes fel yr oedd rhai o frodorion gwledydd fel y Swistir, Ffrainc a'r Eidal hefyd yn cael eu denu gan y mynyddoedd.

Anturiaethau William Lloyd, Bryn Estyn

Erys tystiolaeth ddigamsyniol fod yr ysbryd anturiaethus yn bodoli yn rhai o Gymry'r dosbarth canol yn ystod blynyddoedd hanner cyntaf y bedwaredd ganrif ar bymtheg. Dewis gyrfa fel milwr a wnaeth William Lloyd (1782-1857) o Fryn Estyn,[24] mab i fancer o Wrecsam a fynychodd ysgol Rhuthun. Yn y flwyddyn 1798, ac yntau ond yn un ar bymtheg oed, ymunodd â byddin yr East India Company (a adwaenid hefyd fel y 'John Company') ac fe'i dyrchafwyd i reng uwchgapten yng Nghatrawd Gŵyr Traed Bengal. Bu'n Gapten hefyd yng Ngwarchodlu Nagpur rhwng 1806 a 1820. Clwyfwyd ef nifer o weithiau yn ystod Rhyfel Mahratta yn 1817, ond nid am ei weithgareddau milwrol yn unig y daeth yn enwog, ond fel mapiwr gan feddu ar ddyheadau angerddol am gael anturio i fynydd-dir gogledd eithaf India tua'r mynyddoedd eira.

Daeth y cyfle i wireddu ei freuddwyd yn ystod y flwyddyn 1822 wedi iddo glywed bod y Cwmni yn bwriadu cyfarparu parti i wneud arolwg o fynyddoedd yr Himalaia dan arweiniad un o arloeswyr mwyaf profiadol yr isgyfandir sef y Capten Alexander Gerard a'i frodyr Patrick a James o Aberdeen. Roedd y Capten Gerard eisoes yn lled gyfarwydd â rhannau o'r ardal ac wedi cyrraedd uchder a oedd cyn hynny yn cael ei ystyried yn anghyraeddadwy, a hyd yn oed wedi croesi i Tibet. Anfonodd William Lloyd lythyr at Gerard yn gofyn a fuasai modd iddo gael ymuno â'i barti gan dynnu sylw at y ffaith ei fod eisoes wedi cyhoeddi ar ei waith fel syrfëwr. Gwireddwyd dymuniad William Lloyd pan dderbyniodd atebiad Gerard yn ei wahodd i ymuno â'r fenter. Roedd gan William Lloyd fab anghyfreithlon o'r enw George yn dilyn perthynas gyda merch Indiaidd, ac fe'i gwahoddwyd yntau hefyd i ymuno â'r garfan a bu gyda hwy yn ystod yr wythnosau cyntaf, ond arhosodd ar ôl yn Kotgarh gan nad oedd ond saith oed ar y pryd. Crwydrodd yr Alpau gyda'i dad yn ddiweddarach ond bu farw yn Thebes, yr Aifft, ar 10 Hydref 1843 yn dilyn damwain gyda gwn.

Cyhoeddodd y Cwmni femorandwm yn rhestru'r dyletswyddau y disgwylient i'r parti eu cyflawni, fel cadw record cywir o'r mannau trigiannol y deuent ar eu traws yn ystod y siwrnai, cadw cofnod o'r uchder gyda baromedr a mesuriadau trigonometrig, a rhoi disgrifiad o'r llwythau cyntefig a'u cynnyrch lleol. Ar ben hynny anogwyd hwy gan yr awdurdodau yn Calcutta i gofnodi'r holl wybodaeth ddaearegol a botanegol a allent. Un o ddyletswyddau William Lloyd oedd cadw cofnod dyddiol o bob eitem bwysig.

Pan gyrhaeddodd y cwmni le o'r enw Naan oedd yn sefyll ar uchder o tua 3,000 o droedfeddi gwelodd William Lloyd sied wrth ymyl y ffordd a merch yn eistedd wrth y drws. Edrychodd i mewn a gwelodd blentyn bach yn gorwedd ar wastad ei gefn a dŵr yn pistyllu ar ei ben allan o beipen tra roedd yn cysgu'n sownd. Pan holodd Lloyd fam y plentyn eglurwyd iddo bod y plentyn yn dioddef o'r dysentri a bod y feddyginiaeth hon fodd i'w iachau a'i gryfhau, ac ar ben hynny roedd yn ffordd effeithiol o'i gael i gysgu. Gwelodd fwy o blant yn derbyn yr un driniaeth yn ystod y siwrnai, a phan oedd y cwmni yn teithio yn ôl o'r mynyddoedd gwelwyd bod y plant wedi eu hiachau o'r dysentri. Yn fuan wedi'r digwyddiad hwn gorfu iddynt groesi ceunant o rai cannoedd o droedfeddi uwchlaw afon ffyrnig drwy gyfrwng math o bont gyntefig wedi ei gwneud o dair rhaff gyda dyfais debyg i swing ar gyfer cario pobl ar draws. Cafodd y profiad y fath effaith ar nerfau William Lloyd fel iddo benderfynu na wnâi byth wedyn groesi afon yn y fath fodd.

Teithiodd y fintai tua'r gogledd ar hyd gwastadeddau canolbarth y wlad drwy Kanpur ac Agra ac erbyn Mai 1822 roeddynt wedi cyrraedd uchder o 10,000 troedfedd. Roedd y daith o'u blaenau yn golygu croesi'r gadwyn mynyddoedd a elwid bryd hynny yn 'Snowy Mountains' er y dywedir bod hen lwybr garw a ddefnyddid gan gamelod yn bodoli yno oedd yn cysylltu Hindustan â Tibet. Y nod oedd archwilio'r rhanbarth mynyddig sydd tua hanner ffordd rhwng Chomolungma (Mount Everest bellach, ond yn anadnabyddus i orllewinwyr bryd hynny) a'r Karakoram cyn belled â Buan Ghati, (Bwlch Boorendo bryd hynny), ar derfyn gorllewinol Tibet tua 16,000 troedfedd uwchlaw arwynebedd y môr, ac yn llawer uwch na'r llinell eira. Doedd yr ychydig fapiau o'r rhanbarth oedd ar gael ar y pryd ond yn damcaniaethu cwrs rhai llwybrau ac afonydd gydag ambell fynachlog unig lle trigai'r lamas sanctaidd mewn llwyr unigedd. Doedd ganddynt ddim o'r cyfarpar a ddefnyddir gan fynyddwyr heddiw fel bwyeill rhew a chramponau nac ychwaith ddillad addas ar gyfer yr oerni. Problem arall a wynebai'r ymgyrch oedd ofergoeledd parhaus y cludwyr brodorol a oedd wedi dod â'u gwragedd â'u teuluoedd i'w canlyn yn ogystal â'u diadelloedd o ddefaid a gwyddau.

Ar un achlysur dychrynwyd y fintai pan ymddangosodd carfan o ddynion digon gwyllt yr olwg yn cario arfau fel bwa a saeth, a blaenau'r saethau wedi eu harfogi â fflawiau miniog o esgyrn wedi pydru a fuasai, o'u defnyddio, yn gwenwyno'r clwyf. Ond er eu hymddangosiad bygythiol roeddynt yn ddynion tra chyfeillgar a'r unig reswm iddynt ddod atynt oedd i'w sicrhau bod yr 'arwyddion' yn ffafriol i'r ymwelwyr am daith lwyddiannus.

Tra'n gwersyllu yn y bwlch bu rhai o'r garfan yn dioddef o brinder aer ac o ganlyniad yn methu cysgu, a chael poenau clust, cur pen a llesgedd corfforol. Ar ben hyn oll roedd sŵn cerrig yn llithro hyd y llethrau i'w glywed yn y pellter yn eu gwneud yn fwy anghyfforddus.

O'r gwersyll yn yr eira wrth odre'r bwlch, William Lloyd oedd yr unig un i fentro i gopa gorllewinol Boorendo gan gyrraedd uchder o 16,880 troedfedd, ac roedd y ffaith ei fod wedi cyrraedd uchder o 1,000 o droedfeddi yn uwch na Mont Blanc yn creu teimlad o falchder ynddo. Cyfareddwyd ef gan yr olygfa eang o'r mynyddoedd mawr o'i gwmpas, ac mae'n bosib mai ef oedd yr unig orllewinwr i gyrraedd y fath uchder yn y cyfnod hwnnw ar wahân i'r brodyr Gerard. Cyflawnodd gamp oedd hefyd yn unigryw ar y pryd gan iddo ddringo i gopa mynydd dim ond er mwyn cael y pleser o gyrraedd y copa, ac nid i gyflawni unrhyw arolwg swyddogol. Gadawodd gofnodion diddorol o'i gamp ac o wneud hynny yr oedd, yn ddiymwybod iddo ei hun, wedi cael y blaen ar ddringwyr Alpaidd canol y ganrif honno drwy gyhoeddi'r hanes, ond mae'n gofalu pwysleisio mai ef oedd yr Ewropead cyntaf i ddringo'r mynydd hwn ac nid y brodor cyntaf.

> I trust it was an excusable vanity, but I was very much pleased that I had been the first European who had ever stood on the summit of the Western peak of the Boorendoo, as well as at having attained a greater elevation than Mont Blanc, besides having had a glimpse of the scarce known countries of the Northern Himalaya.[25]

Roedd y brodorion yn sicr wedi creu argraff ffafriol ar y cwmni a dywedodd Alexander Gerard eu bod y bobl orau yr oedd wedi eu cyfarfod erioed unwaith yr enillwyd eu hymddiriedaeth. Cofnododd William Lloyd ystod eang o ffeithiau yn ymwneud â'r gwahanol lwythau gan gofnodi nad oedd fawr o wahaniaeth rhwng gwisgoedd y dynion a'r merched, a'u bod yn gaeth i dybaco. Gwnaeth y cyfoeth bywyd gwyllt argraff arno hefyd, fel y llystyfiant cyfoethog, ac mae'n sôn am yr amrywiaeth o adar lliwgar a welodd, fel y miloedd o ffesantod euraid, eryrod, fwlturiaid gwyn, hebogau a chogau, a sawl aderyn llai na wyddai eu henwau.

Teimlai William Lloyd yn chwithig o adael y mynydd-dir. Ni ddychwelodd i fynyddoedd eira rhanbarth ogleddol India, ond gadawodd ei ymweliad argraff ddofn arno a theimlai ei fod wedi torri'r swyn a greodd yr is-gyfandir arno ers chwarter canrif. Erbyn hyn roedd wedi cael digon ar wres y gwastatir eang a dyheai am gael dychwelyd i Gymru a'i hen gartref Bryn Estyn yn sir Ddinbych. Roedd llawer o newid wedi digwydd yn ardal Wrecsam ers iddo ymadael yn laslanc a dychwelodd i un o'r ardaloedd mwyaf diwydiannol yn y wlad. Treuliodd y rhan fwyaf o weddill ei oes ym mro ei febyd ar wahân i ambell ymweliad â'r Swistir i ddringo neu i deithio yn yr Aifft. Gwnaeth ddefnydd o'r dyddiaduron a gadwodd drwy ysgrifennu hanes ei daith i fynyddoedd yr Himalaia. Fe'i cyhoeddwyd mewn dwy gyfrol gan Madden, Llundain, yn 1840 dan y teitl *The Narrative of a journey from Cawnpoor to the Boorendo Pass in the Himalaya Mountains*, … Golygwyd y gwaith gan ei fab George, ac ef hefyd â ychwanegodd y troed nodiadau yn ogystal â'r cyflwyniad a chyhoeddwyd adolygiad o'r gyfrol yn y *Tait's Edinburgh Magazine for 1840*.[26] Ymddangosodd ail argraffiad o'r gwaith mewn un gyfrol yn 1846. Bum mlynedd cyn ei farw golygodd George Lloyd lyfr yn dwyn y teitl *An account of Koonawur in the Himalaya* oedd yn cynnwys hanes holl deithiau Alexander Gerard.

Yn ystod blynyddoedd ei ymddeoliad chwaraeodd William Lloyd ran flaenllaw yn wleidyddol ar ran plaid y Chwigiaid yn yr ardal, a bu'n Gapten ar y 'Denbighshire Hussars Yeomanry'. Urddwyd ef yn farchog yn 1838 a phenodwyd ef yn Lefftenant Cyrnol Anrhydeddus yn 1854. Bu farw ar 16 o Fai, 1857, a chladdwyd ef yn hen fynwent Eglwys Llandudno.

Dechreuadau Penygwryd

Ychydig o sylw a roddwyd gan haneswyr Cymreig hyd at ail hanner y ganrif ddiwethaf i ddatblygiad mynydda yn Eryri, a chan mai Saeson o'r dosbarthiadau uwch oedd mwyafrif y rhai a ddatblygodd y grefft honno fel sbort rhaid cofio mai Cymry oedd sylfaenwyr y gwesty mynyddig mwyaf llwyddiannus ar gyfer yr ymwelwyr hynny. John Roberts, Pen y Bryn,

Gwesty Penygwryd fel y mae heddiw
Llun: Yr awdur

Llanberis oedd y cyntaf i sefydlu Penygwryd fel tafarn ar gyfer ymwelwyr. Roedd gwraig John Roberts yn chwaer i John Closs, y bachgen saith mlwydd oed a fu farw ar Foel Eilio wrth geisio dilyn ei fam ar draws y mynydd o Fetws Garmon i Lanberis. Roedd y bachgen wedi bod yn aros yn nhŷ ei nain ym Metws Garmon a'i fam yn galw i edrych amdanynt yn achlysurol. Yn ystod un o'r ymweliadau hyn yng nghanol gaeaf 1805, yn ddiarwybod iddi, penderfynodd y bachgen ddilyn ei fam wedi iddi gychwyn am adref a chollodd y llwybr yng nghanol storm eira. Daethpwyd o hyd i gorff y bachgen ymhen wythnos wedyn. Ymfudodd John Roberts i Unol Daleithiau'r America yn ystod yr 1840au. Yn ôl yr hanes roedd wedi darganfod llond berfa o arian Rhufeinig tra'n tyllu ar yr hen ffordd gerllaw'r dafarn, a chyda'r cyfoeth hwn yn gefn iddo ymsefydlodd yng Nghaliffornia gan enwi ei gartref newydd ar ôl yr un a adawodd yn Eryri. Bu'r stori hon yn fodd i sbarduno sawl ymwelydd yn ddiweddarach i geisio darganfod ei ffortiwn fel y gwnaeth John Roberts.[27] Mae'n ddiddorol sylwi bod olion gwersyll ymdeithio Rhufeinig wedi ei ddarganfod ym Mhenygwryd.[28]

Daeth teithiwr o'r enw G.J. Bennett[29] i Benygwryd tra'n cerdded o Feddgelert drwy Nant Gwynant yn y flwyddyn 1837, a chawn ganddo ychydig fanylion am gyflwr y lle yn ystod y flwyddyn honno. Cyrhaeddodd, meddai, le o'r enw 'Gwrydd' lle safai tafarn fechan gydag arwydd nad oedd yn dynodi dim, a phenderfynodd aros noson yno er mwyn manteisio ar y cyfle i bysgota yn Llyn Cwmffynnon gerllaw, sy'n gorwedd yng nghesail y mynyddoedd wrth odre'r Glyder Fawr. Roedd yn y dafarn barlwr bychan wedi ei ddodrefnu â bwrdd mahogani a hanner dwsin o gadeiriau gyda chlustogau o rawn. Wedi cael pryd o facwn a wyau cerddodd i fyny at y llyn i bysgota. Pan ddaeth amser noswylio mae'n disgrifio'r ystafell wely fel croglofft wedi ei rhannu'n ddwy ran, un i ŵr a gwraig y tŷ, eu plant a'r gweision, a'r rhan arall ar gyfer teithwyr. Lle digon ffwrdd-â-hi oedd yn y dafarn yr adeg honno yn ôl Bennett, a doedd y ffaith bod ei wely wedi torri yn ei hanner yn ddisymwth wrth iddo gysgu yn gwneud dim i newid ei feddwl. Gwisgodd amdano yn frysiog wrth iddi wawrio a cherddodd allan i gyfeiriad Llanberis heb oedi, ond fe ddychwelodd yn ddiweddarach pryd y cafodd wybod am y cysylltiad rhwng gwraig y tŷ a'r bachgen John Closs a gollodd ei fywyd ar y mynydd yn 1805.[30]

Yn dilyn ymadawiad John Roberts ceir bod gwraig o'r enw Mrs Hughes wedi cymryd y dafarn drosodd wedyn. Roedd ganddi gysylltiadau gyda Gwesty'r Royal yng Nghapel Curig a phenododd ŵr o'r enw Benjamin Williams fel reolwr ar dafarn Penygwryd am oddeutu dwy flynedd wedi hynny.

Ganed Harry Owen mewn ffermdy o'r enw Castell, yn Nant Gwynant, ar 2 Ebrill 1822, ac yn bump ar hugain oed priododd gydag Ann Pritchard a oedd ar y pryd yn gweini ym Mhlas Gwynant. Erbyn 1847 roedd Harry Owen yn berchennog ar dafarn Penygwryd[31] yn ogystal ag ychydig o dir o'i chwmpas a than ei ofalaeth ef a'i wraig datblygodd y lle i fod yn ganolfan mynydda yn Eryri. Roedd y gŵr hwn yn amlwg wedi rhagweld posibiliadau gwesty mewn lleoliad o'r fath, gan ei fod nid yn unig yn ddelfrydol ar gyfer cerdded a dringo ond hefyd i bysgota. Ef oedd y mwyaf llwyddiannus o holl dywysyddion Eryri yn ystod y bedwaredd ganrif ar bymtheg.

Bu'r flwyddyn 1854 yn arwyddocaol am amryw o resymau. O safbwynt hanes mynydda dyma'r flwyddyn oedd i esgor ar oes aur y dringo Alpaidd drwy lwyddiant bargyfreithiwr ifanc o Loegr o'r enw Alfred Wills i ddringo'r Wetterhorn yn y Bernese Oberland. Dyma'r flwyddyn hefyd pryd yr ymwelodd Charles Edward Mathews o Birmingham â Phenygwryd am y tro cyntaf. Ef oedd y mynyddwr a ddylanwadodd fwyaf ar gychwyniad mynydda yn Eryri ac yn ystod ei ymweliadau cyson dros yr hanner can mlynedd dilynol daeth i adnabod Harry Owen a'i deulu yn dda a bu'n flaenllaw i hyrwyddo Penygwryd fel canolfan boblogaidd ar gyfer dringwyr. Dringodd yr Wyddfa a Chadair Idris dros gant o weithiau yr un, ac roedd yn arloeswr ym myd y dringo Alpaidd gyda'r ddawn i gymdeithasu a ffurfio clybiau dringo. Roedd yn gymeriad oedd yn nodweddiadol o'r gymdeithas o ddringwyr oedd i ddylanwadu ar gychwyniad dringo yn Eryri yn ystod oes Victoria. Bu'n flaenllaw am flynyddoedd ym mywyd cymdeithasol Birmingham, yn llywydd nifer o bwyllgorau, ac yn Ustus Heddwch, yn llywodraethwr ysgolion, arweinydd mewn gwleidyddiaeth leol, yn aelod cynnar o'r 'National Education League', ac yn aelod o Gyngor y Dref.

Gellir honni bod mynydda yn rhan annatod o fywyd teulu Mathews. Ffurfiwyd y Clwb Alpaidd yng nghartref ei ewythr William ar gyrion Birmingham yn 1857, ac roedd carfan gref o'r rhai oedd yn bresennol ar yr achlysur hwnnw yn aelodau o'r teulu.

John Llewelyn Davies

Er nad yn enedigol o Gymru un o'r tri deg un aelod gwreiddiol a sefydlodd y clwb oedd John Llewelyn Davies (1826-1916),[32] mab y clerigwr a'r athronydd John Davies (1795-1861), oedd yn wreiddiol o Landdewi-brefi ac a fu yn ddiweddarach yn gweinyddu mewn rhannau o Loegr. John Llewelyn Davies oedd y cyntaf i ddringo'r Dom, y mynydd uchaf sydd a'i derfynau yn gyfangwbl o fewn ffiniau'r Swistir, yn 1858, gyda'i dywysyddion Johann Zumtaugwald a Johann Kronig. Ef hefyd oedd y cyntaf i ddringo'r Täschhorn yn 1862 gyda J. W. Hayward. Dringodd y Finsteraarhorn yn 1857.

Ganed ef yn Chichester ar 26 Chwefror 1826, a chafodd ei addysg yn Ysgol Repton ac yng Ngholeg y Drindod, Caergrawnt. Etholwyd ef yn Gymrawd o'r coleg yn 1850. Roedd yn gyd awdur gyda'i gyfaill David James Vaughan ar gyfieithiad poblogaidd o *Wladwriaeth Plato*. Ymddiddorai mewn gwleidyddiaeth a materion cymdeithasol ers yn fyfyriwr a bu'n llywyddu'r 'Union Society' ac yn cydymdeimlo â'r undebau llafur. Wedi

John Llewelyn Davies
Llun o lyfrgell lluniau Y Clwb Alpaidd,
Llundain

derbyn urddau eglwysig yn 1851 derbyniodd guradiaeth St. Anne's, Limehouse, yn ddi-dâl, ac wedyn bu'n beriglor yn St. Mark's, Whitechapel. Roedd yn gefnogol i hawliau'r gweithwyr ac addysg merched a bu'n flaenllaw yn sefydlu'r Working Men's College yn Stryd Great Ormond yn ogystal â bod yn sylfaenydd yr hyn a elwid yn ddiweddarach yn Goleg Girton, Caergrawnt. Pennwyd bywoliaeth dlawd Eglwys Crist, Marylebone iddo am dri deg a thair o flynyddoedd o 1856, a bu'n benadur y Queen's College, Stryd Harley o 1873-1874, ac wedyn 1878-1886. Gadawodd Lundain yn 1889 i dderbyn gofalaeth Kirkley Lonsdale yn Westmorland lle bu am ugain mlynedd ac yn 1895 collodd ei wraig Mary. Wedi ymddeol yn 1908 treuliodd weddill ei oes yn Hampstead gyda'i ferch.

Ymwelodd John Llewelyn Davies â'r Alpau yn 1855, ac yn ystod y flwyddyn ganlynol cyfarfu gyda nifer o Gymrodyr Coleg y Drindod, Caergrawnt yn St. Gervais er mwyn archwilio cadwyn orllewinol Mont Blanc. Eu bwriad oedd ceisio dilyn dringfa a gwblhawyd gan Charles Hudson ac Edward Shirley Kennedy yn ystod y flwyddyn 1855, a cheisio meistroli anawsterau dychrynllyd creigiau anodd y Bosses du Dromedaire. Cofnodwyd eu hymdrechion, a gyflawnwyd er gwaethaf y tywydd drwg, gan Vaughan Hawkins yn y cylchgrawn *Peaks, Passes and Glaciers*. Mae'n ddiddorol sylwi ar y disgrifiad a geir gan fynyddwyr Alpaidd y cyfnod o'r cyfarpar a ddefnyddid ganddynt oedd yn wahanol i'r 'alpenstock' arferol ac a elwid yn 'haches' neu 'piolets'. Lluniwyd y rhain o bolion ynn tua phedair i bum troedfedd o hyd gyda phigyn o haearn ar y pen isaf iddi, ac ar ei blaen erfyn deuben o haearn, un ochr yn fwyell lydan, a chaib finiog gyferbyn.

Yn nodiadau Davies am 1857 tystia ei gofnodion iddo ddringo'r Finsteraarhorn ar 29 Awst o Faulberg ond heb unrhyw fanylion heblaw yr amseroedd, sef, '4½ a.m. to 7½ p.m.'

Y Dom (chwith) a'r Täschhorn
Llun o gasgliad Iolo ap Gwynn

Daw ysbryd anturus John Llewelyn Davies i'r amlwg eto yn ei gofnodion personol o'i esgyniad i gopa'r Dom a gwblhawyd o Randa ar 11 Medi, 1858.[33] Ei fwriad gwreiddiol tra'n aros yn Zermatt oedd rhoi cynnig ar y Weisshorn, a oedd bryd hynny heb ei ddringo ac awgrymodd hynny wrth ei dywysydd profiadol Johann Zumtaugwald. Dywedodd y tywysydd ei fod yn credu bod hynny'n bosibl, a dechreuwyd ar y gwaith o gynllunio trywydd a fuasai'n debygol o'u harwain i gopa'r mynydd. Wrth drafod y bwriad ymhellach gyda Clemenz, landlord gwesty'r Mont Cervin, awgrymodd hwnnw y buasai'n well syniad dringo'r Dom yn hytrach na'r Weisshorn. Clemenz oedd llywydd y canton lleol ac yn ŵr gwladgarol a ystyriai y byddai dringo'r mynydd uchaf oedd yn gyfan gwbl o fewn ffiniau'r Swistir yn dod â chlod i'r dringwyr a hefyd i bentref Zermatt. Rhaid cofio hefyd bod rhai bryd hynny o'r farn nad oedd modd dringo'r Weisshorn o ddyffryn St Niklaus. Bwriwyd ymlaen gyda'r paratoadau a chyflogwyd tywysydd lleol o'r enw Johann Kronig i wasanaethu fel porter, ac ar brynhawn dydd Gwener 11 Medi 1858 cychwynnwyd cerdded o

Zermatt i Randa, a chan nad oedd tafarn yn Randa bryd hynny cafwyd lloches dros nos yng nghartref offeiriad y plwyf (*curé*).Roedd eu gwesteiwr yn ŵr dymunol a difyr ei gwmni, ac wedi bod yn dysgu am gyfnod yng ngholeg Brieg, ac yn ogystal â gweinyddu fel *curé* roedd llawer o'r offeiriaid lleol yn ymgymryd â swydd ysgolfeistr hefyd.

Am un o'r gloch bore drannoeth deffrowyd John Llewelyn Davies gan y tywysydd Johann Zumtaugwald a chafodd ganddo grynodeb o'r tywydd. Wedi yfed eu coffi a phacio cyfarpar ar gyfer y dydd, gan gynnwys rhaff a bwyell, cychwynnwyd am ddeng munud wedi dau yng ngolau lantarn. Roedd Davies wedi cyfarfod myfyriwr ifanc y noson gynt o'r enw Brantschen ac ychydig amser wedi iddynt gychwyn tua'r mynydd ymunodd yntau gyda hwy gan wneud y parti yn bedwar. Wedi cerdded dros y dolydd isaf aethant drwy goedwig fechan pryd y defnyddiwyd y fwyell i dorri cangen fechan ar gyfer ei gosod ar gopa eithaf y mynydd fel arwydd o'u llwyddiant. Erbyn iddynt gyrraedd y llethrau roedd yn ddigon golau i adael y lantarn ar ôl, ac wrth sgrialu am gyfnod hir dros lethr caregog gwelwyd pelydrau haul y bore am y tro cyntaf. Y rhwystr nesaf oedd croesi rhewlif byr gan edmygu golygfeydd hardd o'r Weisshorn gyferbyn. Dywed Davies fod y tywysydd Johann Zumtaugwald yntau wedi ei gyfareddu i'r fath fodd gan yr olygfa nes ei annog i ymdrechu'n galetach.

Adroddiad digon gwylaidd a geir gan Davies o'r ddringfa, gan fychanu unrhyw berygl neu rwystr y deuent ar ei draws. O gofio mai hwy oedd y parti cyntaf i lwyddo i ddringo'r Dom rhaid sylweddoli nad oedd unrhyw drywydd arbennig iddynt ei ddilyn a bod rhaid iddynt agor eu cwys eu hunain. Dyma un paragraff allan o'i erthygl cyhoeddedig:

> The glacier presented none but ordinary features. We met with something of a wall, which required care and pains to mount; but we were not much troubled with crevasses, and the snow was crisp and not very deep. We made our way towards a rocky ridge which cut into the glacier, where we determined to breakfast.[34]

Erbyn hyn roedd yn wyth o'r gloch y bore ac yn ôl Davies dyma'r amser i baratoi ar gyfer y rhan galetaf o'r ddringfa. Teimlwyd yr oerni i fyny yma a rhaid oedd gwisgo menig a chap dros y clustiau ar gyfer taclo'r grib gul oedd yn arwain at gopa'r mynydd.

Wedi dringo mlaen, gan weithiau wyro ar draws clwt o eira drwy ddefnyddio'r fwyell, ac wedyn troi yn ôl am y grib, daeth y copa i'r golwg â'r eira mân yn chwyrlio oddi arno yn gymylau claerwyn. Dyma adroddiad Davies o'r rhan olaf o'r ddringfa, eto heb or-ddramateiddio:

> We had a rather fatiguing pull through deeper snow before we could get to the top. On the side facing Zermatt and Monte Rosa the summit is cut sharply down, and the side at right angles to this, facing Saas, is also precipitous; but in the angle between, facing north-west, the snow lies, though the surface is irregular, and there is considerable choice of precise routes.[35]

Unwaith ar y copa rhaid oedd iddynt aros ar yr ochr uwchlaw Zermatt, ac mae Davies yn cymharu'r llethr serth hwn â'r un sy'n disgyn o'r Finsteraarhorn at rewlif Aar.

> Such a situation is one of the most impressive to the imagination and to the nerves, but the rope precludes all real danger. So we found ourselves, about eleven o'clock, assembled without any mishap on the actual summit of the Dom.[36]

Doedd fawr o le i eistedd a gorffwys ar y copa gwyntog. Erbyn hyn roedd yr oerni yn dechrau gafael, ond y panorama mynyddig o'u cwmpas yn werth aros ychydig i'w fwynhau. Cyfaddefodd Johann Zumtaugwald, a fu ar gopa'r Monte Rosa fwy nag unwaith, nad oedd honno gystal â'r olygfa o gopa'r Dom. Cyn cychwyn i lawr y mynydd tua'r dyffryn gosodwyd y polyn, gyda ffedog las wedi ei chlymu wrtho, ar gopa'r mynydd fel prawf o'u gorchest. Dywed Davies yn ei gofnodion o'r ddringfa ei fod yn well ganddo ddod i lawr mynydd na'i ddringo, a hynny yn groes i farn llawer o fynyddwyr eraill. Roedd modd symud yn gyflym mewn ambell fan drwy lithro i lawr yr eira, a chyrhaeddwyd y man lle arhoswyd am frecwast ar y ffordd i fyny mewn cyflwr eithaf gwresog.

Ar ôl cyrraedd Randa rhaid oedd aros i adrodd hanes eu hantur wrth eu gwesteiwr yn ogystal â rhai o'r trigolion cyn ail gychwyn yn ôl i Zermatt i gael eu llongyfarch yn wresog yno hefyd. Roedd y tywysydd Johann Zumtaugwald yn cael ei ystyried yn ddinesydd anrhydeddus a gwladgarol gan y gymuned am ei ran yn yr ymgyrch, ac meddai Davies:

> ' ... I am sure his own quiet satisfaction was that of a member of his village society rather than of an ambitious individual. I make this remark because there is a peculiar interest in the simple unartificial *socialism*, or linking together of private fortunes, which prevails in

the Alpine valleys. Sometimes, as at Chamouni, in the guide system maintained there, the principle is strained till it threatens to break; but generally it does not interfere unreasonably with the convenience of travellers; and for the people themselves it must be very healthy and beneficial.[37]

Ar ddiwedd ei erthygl mae Davies yn ymddiheuro nad oedd wedi cofnodi unrhyw sylwadau a fyddai o ddiddordeb i fotanegydd neu ddaearegwr, ond mae'n pwysleisio mai ei brif reswm dros gyhoeddi ei nodiadau ar ddringo'r Dom oedd rhannu'r profiad, er mwyn annog eraill i brofi'r wefr a geir o ddringo mynyddoedd.

Erbyn blynyddoedd canol y bedwaredd ganrif ar bymtheg roedd Eryri yn atynfa nid yn unig i gerddwyr mynydd ond hefyd i garfan o fynyddwyr oedd â'u bryd ar gyflawni dringfeydd anoddach er mwyn ymarfer a pherffeithio eu medrau ar gyfer dringo yn yr Alpau.

C. E. Mathews a'r twf ym Mhenygwryd

Bu Charles Edward Mathews yn flaenllaw yng nghychwyniad a datblygiad yr arferiad o ddringo cyson yn Eryri yn ystod misoedd y gaeaf a Phenygwryd oedd y brif ganolfan ar gyfer hynny. Yn ystod gwyliau'r Pasg, 1865, roedd tri ar ddeg dringwr yn aros ym Mhenygwryd. Gan fod Mathews wedi methu ymuno â'i gyfeillion cyn y siwrnai roedd rhwng deg ac un ar ddeg o'r gloch y nos arno'n cyrraedd Bangor. Llogodd gerbyd i'w ddanfon i Ogwen a chroesodd y Glyder i Benygwryd yng ngolau'r lleuad:

> I never had a more difficult or more laborious task, but I reached the hostelry, thoroughly tired out, on the following morning. Harry Owen let me in and at breakfast I told my comrades of the evacuation of Richmond and the surrender of General Lee, the news of which reached England on the 15th. They were altogether incredulous, and some of them went to Llanberis to make further enquiries. On the Monday we were all on Snowdon together. By marvellous intuition, John Roberts [tywysydd o Lanberis a oedd yn un o geidwaid cabanau'r copa] had taken up with him thirteen bottles of beer. We bought the whole. There could be no quarrel about the division, and everyone was contented and happy.[38]

Gwelir enwau Mathews a dau gyfaill iddo, sef Frederick Morshead ac Adams-Reilly, yn llyfr ymwelwyr y dafarn dyddiedig 14 i 17 Ionawr, 1870. Yn y cyfnod hwnnw mae'n amlwg bod eira cyson i'w gael ar y

59

mynyddoedd ar yr adeg honno o'r flwyddyn yn ôl Mathews. Dyma'r adeg pryd y sefydlwyd y gymdeithas o fynyddwyr a elwid yn 'Society of Welsh Rabbits', a'u hamcanion oedd fforio mynyddoedd Eryri yn ystod y gaeaf. Daeth yn arferiad ganddynt gyfarfod ym Mhenygwryd mor agos i'r Nadolig ag a oedd modd. Lluniwyd arfbais i'r gymdeithas gan Adams-Reilly gan ei gosod ar wal yr ystafell fwyta, ond cafodd ei dwyn ymhen amser.

Bu'r dafarn yn lloches i lawer o enwogion yn ei thro a rhydd y nofelydd Charles Kingsley ddisgrifiad twymgalon o'r lle drwy'r cymeriad Elsley Vavassour yn ei lyfr *Two Years Ago*[39] pan drodd i mewn o glywed lleisiau Cymraeg tri thywysydd yn canu 'Codiad yr Ehedydd'. Roedd i'r gegin, meddai, nenfwd isel gyda thrawstiau lle crogai cig moch, taclau pysgota, harnais a hosanau yn sychu, a chwmni difyr a chalonnog o bobl leol onest. Safai Harry Owen gydnerth a'i blentyn yn ei freichiau yn gwenu a'r hen Mrs Pritchard, ei fam yng nghyfraith, yn paratoi un o'i *soufflés* 'gwyrthiol'. Eisteddai Sais penfelyn a'i gefn at y drws gyda dau blentyn glandeg ar ei lin, eu gwallt modrwyog yn trochi dros lewys ei siaced saethu. Chwaraeai gyda hwy drwy wneud ystumiau'r pyped 'Punch' drwy ddefnyddio ei fysedd a'i hances boced, gan siarad gyda hwy yn Saesneg a hwythau yn ei ateb yn Gymraeg. Wrth eu hochr eisteddai Sais arall yn canu hen gân werin o Wessex tra gwrandawai'r tri thywysydd arno mewn edmygedd. Roedd pawb yn chwerthin ac yfed pan frysiodd Mrs Owen allan o'r gegin yn cario hambwrdd o swper a tharo yn erbyn yr ymwelydd gan roi sgrech Gymreig uwchben y llanast. Roedd Harry Owen wedi bod ar gopa'r Wyddfa unwaith yn barod y diwrnod hwnnw ac wedi ei logi gan Almaenwr i gychwyn eto am hanner nos er mwyn gweld yr haul yn codi.

Cofiai Mathews weld Harry Owen yn paratoi pwnsh i'w blant yn y gegin a'i wraig yn gweu yn y gongl a'i gŵn defaid yn gorwedd yn ddedwydd ar y llawr. Doedd dim wisgi poeth unman arall mor hyfryd â'r un a yfwn o bobtu'r tân mawn gyda'r gwynt a'r glaw yn chwyrlio oddi allan, meddai. Mae'r atgofion hyn yn tystio i'r berthynas glos oedd yn bodoli ym Mhenygwryd bryd hynny rhwng Harri Owen, y tywysydd a'r landlord a'i deulu, a'r dringwyr a letyai yno.

Ar un adeg roedd Mathews yn arfer aros mewn bwthyn yng Nghwm Llyfnant ger Machynlleth ac yn ystod un o'i ymweliadau yno daeth â'r tywysydd Alpaidd Melchior Anderegg o Meiringen gydag ef yn westai, un a fu'n gwasanaethu Mathews yn ffyddlon ar sawl dringfa. Roedd pedwar Sais yno hefyd. Teithiodd y parti i Benygwryd gyda'r bwriad o ddringo'r Wyddfa dros Grib Goch. Mathews oedd yn arwain y diwrnod hwnnw a chan fod yr eira yn feddal a thrwchus nid mater hawdd oedd croesi'r gefnen gul. Oedodd Mathews mewn un man a symudodd y Swisiad ymlaen yn gyflym a chynnig arwain, ond gwrthododd y Sais gan ddweud mai ef oedd tywysydd y dydd ac yntau oedd yr 'Herr'. Wedi cyrraedd copa'r Grib Goch a gweld yr Wyddfa yn y pellter mynegodd Melchior ei bryder na fuasai'n bosib cyrraedd y copa mewn llai na phum neu chwe awr a gwell fyddai troi yn ôl. Cysurodd Mathews ef drwy ddweud y byddent yno ymhen yr awr. Parhau yn amheus a wnâi Melchior, un a allai amcangyfrif pellter ac amser yn eithaf cywir ar ei dir ei hun, ond cyrhaeddwyd copa'r Wyddfa ymhen pum munud dros yr awr.

Nid hon oedd yr unig dro i dywyswyr enwog Alpaidd fod yn Eryri yn ystod y gaeaf. Bu Gabriel Taugwalder o Zermatt yma yn ystod Nadolig 1887 yng nghwmni tri dringwr o Loegr, ac yn 1890 daeth tri dringwr arall i Benygwryd gyda Aloys Supersaxo o Saas.

Roedd y ffaith bod mynyddwyr yn ymweld ag Eryri yn ystod misoedd y gaeaf, ac felly y tu allan i'r tymor gwyliau arferol, yn arwydd o'r cynnydd cyson ym mhoblogrwydd mynydda yn ystod y bedwaredd ganrif ar bymtheg. Rhaid cofio fodd bynnag nad oedd y dechneg ar gyfer dringo wedi ei pherffeithio gan yr arloeswyr hyn. Doedd dim cyfarpar fel heddiw i warchod yr arweinydd ar rediad hir o'r rhaff fel pitonau, dolenni cyswllt, belai, ac yn y blaen. Drwy gymorth rhaffau trwm a nerth bôn braich y dringent, heb na rhagolygon gwyddonol i'w rhybuddio rhag unrhyw newid yn nhywydd cyfnewidiol y mynyddoedd, nac ychwaith wasanaeth achub timau lleol cyfundrefnol. Roedd y sbort bellach wedi esblygu i fod yn gyfuniad o gerdded a dringo mynyddoedd ym mhob tywydd, ac yn rhan bwysig o'r diwydiant twristiaeth cynnar.

NODIADAU: Pennod 2.

1. 'An account of a tour in England and Wales, in the year 1819, by Captain Jenkin Jones, of the Royal Navy.' NLW MSS 785A.
2. R. Camber-Williams 'An ascent of Snowdon in 1819', *Climbers' Club Journal*. New Series No. 3, March 1914, pp.70-73.
3. R. Camber-Williams, Ibid., p.70.

4. NLW MSS, 'Schedule of the Henry Rumsey Williams Deeds and Documents'. Vol. 1: 99/292.
5. R. Camber-Williams, op. cit., p.72.
6. R. Camber-Williams, Ibid., p.73.
7. Dewi Jones, *Tywysyddion Eryri* (Llanrwst, 1993), tt.28-31
8. Thomas Roscoe, *Wanderings and Excursions in North Wales* (London, 1836), pp.118-137.
9. Thomas Roscoe, Ibid., p.120.
10. John Tyndall, *Hours of Exercise in the Alps* (New York, 1899), pp.421-428.
11. John Tyndall, Ibid., p.427.
12. Am hanes William Williams gweler Dewi Jones, *The Botanists and Mountain Guides of Snowdonia* (Llwyndyrys, 2007), pp.200-213.
13. Edwin Lees, *The Botanical Looker-out among the wild flowers of England and Wales* (London, 1851), p.446.
14. Edwin Lees, Ibid., p.462.
15. W. S. Symonds, *Records of the rocks; notes on the geology, natural history, and antiquities of north and south Wales, Devon and Cornwall* (London, John Murray, 1872) p.112.
16. Thomas Roscoe, op. cit., pp.133-137.
17. Reverend John Parker, NLW MSS 18256C.
18. Charles Cardale Babington, *Memorials Journal and Botanical Correspondence of Charles Cardale Babington* (Cambridge, 1897), pp.13-14.
19. Charles Evans, *On Climbing* (Museum Press Ltd., London, 1956), p.13.
20. John Henry Cliffe, *Notes and Recollections of an Angler* (London, 1860) pp.143-144.
21. Trevor Braham, *When the Alps cast their spell* (Glasgow, 2004), p.15.
22. Am ragor o hanes tywysyddion yr Alpau gweler Ronald Clark, *The early Alpine Guides* (London, 1949) a hefyd Mario Colonel, *The Compagnie des Guides de Chamonix – A History*, Colonel Editions, Chamonix, 2009.
23. Maurice Isserman a Stewart Weaver, *Fallen Giants* (Yale University Press, New Haven & London, 2008), t.31.
24. D. Leslie Davies, 'Sir William Lloyd of Bryn Estyn', *Denbighshire Historical Society Transactions* 25 (1976), pp.13-50; 26 (1977), pp.6-48.
25. D. Leslie Davies, Ibid., (25), p.43.
26. George Lloyd, *Tait's Edinburgh Magazine for 1840*, Vol. vii, pp.227- 233.
27. Carr, H. R. C., Lister, G.A., *The Mountains of Snowdonia* (London, 1948) pp.63-64.
28. Frances Lynch, *A Guide to Ancient and Historic Wales* [:] Gwynedd, (London, HMSO, 1995) t.105.
29. G. J. Bennett, *A Pedestrian Tour through North Wales* (London, 1838), pp. 251-253.
30. G. J. Bennett, Ibid., pp.283-285.
31. C. E. Mathews, 'Reminiscences of Pen-y-Gwryd', *The Climbers' Club Journal* Vol. iv, December 1901, No. 14, pp.49-71.
32. Am hanes J. Llewelyn Davies gweler A. O. Prickard yn *The Alpine Journal* xxx October 1916, No. 213, pp.324-330.
33. J. Llewelyn Davies, 'Ascent of the Dom' *Peaks, Passes, and Glaciers* (London, Everyman's Library, 1926), pp.78-85.
34. J. Llewelyn Davies, Ibid., p.81.
35. J. Llewelyn Davies, Ibid., p.82.
36. J. Llewelyn Davies, Ibid., p.82.
37. J. Llewelyn Davies, Ibid., p.84.
38. C. E. Mathews, op. cit., p.68.
39. Charles Kingsley, *Two Years Ago* (London and New York, 1890), p.169.

3
Oes Aur yr Alpau

Ymchwiliadau gwyddonol oedd yn rhannol gyfrifol am hyrwyddo teithio yn yr Alpau fel y bu yn Eryri. Erbyn blynyddoedd canol y bedwaredd ganrif ar bymtheg datblygodd yr arferiad gan roi cychwyn i'r sbort o fynydda yng ngwledydd y mynyddoedd mawr fel Ffrainc, y Swistir, Awstria, yr Eidal a'r Almaen. Daeth y prif fylchau mynyddig fel y Simplon, y Susten a'r St Gotthard yn y Swistir yn agored i drafnidiaeth olwynog yn ystod blynyddoedd cynnar y ganrif, er ei bod yn parhau'n dra pheryglus i gerbydau ceffyl tra'n teithio i lawr ffyrdd serth, a rhaid oedd llusgo logiau o goed trwm er mwyn arafu'r cyflymdra. Erbyn haf 1847 agorwyd cysylltiad rheilffordd rhwng Zurich a Baden, a bu'r ehangiad pellach o'r system reilffyrdd yn gaffaeliad pwysig er hwyluso mynediad i'r parthau mynyddig a buan y manteisiwyd ar hyn gan yr ymwelwyr. Adeiladwyd mil o dafarndai a gwestai rhwng 1845 ac 1880 ac roedd traean ohonynt ar dirwedd oedd yn uwch na 1000m.

Myn rhai i'r cyfnod a adnabyddir fel 'Oes Aur yr Alpau' gychwyn pan ddringodd Alfred Wills y Wetterhorn, mynydd yn Alpau Berne, yn 1854. Dros y blynyddoedd bu cryn ddadlau ynglŷn ag uchder y tri chopa sydd i'r mynydd, ond ymddengys mai nid Wills oedd y cyntaf i'w ddringo, er bod y trigolion lleol wedi gadael i'r ymwelydd feddwl mai fo oedd y cyntaf. Mae'r copa gogledd-orllewinol, sydd i'w weld yn blaen o Grindelwald, yn cael ei adnabod erbyn hyn fel y Wetterhorn, ond yr enw arno yn wreiddiol oedd Haslejungfrau (3701m). Dringwyd hwn yn gyntaf yn ystod Awst, 1844 gan ddau dywysydd o Rosenlaui, Melchior Bannholzer a Johann Jaun. Ym mis Gorffennaf 1845 honnodd Gottfried Roth, meddyg o Interlaken, iddo yntau ddringo'r mynydd am y tro cyntaf o Grindelwald yng nghwmni coedwigwr o'r enw Franz Fanhauser a thri tywysydd, Johann a Peter Bohren a Christian Michel. Bwriwyd amheuaeth ar ei honiad fodd bynnag a chredir iddynt orffen ar y Wettersattel. Cafwyd cadarnhad o'r ail esgyniad o'r mynydd o ochr Grimsel gan yr Athro Louis Agassiz, A. Vogt a P. Bovet a'r tywysyddion M. Bannholzer, J. Jaun a J. Währen yn ystod Gorffennaf 1845. Llwyddodd Stanhope Speer, Albanwr oedd yn fyfyriwr meddygol, i ddringo copa uchaf y Wetterhörner, sef y

Yr Wetterhorn uwchben pentref Grindelwald
Llun o gasgliad Maldwyn Roberts

Mittelhorn (3704m) ar 8 Gorffennaf 1845 gyda thri arall, K. Abplanalp, J. Jaun a J. Michel, a dringwyd y trydydd copa, sef y Rosenhorn (3689m) ar 28 Awst, 1844, eto o ochr Grimsel, gan Edouard Désor yng nghwmni ei dywysyddion D. Dollfus-Ausset, J. Jaun, M. Bannholzer ac M. Dupasquier.[1]

Mae'n dderbyniol gan lawer bod adroddiad difyr a hynod ddramatig Wills o ddringo'r Wetterhorn[2] wedi creu effaith ddofn ar bobl ifainc nad oeddynt eto yn ymwybodol o atyniadau cynhyrfus dringo yn yr Alpau. Bu hyn yn gyfrwng i boblogeiddio'r sbort newydd gan chwyddo'r niferoedd a oedd i ymhél â mynydda yn ystod y blynyddoedd dilynol. Mae eraill o'r farn mai adroddiad Speer a ddylai gael y clod mwyaf am hybu dechreuadau mynydda fel adloniant. Yn ôl T. Graham Brown, un o gyn-olygyddion yr *Alpine Journal*,[3] daeth Wills â recriwtiaid newydd i'r sbort, pan oedd Speer wedi darparu'r ffordd ymlaen i'r sbort ei hun.

Ganed Alfred Wills yn 1828 yn fab i William Wills, twrnai llwyddiannus

64

ac Ustus Heddwch. Addysgwyd ef yn Edgbaston ac wedyn yng Ngholeg Prifysgol Llundain lle bu'n astudio mathemateg, y clasuron, a'r gyfraith. Cafodd ysgoloriaeth yn y clasuron yn 1849 gan ddilyn gydag ysgoloriaeth yn y gyfraith yn 1851 ac hefyd LlB. Dilynodd yr un gyrfa â'i dad; galwyd ef i'r bar gan y Deml Ganol yn 1851 a daeth yn Gwnsler y Frenhines (QC) yn 1872. Urddwyd ef yn farchog yn 1884 ac fe'i penodwyd yn Farnwr yn Adran Mainc y Frenhines o'r Uchel Lys, swydd y bu ynddi am un mlynedd ar hugain.

Roedd Wills yn un o aelodau sylfaenol y Clwb Alpaidd a bu'n llywydd arno o 1864 i 1865. Fel dadleuwr brwd ar bwnc llosg y rhewlifoedd cefnogai ddamcaniaethau'r Athro James David Forbes o Brifysgol Caeredin, oedd yn anghytuno'n ffyrnig â John Tyndall, ynglŷn â chyfansoddiad a symudiadau'r rhewlifoedd. Yn ystod haf 1857 penderfynodd Wills adeiladu caban gwyliau ar y Plateau des Fonds uwchlaw pentref Sixt. Cafodd y syniad tra'n dychwelyd i lawr o Mont Buet yn yr Haute Savoie, i'r gogledd-orllewin o Chamonix, a chael ei gyfareddu gan harddwch a llonyddwch y lle. Bu cryn wrthwynebiad i'w gais gan gyngor y pentref, oedd, ar y cychwyn, yn erbyn gwerthu'r tir i estron. Y prif wrthwynebydd oedd y *cure* lleol oedd yn amheus o'r bwriad gan y credai bod mwy i'r peth na adeiladu cartref gwyliau; amheuai bod aur wedi ei ddarganfod gerllaw ac y byddai'r goedwig yn cael ei thorri er mwyn defnyddio'r coed fel tanwydd i'r ffwrnais mwyndoddi. Ond o'r diwedd llwyddodd Wills i gael bendith y cyngor lleol i fynd ymlaen â'r gwaith, a chynlluniwyd y caban ganddo ef a'i wraig Lucy, ond bu hi farw cyn cael gweld y caban wedi ei orffen. Yn ystod y cyfnodau pan oedd Wills i ffwrdd o'r safle ysgwyddwyd y cyfrifoldeb o arolygu'r gwaith adeiladu gan ei dywysydd ffyddlon Auguste Balmat a chyflogwyd pobl o'r ardal i weithio yno. Rhoddwyd yr enw 'Eagle's Nest' ar y caban ac ynddo y bu farw Balmat yn 1862 yn dilyn salwch a barhaodd am chwe wythnos. Yn yr un flwyddyn priododd Wills ei ail wraig Bertha Taylor.

Alfred Wills a J. Viriamu Jones
Mae'n ddiddorol sylwi bod gan Alfred Wills gysylltiadau Cymreig drwy briodas. Priododd ei nith Sarah Katherine Wills â John Viriamu Jones,[4] Prifathro cyntaf Coleg y Brifysgol yng Nghaerdydd, a oedd yn ystod ei oriau hamdden yn fynyddwr brwd. Ganed ef yn 1856 ym Mhentre-poeth, Abertawe, yn un o feibion Thomas Jones, Gweinidog gyda'r Annibynwyr. Bu ei yrfa brifysgol yn hynod ddisglair gan ennill gradd gydag anrhydedd

John Viriamu Jones

Llun o John Viriamu Jones and other Oxford Memories,
1911

Baglor mewn Gwyddoniaeth (BSc) mewn daeareg yn Llundain pan oedd yn bedair ar bymtheg. Yn 1874 enillodd ysgoloriaeth Brackenbury i Goleg Balliol, Rhydychen a graddio yno yn 1879 mewn mathemateg ac anianeg. Penodwyd ef yn brifathro coleg Firth, Sheffield, yn ystod Mai, 1881, ac yntau ond pump ar hugain oed, ac yn 1883 dechreuodd ar ei swydd fel Prifathro Coleg y Brifysgol newydd yng Nghaerdydd. Tra roedd yn Rhydychen daeth yn gyfeillgar gyda John Tyler Wills, mab hynaf Alfred Wills, a grybwyllwyd yn gynharach. Gwahoddwyd Viriamu Jones i ymweld â'r 'Eagle's Nest' gan John Tyler a bu'r ddau gyfaill yn crwydro'r Swistir gyda'i gilydd.

Treuliodd Viriamu Jones lawer o'i wyliau haf yn yr Alpau a thra yn ardal Chamonix yn 1883 cafodd J. T. Wills ac yntau eu dal mewn tywydd garw ger copa Mont Blanc a chael profiad o'r newid yn y tywydd sy'n digwydd mor ddisymwth ar y mynyddoedd. Roeddynt yn ardal Zermatt a Mont Blanc eto yn 1886 ac etholwyd Viriamu Jones yn aelod o'r Clwb Alpaidd yn 1887. Dringodd y Mönch â'r Jungfrau mewn un diwrnod gyda Syr Seymour King yn yr un flwyddyn; hon oedd y ddringfa galetaf iddo erioed ei chyflawni. Cyfarfu â'i ddarpar wraig Kate Wills yn ystod un o'i ymweliadau â'r 'Eagle's Nest', ond o dipyn i beth, wedi treulio saith neu wyth o hafau yn yr Alpau, ac ychydig wythnosau yn ardal Maldetta yn y Pyreneau, bu dirywiad yn ei iechyd a bu'n rhaid iddo roi'r gorau i fynydda a chanolbwyntio ar wyliau llai llafurus. Bu'n teithio yn yr Aifft, y Riviera, ac yn amlach fyth arhosai yn Genefa ar lannau'r llyn yng ngolwg Alpau Savoy. Yno y bu farw ym Mehefin, 1901, mewn tŷ a fenthyciwyd iddo gan Henry Pasteur yn y gobaith yn byddai hinsawdd yr ardal yn llesol iddo.[5]

Leslie Stephen a 'Morgan Ddu'

Fel y gwelwyd eisoes roedd mynyddwyr o Brydain wedi dechrau ymweld â'r Alpau yn gynnar yn ystod y 1850au; rhai ohonynt â chysylltiadau gydag Eryri, ac roedd ambell Gymro yn eu plith. Un arall o Brydain a fu'n dringo'n gyson yn yr Alpau yn ystod y cyfnod cynnar oedd Leslie Stephen,[6] clerigwr a drodd yn agnostig, cofiannydd a chritig, a thad y nofelydd Virginia Woolf, y priodolir iddo'r clod o fod y cyntaf i ddringo nifer sylweddol o gopaon a chroesi sawl bwlch, a thrwy ei ysgrifau, fel Wills a Speer, bu'n flaenllaw yn ysbrydoli eraill i fwynhau'r mynyddoedd.

Hanai Stephen o un o deuluoedd bonedd oes Victoria a drigai yn Hyde Park Gate, a'u chwaraele yn ystod eu dyddiau plentyndod oedd Kensington Gardens. Roedd ei dad Syr James Stephen yn dwrnai llwyddiannus, gweinyddwr trefedigaethol ac aelod o'r Cyfrin Gyngor, ac yn dilyn ei ymddeoliad yn 1849 penodwyd ef yn Athro Brenhinol ar Hanes Cyfoes yng Nghaergrawnt. Bachgen digon bregus ei gorff oedd Leslie Stephen o'i gymharu a'i frawd hŷn James, ond nid oedd yr un o'r ddau yn hapus yn ystod y cyfnod a dreuliasant yn Eton, ac fe ymadawodd â'r ysgol yn bedair ar ddeg oed. Cryfhaodd ei iechyd wedi iddo fynd i Gaergrawnt yn 1850 ac fe enillodd ysgoloriaeth ar ddiwedd ei flwyddyn gyntaf yn Trinity Hall. Er nad oedd fawr o rwyfwr roedd yn amlwg yn llwyddo fel hyfforddwr, a bu hyn yn fodd iddo ennill yr hunanhyder a oedd yn brin ganddo cyn hynny. O dipyn i beth datblygodd yn dipyn o athletwr ac yn gerddwr cryf. Yn 1854 cafodd y Tripos Mathemategol a chyn diwedd y flwyddyn honno etholwyd ef yn Gymrawd yn Trinity Hall, ac oherwydd hyn roedd yn ofynnol iddo dderbyn Urddau Eglwysig. Gwnaeth hynny y flwyddyn ganlynol. Erbyn hyn roedd yn dair ar hugain oed a phenodwyd ef i Ddiwtoriaeth Ieuaf mewn mathemateg yn ei goleg. Ordeiniwyd ef yn 1859 a dwy flynedd yn ddiweddarach dewiswyd ef i archwilio'r Tripos Gwyddor Foesol, arholiad anrhydedd BA Caergrawnt, a oedd newydd ei greu. Ond fe'i poenid gan anhawster cymodi rhwng y credoau traddodiadol a damcaniaethau gwyddonol diweddar fel rhai Charles Darwin, ac yn 1862 penderfynodd gefnu ar urddau eglwysig. Yn ôl gofynion y gymrodoriaeth gorfu iddo ymddiswyddo fel tiwtor; felly fe aberthodd ei swydd oherwydd egwyddor. Arhosodd Stephen yng Nghaergrawnt hyd at 1864 pryd y dechreuodd sgrifennu a chyhoeddi yn ddienw gyfres o erthyglau ysgafn ar hanes, gwleidyddiaeth, athroniaeth a diwinyddiaeth dan y pennawd 'Sketches from Cambridge by a Don'.

Bu'r ychydig wythnosau o wyliau cerdded a sgrialu a dreuliodd Stephen yn y Tirol a Bafaria yn ystod 1855, pryd y llwyddodd i gyrraedd rhewlif yng ngodre'r Gross Glockner, yn gyfrwng i agor cyfnod newydd yn ei fywyd.

Mae'n cyfaddef bod darllen llyfr Alfred Wills *Wanderings Among the High Alps* wedi ei gyfareddu a bu cyfarfod Alpwyr fel Edward Shirley Kennedy, J. F. Hardy a Thomas Hinchliff yn Zurich hefyd yn fodd i'w ysbrydoli ymhellach. Treuliodd fis arall yn yr Alpau yn 1857 pryd y dringodd at y Col du Géant o Courmayeur ac am y deng mlynedd nesaf daeth mynydda i ddylanwadu'n gryf ar ei fywyd. Yn 1858 llwyddodd i groesi tri bwlch ar ddeg gan gynnwys y Gemmi, Adler a Strahlegg a dringodd Wildstrubel, Galenstock, a Monte Rosa. Dyma'r flwyddyn pryd y cyfarfu â Melchior Anderegg, y tywysydd enwog, a bu'r ddau yn cydweithio'n aml wedi hynny. Fel y crybwyllwyd yn gynharach dringodd Melchior Anderegg yr Wyddfa yn 1860 yng nghwmni C. E. Mathews, un arall o Alpwyr blaenllaw'r cyfnod; gŵr a pharch mawr ganddo i Melchior: 'To say that I owe him a debt impossible to pay is not to say much … He first taught me how to climb. For more than twenty years he has led me …' meddai. Mae hanesyn diddorol am Melchior yn ystod ei ymweliad â Llundain ar wahoddiad Leslie Stephen. Trefnwyd i'w gyfarfod gyda Thomas Hinchliff ger gorsaf Pont Llundain yn ystod cyfnod o niwl tew. Cerddodd y tri yn ofalus drwy'r mwrllwch i ystafelloedd Hinchliff yn y Lincoln's Inn Fields. Rai dyddiau wedyn roedd y tri wrth y bont unwaith yn rhagor, a throdd Hinchliff at Melchior a dweud wrtho yn gellweirus am iddo ef eu harwain adref y tro hwn. Llwyddodd y tywysydd, na fu erioed mewn tref fwy nag Interlaken, i wneud hynny yn ddigon didrafferth oni bai am oedi unwaith wrth droed Chancery Lane fel petai'n chwilio am gyfeirnod yr oedd wedi sylwi arno yn ystod ei daith flaenorol drwy'r niwl.[7]

Treuliodd Stephen bump ar hugain o wyliau haf ac wyth o rai gaeaf yn yr Alpau rhwng 1855 ac 1894, ac mae'n hawlio bod y cyntaf i ddringo pum mynydd dros 4000m a phum mynydd arall o faint sylweddol er yn llai o uchder, a chroesodd nifer o fylchau mynyddig newydd fel y Col des Hirondelles, Eigerjoch, Fiescherjoch a'r Jungfraujoch. Mae lle i gredu bod Stephen yn cael ffydd newydd o'r mynyddoedd oedd yn cymryd lle yr un a wrthododd.

Roedd ei agwedd at fynydda yn wahanol i rai oedd yn ymweld â'r Alpau yn y cyfnod cynnar sydd dan sylw. Yn wahanol i Tyndall doedd ganddo ddim diddordeb gwyddonol yn ffurfiant a dechreuadau mynyddoedd a rhewlifoedd ac roedd yn sinigaidd feirniadol o'r rhai oedd yn dod i'r mynyddoedd yn cario teclynnau ac offer ar gyfer cynnal astudiaethau gwyddonol. Dringo er mwyn difyrrwch yn unig a wnâi Stephen gan fodloni ar y pleser esthetaidd a gawsai o wneud hynny.

Croesodd Stephen yr Jungfraujoch drwy gychwyn o Alpau Wengern yn y flwyddyn 1862[8] gyda pharti o dri ar ddeg gan gynnwys chwe thywysydd a chariwr. Roedd aelodau o'r parti yn cynnwys H. B. George, A. A. Moore, John F. Hardy, J. R. Liveing a'r Cymro Henry Arthur Morgan[9], a adwaenid fel 'Black Morgan'. Ymhlith y tywysyddion roedd tri o Grindelwald, Christian Almer, Ulrich Kaufmann a Christian Michel. Roedd yn fore clir tra roeddynt yn dringo bwtres mawr y Mönch a phelydrau haul y bore cynnar yn saethu drwy'r bwlch rhwng y Mönch a'r Eiger. Wedi esgyniad byr daethant at rewlif Guggi a'i groesi at y llwyfandir eang islaw'r clogwyni yn union oddi tan y Bwlch. Erbyn hyn roedd yn saith o'r gloch a chafwyd seibiant i gael tamaid o fwyd. Wrth gael golwg ar y ddringfa oedd yn eu hwynebu gwelsant lwyfandir bychan o eira hanner ffordd rhyngddynt a'r Bwlch, ac o'i gyrraedd teimlwyd yn hyderus y byddent yn llwyddo i gyrraedd y nod. Ond rhyngddynt a'r llwyfandir o eira roedd maes o rewlif toredig yn llawn hafnau ac anodd ei groesi. Un ffordd i'w osgoi oedd sgrialu dros ddarnau o rew ond buasai gwneud hynny yn ôl Stephen yn union fel cerdded o flaen magnelfa o ganon oedd ar fin tanio. Aeth tri o'r tywysyddion ymlaen er mwyn cael golwg agosach ar y sefyllfa tra bu'r gweddill yn eistedd i'w disgwyl yn ôl. Bu'r tywysyddion i ffwrdd am hanner awr cyn dychwelyd gyda'r genadwri ei bod yn rhy beryglus ceisio dringo ymlaen y ffordd honno. Doedd dim dewis felly ond ceisio darganfod ffordd drwodd drwy'r rhewlif a'i hafnau dryslyd.

Aeth Michel, Almer a Kaufmann ymlaen i geisio treiddio drwy'r rhewlif ac arhosodd y gweddill yn ôl unwaith eto gan eu gwylio yn diflannu heibio pinacl anferth o rew. Gorffwysodd yr ymwelwyr i orffen eu brecwast ac ysmygu. Dechreuodd 'Morgan Ddu' ganu hen ganeuon Cymreig ac yn achlysurol byddai un o'r lleill yn ymuno yn y cytgan mewn iaith arall. Roedd Morgan wedi bod yn dilorni Alpau Wengern gan eu cymharu'n anffafriol ag ardal Penygwryd gan ychwanegu nad oedd yr olygfa fawr yn wahanol i honno oedd i'w gweld uwchlaw Llyn Llydaw oni bai, meddai, bod yr eira yn amharu arni.

Mae'n amlwg bod Stephen yn poeni am y tri thywysydd wrth iddo aros amdanynt yn yr eira, a daeth i'w gof, meddai, y tro diwethaf i Christian Almer ei adael i aros ar rewlif. Yn y diwedd aeth i chwilio amdano a'i gael yn wedi torri dwy o'i asennau. Yn y man daeth y tywysyddion i'r golwg ac wrth eu gweld yn dynesu adroddodd Morgan ddihareb Gymraeg oedd yn datgan rhinweddau bod yn amyneddgar.

Dywedodd y tywysyddion eu bod wedi eu rhwystro gan hafn tua thri deg medr ar ei thraws ac yn ymestyn ar draws y rhewlif gan ei rannu'n ddau. Awgrymwyd y buasai'n bosib ei groesi gydag ysgol mewn un lle ac o lwyddo i wneud hynny buasent wedi cario'r dydd. Anfonwyd i lawr am ysgolion a chafwyd y rhain erbyn y min nos honno yng ngofal gŵr cryf o'r enw Peter Rubi, un arall o dywysyddion yr Oberland.

Ail gychwynnwyd ar yr ymgyrch am bum munud wedi tri fore drannoeth. Wrth nesáu at yr hafn yn yr eira mynegodd Peter Rubi y syniad o roi ei ben fel mewn rhigod rhwng dwy ysgol gyda deuddeg troedfedd yn sefyll allan y tu cefn a deuddeg troedfedd y tu blaen iddo. Mae'n debyg i'r lleill ei ddarbwyllo nad oedd hynny'n syniad da. Gosodwyd yr ysgol ar draws yr hafn a dringodd Christian Almer yn ddiogel i'r ochr arall gan ddiogelu'r pen hwnnw drwy blannu ei fwyell rew yn ei lle. Wedi i'r lleill groesi'r hafn yn ofalus drwy gymorth rhaffau aeth Almer a Michel ymlaen i weld a oedd yn bosib dringo'r serac serth oedd yn union dan y Bwlch tra'r arhosodd y gweddill ar ôl i fwynhau ail frecwast. Roedd yr eira mewn cyflwr da a doedd ond angen un trawiad â'r fwyell i greu step gan achosi i'r shwrwd mân lithro i lawr y llethr yn ddiniwed i gyfeiriad y lleill. Ond yn y man dechreuodd talpiau o rew ddisgyn yn gymysg â'r eira gan orfodi'r ddau dywysydd i arafu. Dychwelodd Michel ac Almer gyda'r newyddion drwg nad oedd modd mynd yn uwch i fyny'r llethr yr oeddynt newydd dreulio awr arno yn ceisio ei fforio. Dywedodd Stephen nad oedd yn cytuno o gwbl â datganiad Morgan bod y ddringfa yn ei atgoffa o'r ffordd i fyny'r Glyderau o Lyn Ogwen, ond efallai mai bwriad y Cymro oedd ceisio codi calon ei gyfaill.

Gorfu iddynt ddringo wal o seracau ar ongl rhwng $50°$ a $60°$ gyda'i rhigolau yn blaster o eira ac i ychwanegu at hyn roedd blociau o rew a hafnau dwfn i'w taclo, ond arweiniodd Michel ac Almer ymlaen yn gyflym

Christian Almer
Llun allan o *The Pioneers of the Alps*, Cunningham & Abney, 1888

ac awyddus gan annog y lleill drwy weiddi 'Vorwärts! Vorwärts!'. Cawsant eu hunain yn wynebu amrywiaeth o rwystrau a rhaid oedd defnyddio'r ysgol unwaith yn rhagor mewn un man, a doedd dim modd gweld pa mor agos oeddynt at gyrraedd eu nod. O'r diwedd dringodd Christian Almer allan o'r tryblith anawsterau am hanner dydd ac o gyrraedd llethr o eira gweddol wastad oedd yn ymestyn at gopa'r Bwlch iodlodd yn uchel fel arwydd i'r lleill bod y rhagolygon yn ffafriol. Bu'r nifer a fu'n gwylio hynt a helynt y parti o bellter y Wengern Alp wedi bod yn tanio cyfarchion iddynt drwy'r dydd a chlywsant ergydion dau neu dri gwn wedi iddynt gyrraedd y llwyfandir uchaf.

Gwahanodd y parti ar ben yr Jungfraujoch ac aeth George a Moore i lawr tua rhewlif Aletsch, a'r gweddill gan gynnwys Morgan tua'r bwlch rhwng y Mönch a Trugberg. Wrth fynd heibio'r talpiau anferth o rew bu'n rhaid i'r Cymro gyfaddef yn anfoddog na wyddai am unman tebyg yng Nghymru. Wrth ddod i lawr dros gopa'r Mönchjoch drwy'r hafnau cymhleth tuag at ochr Grindelwand gadawodd Rubi ei ysgol wrth droed y cwymp rhew wedi iddo fod yn ei chario am dair awr ar ddeg.

Mae cofnod arall yn llyfr Stephen yn sôn fel y llwyddodd Morgan i ysbrydoli'r parti wrth iddynt geisio taclo llethr serth yn ystod eu hymgais i ddringo'r Viescherjoch. Ymddengys nad oedd gan yr awdur, fodd bynnag, ond brith gof o'r digwyddiad, ac mae'n lled awgrymu bod Morgan wedi gor-ddweud neu ramanteiddio'r gwir hanes.

> He [Morgan] says that we were exhausted with our labour, parched with the reflected heat of the sun, and toiling knee-deep in snow up the steepest part of the slope. Guides and travellers were alike faint – frequently pausing for breath, and at times half inclined to give up their toilsome enterprise. A halt took place – we were undecided whether to advance or retire – the critical moment was come. Suddenly Morgan raised his voice, and dashed into one of the inspiring songs of his native land. As the notes struck our ears, fresh vigour seemed to come into our muscles. With a unanimous cry of 'Forwards!' we rushed on, and in a fit of enthusiasm gained the top of the pass. I am content with stating as a fact that, somehow or other, we toiled up the dreary slopes, and at last found ourselves at the point where the snow-rib loses itself in the rounded knob of the Viescherhorn.[10]

Ganed Henry Arthur Morgan yn Gothenburg yn 1830 lle roedd ei dad, y Parchedig Morgan Morgan, yn Gaplan. Yn ddiweddarach bu'n gwasanaethu fel Ficer Conwy o 1838 hyd at 1870. Aeth Henry Arthur Morgan i ysgol Amwythig a Choleg Iesu, Caergrawnt gan raddio yn y dosbarth pennaf mewn mathemateg. Etholwyd ef yn gymrawd o'r coleg a daliodd sawl swydd yno a chafodd ei lysenwi yn 'Black Morgan'. Yn 1855 etholwyd ef yn feistr y coleg y bu ynddo am chwe deg tri o flynyddoedd. Roedd yn ŵr cyhyrog ac egniol, ac yn rwyfwr cryf.

Tywysyddion yr Alpau

Roedd gan ei gyfaill Leslie Stephen barch mawr i'r tywysyddion lleol ac er mai'r ymwelwyr yn sicr oedd yn gyfrifol am symbylu llawer o'r dringfeydd, y tywysyddion oedd yn eu harwain. Yn ei ysgrif ar beryglon mynydda mae'n datgan ei farn yn bendant ar y tywysyddion y bu ef yn ymwneud â hwy:

> The difference between professionals and amateurs is wider in this than in almost any sport, and for the simple reason that there is a greater difference in experience. The guide has been practising during his whole life, the amateur during a few vacations ... First, as a mere gymnast upon the mountains, in the power of crawling up couloirs like a fly – in the capacity for balancing himself upon ridges of slippery ice ... the guide is incontestably superior. I can only speak of men whom I have seen; but I have no hesitation in saying that no amateur of my acquaintance is, in this respect, even second or third to a really good guide ... every mountaineer has certain acquired instincts which are invaluable, and only to be gained by experience. To a man who has been a chamois-hunter from his youth, and lived on the mountains from his birth, the snows and rocks and clouds speak by signs which we are unable to read. Thus a guide's judgement as to the state of the snow and the danger of avalanche is generally infallible.[11]

Mae'n amlwg felly fod y mynyddwyr estronol oedd yn ymweld â'r Alpau yn ystod blynyddoedd cynnar yr 'Oes Aur' yn dibynnu llawer ar wybodaeth leol y tywysyddion. Ymhlith yr enwau a ddaw i'r amlwg fel y rhai gorau ceir Christian Almer, Melchior Anderegg, Jakob Anderegg, Auguste Balmat, Johann-Joseph Bennen, Jean-Antoine Carrel, Michel Croz, Ulrich Lauener, Jean-Joseph Maquignaz, Alexander Burgener,

Melchior Anderegg   Jean-Antoine Carrel   Emile Rey

Lluniau allan o *The Pioneers of the Alps*, Cunningham & Abney, 1888

Emile Rey a Ferdinand Imseng. Bu chwech o'r rhain farw ar y mynyddoedd. Magodd perthynas glos rhwng ambell ymwelydd a'i dywysydd, ac mae sawl ymwelydd yn cyfaddef iddynt ddysgu eu medrau dringo drwy ddilyn eu tywysydd. Roeddynt wedi llwyr feistroli'u crefft, ac roedd tri o'r rhain, Anderegg, Burgener ac Almer wedi cyflawni gorchestion eithriadol fel esgynfeydd cyntaf a dod o hyd i drywydd newydd i gopaon eraill. Mae tystiolaeth hefyd bod medrau'r hen dywysyddion yn cael eu hetifeddu gan eu meibion ac aelodau eraill o'r un teulu. Hyfforddwyd pedwar o feibion Melchior Anderegg yng nghrefft y tad, yn ogystal â dau o'i brentisiaid Andreas Maurer a Johann Jaun. Mabwysiadodd pum mab Christian Almer grefft eu tad. Roedd llinach gref teulu Josef-Marie Lochmatter o St Niklaus yn cynnwys chwech o feibion a'r cyfan ohonynt yn dywysyddion blaenllaw. Dilynodd mab Peter Taugwalder, sef Peter yr Ieuaf, yn ôl troed ei dad, ac roedd y ddau yn aelodau o'r parti cyntaf a lwyddodd i gyrraedd copa'r Matterhorn yn 1865 dan arweiniad y Parchedig Charles Hudson ag Edward Whymper.

Rhaid cofio nad oedd y gwaith o dywys ar y mynyddoedd, hyd yn oed yn ystod blynyddoedd yr 'Oes Aur', yn dod â chyflog cyson i'r tywysyddion. Wedi'r cwbl, doedd y gwaith ond i'w gael am ryw bedwar mis yn ystod yr haf, ac roedd bron y cyfan ohonynt yn gorfod dibynnu ar waith ffermio gwartheg, hela, coedwigaeth, seiri coed ac amryw o bethau eraill er mwyn cynnal tŷ a theulu. O weld cynnydd yn y gwasanaeth tywys penderfynwyd rhoi trefn ar y gwasanaeth yn ystod blynyddoedd cynnar y bedwaredd ganrif ar bymtheg. Ffurfiwyd Corfforaeth Tywysyddion Chamonix yn ystod y 1820au cynnar gyda chynllun tebyg yn yr Oberland yn 1856. Dilynodd rhannau eraill o'r Swistir yn ddiweddarach. Cariai'r tywysyddion lyfr poced a adwaenid fel *fuehrerbüch*, neu lyfr yr arweinydd, ac ar ôl pob ymgyrch i'r mynyddoedd gofynnid i'r ymwelydd roi ychydig sylwadau ynddo ar berfformiad y tywysydd ynghyd â manylion o'r daith. Roedd y llyfr poced wedyn yn cael ei gynnig fel cymeradwyaeth o'r tywysydd i'r ymwelydd nesaf.

Tyndall a Whymper

O edrych yn fanylach ar hanes dringo yn yr Alpau yn ystod blynyddoedd yr 'Oes Aur' daw yr elfen gystadleuol gref oedd yn bodoli rhwng y gwahanol fynyddwyr i'r amlwg. Roedd Mont Blanc (4807m), y mynydd uchaf yn yr Alpau, wedi ei esgyn mor gynnar â 1786 gan Michel-Gabriel Paccard a Jacques Balmat, ond y copa harddaf a mwyaf trawiadol o bell ffordd yw pigyn main lluniaidd y Matterhorn (4477m) sydd wedi ei anfarwoli ers degawdau mewn nifer eang o wahanol bethau o galendrau i gaeadau bocsys bisgedi ac mewn sinemâu ar ddechrau ffilmiau.

Clywsom yn y bennod flaenorol am John Tyndall yn dringo'r Wyddfa yn ystod gŵyl Nadolig 1860, ond mae ei orchestion yn yr Alpau hefyd yn haeddu sylw, yn enwedig yr uchelgais oedd ganddo o fod y cyntaf i ddringo'r Matterhorn. Yn wahanol i eraill o'i oes oedd yn dringo'r Alpau tarddai John Tyndall[12] o gefndir digon cyffredin, ond llwyddodd i'w amlygu ei hun fel un o wyddonwyr mwyaf blaenllaw yr oes. Trigai'r teulu yn Leighlin Bridge, Swydd Carlow ac roedd ei dad, o'r un enw bedydd â'i fab, yn gwasanaethu'r 'Royal Irish Constabulary', a'i fam Sara McAssey yn ferch fferm. Ganed John Tyndall ar 2 Awst 1820 a mynychodd yr Ysgol Genedlaethol yn Ballinabranagh lle disgleiriodd mewn pynciau fel algebra, geometreg, trigonometreg, a dangosodd ddiddordeb cryf mewn gramadeg Saesneg. Doedd dim cysylltiadau teuluol i ffafrio a dylanwadu ar lwyddiant y mab; cododd i amlygrwydd drwy ymroddiad a dyfalbarhad. Dywedodd unwaith mewn araith yn ystod cinio a drefnwyd er anrhydedd iddo ym mlynyddoedd olaf ei yrfa wyddonol, mai'r ddringfa anoddaf a gyflawnodd erioed oedd o lannau Afon Barrow i lannau Afon Tafwys o'i gartref dirodres yn yr Iwerddon. Yn 1840 dechreuodd weithio gyda'r Arolwg Ordnans yn swydd Cork ar gyflog o £1 yr wythnos ond roedd hanner y swm hwnnw yn mynd at dalu am ei lety. Roedd yn mwynhau ei waith allan yn yr awyr agored yn mesur tiroedd gyda chadwyn yn y dull traddodiadol, a meistrolodd y ffordd i drafod theodolit. Cadwai mewn cysylltiad â'i gartref drwy lythyrau ac mae'n amlwg ei fod yn mwynhau'r gwaith. Roedd ei dad yn amlwg yn ei gefnogi a'i annog, ac yn teimlo mai ei dlodi ef oedd wedi rhwystro ei fab rhag ceisio am radd prifysgol. Symudodd Tyndall i Loegr yn 1842, pan oedd y rhwydwaith rheilffyrdd yn denu niferoedd mawr i chwilio am waith, a bu'n gweithio fel dyluniwr gyda'r Arolwg Ordnans yn Preston. Diswyddwyd ef a deunaw arall yn y flwyddyn ganlynol am feiddio gofyn am welliant yn eu hamodau gwaith. Dychwelodd i Leighlin ac ymroddodd ati i astudio mathemateg a Ffrangeg, a phan ddychwelodd yn ôl i Loegr yn 1844 bu'r pynciau hyn, ynghyd â'i brofiad fel syrfëwr, yn fodd iddo gael swydd gyda chwmni o beirianwyr ym Manceinion.

Roedd tlodi mawr yn Lloegr yn ystod y 1840au a newyn mawr yn llethu Iwerddon gan orfodi llawer i adael y wlad. Yn ystod un o'i ymweliadau byr â'i gartref yn 1846 gwelodd fod ei dad yn wael ei iechyd a bu'r tad farw ychydig fisoedd yn ddiweddarach. Daeth tro ar fyd i Tyndall fodd bynnag pan dderbyniodd swydd fel darlithydd yng Ngholeg Queenwood, swydd Hampshire, a thra'n dysgu ei ddisgyblion mewn mathemateg a thirfesureg, aeth ati i astudio cemeg yn ystod ei oriau hamdden. Y flwyddyn ganlynol rhoddodd y swydd hon i fyny a phenderfynu astudio am radd yn yr Almaen. Symudodd yno i astudio mathemateg, ffiseg a chemeg ym Mhrifysgol Marburg, a hynny mewn iaith nad oedd yn hollol rugl ynddi. Mae'n debyg mai Edward Frankland, gwyddonydd oedd ar y staff gydag ef yn Queenwood, oedd wedi dylanwadu arno a'i annog tua'r cyfeiriad hwn, ac aeth yntau drosodd i'r Almaen gyda Tyndall.

Yn dilyn ei lwyddiant yn yr arholiadau ym mis Medi 1849 aeth Tyndall ar wyliau i'r Swistir gan ymweld â rhewlif Rhône, a chollodd y ffordd rhwng bylchau Furka a Grimsel. Dringodd i'r Kleine Scheidegg i wylio'r afalansiau yn llithro o'r Jungfrau. Teithiai mor rhad ag y gallai gan gerdded o Basel i Zurich, ac yn ôl o Bern i Basel. Wedi dychwelyd i Marburg canolbwyntiodd ar ei thesis a derbyniodd ei radd PhD yn 1850 ac yn y flwyddyn ganlynol dychwelodd i'w swydd fel darlithydd yn Queenwood ac fe'i hetholwyd yn Gymrawd o'r Gymdeithas Frenhinol yn ddiweddarach. Bu'r ddarlith a draddodwyd ganddo gerbron y Sefydliad Brenhinol yn ystod Chwefror, 1853, yn hynod lwyddiannus, ac ym mis

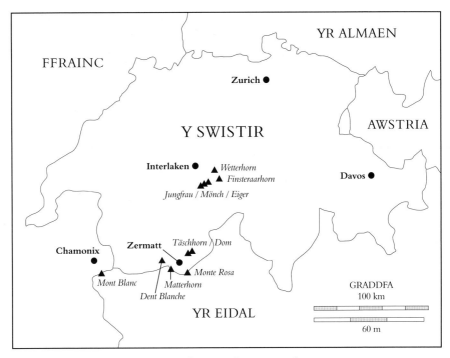

Prif ganolfannau a chopaon yr Alpau

Medi o'r flwyddyn honno penodwyd ef yn Athro mewn Anianeg yn y sefydliad hwnnw. Treuliodd ei yrfa o dri deg pedwar o flynyddoedd gan gydweithio â Michael Faraday a'i olynu fel uwch-arolygydd (superintendent) yn dilyn ei farwolaeth yn 1867. Arhosodd Tyndall yn y swydd hon nes iddo ymddeol yn 1887.

Mae'n debyg mai ymchwiliadau gwyddonol a ddenodd Tyndall i'r mynyddoedd ar y cychwyn gan fod sawl agwedd o'r dyffrynnoedd, y copaon a'r rhewlifoedd yn cynnig gwybodaeth gyfrin oedd heb ei datgelu yn flaenorol, ac ond wedi codi damcaniaethau ac amheuon cyn hynny. Roedd ymhlith y prif ddadleuwyr ynglŷn â'r rhewlifoedd, pwnc a barhaodd i gael sylw drwy gydol ail hanner y bedwaredd ganrif ar bymtheg. Bu'n cydweithio gyda Michael Faraday gan ei olynu yn y Sefydliad Brenhinol yn ddiweddarach. Dechreuodd deithio yn yr Alpau yn 1856 gan ddal ati am y pymtheng mlynedd canlynol i gyflawni ei archwiliadau a ddatblygodd ei ddamcaniaethau mai erydiad naturiol oedd un o'r prif ffactorau oedd i gyfri am ffurfiant mynyddoedd, ac mai symudiad y rhewlifoedd oedd yn bennaf gyfrifol am gloddio'r dyffrynnoedd.

Roedd Tyndall ymhlith yr estroniaid cyntaf i fentro i fforio'r mynyddoedd mawr. Ar wahân i'r gwaith gwyddonol a gyflawnodd, ef oedd y cyntaf i ddringo'r Aletschorn â'r Weisshorn. Yn 1860 dringodd y 'Great Tower' ar gefnen Eidalaidd y Matterhorn, ac yn dilyn ymgais arall ar y mynydd yn 1862 cyrhaeddodd yr ysgwydd a enwyd er anrhydedd iddo yn 'Pic Tyndall'. Methodd yn ei ymgais i fod y cyntaf i ddringo i gopa eithaf y mynydd, ond llwyddodd i wneud hynny yn 1868, dair blynedd wedi'r esgyniad cyntaf. Docs dim amheuaeth nad oedd Tyndall yn caru mynyddoedd am yr hyn oeddynt, a daw hynny i'r amlwg yn ei ysgrifeniadau er bod ei sylwadau gwyddonol yn cael ei brif sylw. Daw enghraifft o'i gyfuniad o sylwadau esthetaidd a gwyddonol tra'n dringo'r Jungfrau wrth sylwi ar yr haul yn graddol godi yn y pellter:

> And I looked over this wondrous scene towards Mont Blanc, the Grand Combin, the Dent Blanche, the Weisshorn, the Dom, and the thousand lesser peaks which seemed to join in celebration of the risen day, I asked myself, as on previous occasions; How was this colossal work performed? Who chiselled these mighty and picturesque Masses out of a mere protruberance of the earth? And the answer was at hand. Ever young, ever mighty – with the vigour of a thousand worlds still within him – the real sculptor was even then climbing the eastern sky. It was he who raised the waters which cut out these ravines; it was he who planted the glaciers on the mountain slopes, thus giving gravity a plough to open out the valleys; and it was he who, acting through the ages, will finally lay low these mighty mountains, rolling them gradually seaward.[13]

Roedd cryn amheuaeth yn bodoli ar y pryd a oedd unrhyw bosibilrwydd o gwbl y gallai dyn goncro'r Matterhorn, ond ni ddylid defnyddio'r term 'concro' wrth drafod mynyddoedd, fel y profwyd gan y trychineb a ddigwyddodd i'r parti a fu gyntaf ar ei gopa. Does neb byth yn 'concro' mynydd. Yn ystod y blynyddoedd rhwng 1856 a 1870 roedd yn dringo'n gyson ac yn cyhoeddi hanes ei anturiaethau yn ei lyfrau *Hours of Exercise in the Alps* a *The Glaciers of the Alps*. Er ei fod yn rhoi disgrifiadau digon dramatig o groesi cribau uchel a chul o eira gannoedd o fedrau uwchlaw'r rhewlifoedd, mae fel petai'n ceisio cyfiawnhau hynny drwy roi rhesymau gwyddonol, ac ar yr un pryd yn ceisio moesoli ei weithred yn unol â daliadau'r bedwaredd ganrif ar bymtheg. O grynhoi personoliaeth gwelir bod Tyndall yn wyddonydd, yn fynyddwr ac ar yr un pryd yn rhamantydd. Roedd yn gwrthwynebu'n gryf ddamcaniaethu'r Athro James David Forbes o Brifysgol Caeredin ynglŷn â symudiad a tharddiad rhewlifoedd a pharhaodd a llusgodd y ddadl ymlaen yn ddi-ildio am ran helaeth o'r ganrif honno.

Un o'r prif gystadleuwyr oedd yn herio'r Matterhorn ar yr un pryd â Tyndall oedd Edward Whymper.[14] Roedd ef wedi bwriadu bod y cyntaf i ddringo'r Weisshorn ond canolbwyntiodd ei holl ymdrechion ar y Matterhorn wedi iddo glywed am lwyddiant Tyndall ar y llall. Tyfodd yr awydd hwn i fod yn obsesiwn ganddo. Ganed Edward Whymper yn Llundain yn 1840 yn un o un ar ddeg o blant, a dilynodd ei dad yn y grefft o ysgythru coed ar gyfer darlunio llyfrau. Ymfudodd y teulu 'Wimper' o'r Iseldiroedd ac ymsefydlu yn Suffolk yn ystod yr ail ganrif ar bymtheg. O weld ei fedr yn y gelfyddyd honno comisiynwyd ef i ddarparu cyfres o luniau Alpaidd yn 1860 gan y cyhoeddwr William Longman, (aelod cychwynnol o'r Clwb Alpaidd a'i Lywydd o 1872 i 1874) a oedd yn gyhoeddwr ar sawl clasur Alpaidd fel *Peaks, Passes and Glaciers* a'r *Alpine Journal*. Dyna a ddaeth â Whymper i'r Alpau am y tro cyntaf, a gwelodd yno gyfle i wneud enw iddo ei hun, ac o bosib manteisio ar hynny i wireddu ei uchelgais o gael fforio yn yr Arctig. Gan fod ei waith yn cael ei ystyried yn arbennig o uchel enillai gyflog oedd yn caniatáu annibyniaeth iddo, ond gan nad oedd o deulu cyfoethog rocdd yn rhaid iddo fyw yn gynnil. Manteisiai ar bob cyfle i ddringo a dechreuodd ganolbwyntio ei ymdrechion ar fynyddoedd nad oeddynt eto wedi eu dringo ac ystyriai y byddai dringo'r Weisshorn neu'r Matterhorn yn dod a chlod mawr iddo. Ef oedd y cyntaf o'r mynyddwyr Prydeinig i ddringo Mont Pelvoux yn y Dauphiné yn 1861.

Sialens y Matterhorn
Roedd ffurf luniaidd y Matterhorn wedi tynnu sylw sawl teithiwr drwy Valtournanche, a bu rhai ohonynt yn holi a oedd unrhyw bosibilrwydd o gwbl dringo'r pigyn serth. Mae'n debyg mai'r ymgais gynharaf gan rai oedd o ddifrif ynglŷn â'i ddringo oedd yr un a wnaed yn ystod haf 1857 gan dri o wŷr lleol o'r ochr Eidalaidd o'r mynydd. Gwnaed y trefniadau yn ddirgel gan gyfarfod cyn i'r wawr dorri yn Avouil, pentref bychan o gabanau coed ar ochr isaf pantle Breuil. Cyrhaeddodd y tri ar wahân, ac ar hyd llwybrau

Y Matterhorn – crib Hornli yn wynebu'r camera
Llun o gasgliad Maldwyn Roberts

gwahanol, rhag ofn codi amheuaeth. Cariai'r tri ffyn hir gyda bachau haearn ar eu blaenau – ar gyfer hela marmotiaid – neu dyna oedd y stori a gafodd y trigolion lleol ganddynt. Yr arweinydd oedd yr hynaf o'r tri, Jean-Jacques Carrel, heliwr gafrewig profiadol oedd yn enwog drwy'r ardal ac yn gyfarwydd â'r llethrau mynyddig o amgylch. Gwnaeth enw iddo ei hun yn 1842 fel aelod o griw a aeth allan i chwilio am ddyn oedd wedi disgyn i hafn o rew ar y mynydd a mentrodd i lawr i'w achub gyda rhaff. Cariai ychydig o fwyd ym mhoced ei siaced, tamaid mawr o fara hen, tafell o polenta oer a fflasg fechan o grappa, brandi trigolion y mynyddoedd. Roedd bwyell fechan ganddo hefyd ar gyfer agor stepiau wrth groesi'r eira.

Un arall o'r tri oedd ei gefnder Jean-Antoine Carrel, gwladgarwr brwd a fu'n ymladd dros ei wlad yn erbyn byddin Awstria yn ystod rhyfeloedd annibyniaeth yr Eidal. Dyrchafwyd ef yn sarjant yn dilyn buddugoliaeth Solferino yn 1859 ac fe'i hadnabyddid yn lleol fel 'y Bersagliere'. Roedd yn aelod o gorfflu arbennig o wŷr traed mynyddig a wisgai bluen geiliog yn

79

Edward Whymper
Llun allan o *Scrambles Amongst the Alps*,
1900

ei hetiau fel rhan o'u harfbais.
Myfyriwr diwinyddiaeth o'r enw
Aimé Gorret oedd y trydydd o'r criw.
Wedi cyrraedd y Col Tournanche
(3479m) gwelsant y rhewlif
Tiefenmatten yn ymestyn oddi tanynt
ar ochr y Swistir, a dringwyd ymlaen i
ben y Tête du Lion (3715m). Gan nad
oedd yn bosib gweld beth oedd yr
ochr bellaf roeddynt wedi meddwl, o
gyrraedd y fan honno, mai mater bach
fuasai mynd ymlaen i ddringo i gopa'r
Matterhorn, ond roedd cryn dipyn o
bellter eto rhyngddynt a'r mynydd.
Ymddangosai'r pinacl serth o'u blaen
yn gwbl annringadwy, ac o ganlyniad
rhoddwyd y ffidil yn y to. Wrth iddynt
ddychwelyd i lawr sylwasant ar astell o
graig ar wyneb y Tête du Lion oedd yn
cynnig mynediad haws at odre'r
mynydd, ond gan ei bod yn hwyrhau
penderfynasant ei adael am y tro.

Roedd un o'r tri, Jean-Antoine Carrel, i chwarae rhan flaenllaw yn hanes
dringo'r Matterhorn maes o law, a chyda Tyndall a Whymper yn un o'r tri
phrif gymeriad yn y ddrama fawr oedd ar fin dechrau.

Byddai Whymper yn dringo heb dywysyddion ar brydiau, ac o
ganlyniad magodd hynny ynddo'r hunan-hyder i feistroli'r grefft, ond ar yr
un pryd efallai yn ei wneud braidd yn rhyfygus. Roedd yn ŵr ifanc hynod
uchelgeisiol, hyderus a mentrus, a dyfeisiodd wahanol offer a ystyriai yn
gymorth iddo. Gan nad oedd yn ymarferol dringo mynyddoedd uchaf yr
Alpau mewn un diwrnod meddyliodd y buasai pabell yn ddefnyddiol ac
aeth ati i lunio un o'i batrwm ei hun ar gost o bedair gini ac yn pwyso ugain
pwys. Bu pebyll mynydd o'r un patrwm, er o ddefnyddiau ysgafnach, yn
dal i gael eu defnyddio am tuag wyth deg o flynyddoedd wedi hynny. O
ddefnyddio pabell yn hytrach na cheisio lloches rhwng creigiau oer, gallai'r
dringwyr gychwyn tua'r mynydd yn hwyrach y dydd a'i chodi cyn iddi nosi
er mwyn cael cychwyn yn blygeiniol drannoeth cyn i'r haul ddechrau

toddi'r eira a'r rhew. Ymysg y teclynnau eraill a ddyfeisiodd oedd math o grafanc haearn ar ffurf angor bychan i'w ddefnyddio lle nad oedd gafael ar y creigiau o fewn hyd braich, ac fe'i defnyddid, meddai, ynghlwm wrth raff neu 'alpenstock', wrth ddod i lawr y creigiau gan amlaf. Lluniodd yn ogystal gylch o haearn bwrw tua dwy fodfedd a chwarter ar ei draws. Roedd hwn yn ddefnyddiol i arbed gorfod torri rhaffau a'u gadael ar ôl tra'n dod i lawr dros glogwyn serth. Yr arferiad oedd dolennu pen y rhaff a'i sicrhau yn dynn dros ddarn o graig a disgyn drwy afael yn y pen rhydd. Yr olaf o'r parti fel arfer oedd yn gorfod gwneud hyn, neu un yn dringo ar ei ben ei hun, ond pan nad oedd darn o graig oedd yn addas ar gyfer rhoi'r ddolen lac trosto rhaid oedd gwneud cwlwm rhedeg a'i dynhau. O wneud hynny doedd hi ddim yn bosib bob amser ei ryddhau wedi cyrraedd y gwaelod, a rhaid oedd torri'r rhaff a'i gadael lle'r oedd. Roedd dyfais Whymper yn datrys y broblem hon. Clymwyd y cylch haearn wrth ben y rhaff, a hefyd damaid o linyn cryf, ac wedi disgyn i'r gwaelod y cyfan yr oedd angen ei wneud er mwyn rhyddhau'r rhaff oedd rhoi plwc ar y llinyn. Datblygwyd y teclynnau hyn ymhellach dros y blynyddoedd ac erbyn heddiw maent yn rhan arferol o gyfarpar dringwyr.

Ceisiodd Whymper ddringo'r Matterhorn saith o weithiau o ochr Eidalaidd y mynydd, ac unwaith o'r ochr dde-ddwyreiniol rhwng 1861 ac 1865, cyn iddo lwyddo i gyrraedd y copa ar 14 Gorffennaf 1865. Roedd cael y clod o fod y cyntaf i ddringo unrhyw fynydd yn golygu popeth i Whymper, ac er mai y Matterhorn oedd ei brif nod llwyddodd ef a'i dywysyddion i wneud esgyniad cyntaf ar bedwar mynydd, esgyn un arall oedd wedi ei ddringo eisoes, yn ogystal â chroesi un bwlch ar ddeg rhwng 13 Mehefin a 7 Gorffennaf, 1865. Dringodd bron at gopa'r Dent Blanche (4357m) ar 17 Mehefin heb wybod fod y mynydd wedi ei ddringo am y tro cyntaf yn barod. Pan ddaeth ei barti allan o'r niwl gwelwyd bod carn o gerrig wedi ei godi ar ei gopa, ac ar hynny penderfynodd droi yn ôl yn syth. Doedd bod yn ail ddim yn ei fodloni.

Dringai yng nghwmni mynyddwyr eraill a thywysyddion lleol ac weithiau, ar ei ben ei hun. Nid oedd yr holl fethiannau hyn yn pylu dim ar ei benderfyniad o ddringo'r Matterhorn, ac yn ystod un o'r troeon hynny pan oedd ar ei ben ei hun mae'n adrodd fel y bu ond y dim iddo golli ei fywyd. Digwyddodd hyn ar ôl un o'i ymdrechion aflwyddiannus ar y mynydd pryd y bu'n rhaid iddo ef a'i gymdeithion ddod i lawr oherwydd y tywydd garw, a gadael y babell ar lwyfan naturiol yn uchel ar y llethr.

Methodd gael unrhyw un i fynd gydag ef ar 18 Gorffennaf 1862 a mentrodd ar ei ben ei hun, ac wedi cyrraedd safle'r babell yng nghyffiniau'r Col du Lion penderfynodd, gan fod digon o fwyd wedi ei adael ynddi, aros dros nos ac ail gychwyn drannoeth i geisio dod o hyd i lwyfan uwch ar y mynydd. Methodd yn yr ymgais hon eto a gorfu iddo droi yn ôl, ond tra'n ceisio croesi astell gul o graig oedd dan orchudd o eira caled llithrodd a disgyn.

> … The snow was to hard to beat or tread down, and at the angle it was all but ice; … I held to the rock with my right hand, and prodded at the snow with the point of my stick until a good step was made, and then, leaning round the angle, did the same from the other side. So far well, but in attempting to pass the corner … I slipped and fell … and I whirled downwards in a series of bounds, each longer than the last; now over ice, now into rocks; striking my head four or five times, each time with increased force. The last bound sent me spinning through the air, in a leap of fifty or sixty feet, from one side of the gully to the other, and I struck the rocks, luckily, with the whole of my left side. They caught my clothes for a moment, and I fell back on to the snow with motion arrested. My head fortunately came the right side up, and a few frantic catches brought me to a halt, in the neck of the gully, and on the verge of the precipice. Bâton, hat and veil skimmed by and disappeared, and the crash of the rocks – which I had started – as they fell on to the glacier, told how narrow had been the escape from utter destruction, … I fell nearly 200 feet in seven or eight bounds. Ten feet more would have taken me in one gigantic leap of 800 feet on to the glacier below.[15]

Llwyddodd i atal llif y gwaed o'i anafiadau drwy roi eira drostynt ac yna gyda gweddill ei nerth dringodd nes cyrraedd man diogel cyn llewygu. Daeth ato'i hun wrth iddi fachlud. Bu'n ffodus iawn y diwrnod hwnnw gan na ddioddefodd ond mân anafiadau fel cleisiau a thoriadau gwaedlyd. Llwyddodd i ddod i lawr y 1463m o'r man y gorffwysodd i Breuil heb gymorth. Ymhen pum niwrnod, sef o'r 23 i 24 Gorffennaf, roedd ar y mynydd unwaith yn rhagor yng nghwmni'r ddau dywysydd Jean-Antoine a César Carrel a Luc Meynet, y gŵr gwargam o Breuil fel cariwr.

Gwnaeth ymgais wedyn ar y 25 i 26ain gyda Meynet pryd y llwyddodd i gyrraedd uchder o tua 4000m ar grib y mynydd. Ymhen deuddydd roedd

Whymper yn gwylio o bell mewn hwyliau go chwerw tra roedd Tyndall, dan arweiniad ei ddau dywysydd Swisaidd Johann-Joseph Bennen ac Anton Walter gyda'r Eidalwyr Jean-Antoine a César Carrel fel cariwyr, yn llwyddo i gyrraedd pen ysgwydd de-orllewinol y Matterhorn a enwyd wedyn yn 'Pic Tyndall'. Honnwyd iddynt fod o fewn 232m i'r copa eithaf. Mae sylwebyddion diweddarach wedi gosod y bai am fethiant Tyndall ar y dydd i ddiffyg cydweithrediad rhwng y tywysyddion Swisaidd â'r ddau Eidalwr. Roedd Jean Antoine Carrel yn benderfynol mai ei ddyffryn Eidalaidd ef a ddylai hawlio'r clod am 'goncro'r' Matterhorn dan ei arweiniad ef a neb arall.

Johann-Joseph Bennen
Engrafiad gan Edward Whymper allan o
Scrambles Amongst the Alps, 1900

Daeth digwyddiad dadleuol i'r amlwg yn dilyn esgyniad Tyndall i'r 'Pic Tyndall', digwyddiad nad yw ond yn cael ei grybwyll ganddo yn yr ail argraffiad o'i lyfr *Hours of Exercise in the Alps*. Nid yw Whymper yn sôn am y peth o gwbl yn ei lyfr ef, *Scrambles amongst the Alps*. Yn ystod sgwrs rhwng y ddau ar y diwrnod cyn llwyddiant y 'Pic Tyndall' roedd Whymper wedi cynnig rhoi benthyg ei babell i Tyndall, ac yntau wedi cynnig i Whymper ymuno ag ef yn yr ymgyrch honno, ond ar yr un pryd yn pwysleisio mai Bennen oedd i arwain. Atebodd Whymper drwy ddweud: 'If I go up the Matterhorn, I must lead the way.' Roedd Tyndall yn ystyried agwedd Whymper yn afresymol ac aeth ymlaen hebddo. Gwadodd Whymper fersiwn Tyndall o'r stori mewn llythyr a gyhoeddwyd yn yr *Alpine Journal* drwy ddweud: 'I positively deny having given such an answer, and as positively affirm that my answer was not intended to convey the meaning which he has put upon it'. Wrth fynd ymlaen i roi ei fersiwn ef o'r hyn a ddigwyddodd mae Whymper yn datgan iddo ateb cynnig Tyndall drwy ddweud:

Now I was quite ready to place myself under Bennen, and should have done so as a mater of course ... But being called upon to declare that I would implicitly obey his instructions, whether they were right or wrong, I could hardly avoid saying, 'You will remember, Dr Tyndall, that I have been much higher than Bennen, and have been eleven days on the mountain, whilst he has been on it only for a single day; you will not expect me to follow him if he is evidently wrong?' ... I thought at the time that Dr Tyndall thoroughly understood me, for our conversation was not broken off abruptly; on the contrary, it was agreed that I should accompany the party, and I went to my room to make the necessary preparations. It was some time afterwards (half-an-hour or more) before Dr Tyndall came to me and said, 'Well, after all, I think you had better not accompany us'.[16]

Ar ôl gwneud y cynnig mae'n debyg bod Tyndall wedi trafod gyda Bennen y posibilrwydd o gael Whymper i fynd gyda hwy, ac i'r tywysydd anghytuno rhag ofn y buasai hynny yn achosi anghydfod rhyngddynt yn ystod yr ymgyrch. Efallai ei fod yn ystyried Whymper yn fyrbwyll a mentrus ac yn debygol o beryglu bywydau aelodau eraill y parti, yn enwedig o gofio'r cwymp a fu bron yn angheuol iddo. Dilynai Tyndall gyfarwyddiadau ei dywysydd yn ffyddiog a di-feth, yn wahanol i Whymper oedd yn fwy tueddol o gwestiynu eu penderfyniadau os na chytunai â hwy.

Does dim sôn bod Tyndall wedi gwneud unrhyw ymgais arall i ddringo'r Matterhorn rhwng 1862 ac 1868 pryd y llwyddodd i gyrraedd y copa, ond mae'n amlwg bod Whymper yn ei ystyried yn fygythiad yn enwedig ar ôl iddo lwyddo i gyrraedd ysgwydd y 'Pic Tyndall' o'r mynydd. Roedd hyn, â'r ffaith mai ef y cyntaf i ddringo'r Weisshorn, yn achos o bryder i Whymper ac yn ei wneud yn fwy penderfynol fyth i fod y cyntaf yn y ras i gyrraedd copa'r Matterhorn.

Ar y 10-11 Awst 1863, gan feddwl bod haen y graig yn fwy ffafriol ar gyfer dringo, ystyriodd Whymper roi cynnig ar y Matterhorn drwy ddilyn cwter ar yr ochr ddwyreiniol.

Roedd y brodyr Parker, Alfred, Charles a Sandbach, eisoes wedi dringo ar yr ochr hon o Zermatt yn 1860 ac 1861 heb dywysyddion, ac wedi llwyddo i gyrraedd uchder o 3600m. Eto, roedd hwn yn llawer is na rhan anodd a mwyaf serth y mynydd, a throi yn eu holau a wnaethant. Ymddengys bod Thomas Stuart Kennedy, mynyddwr profiadol arall, wedi datgan ei amheuaeth ynglŷn â dringo'r mynydd o Breuil ar yr ochr Eidalaidd. Yn ystod gaeaf 1862 aeth i fyny cefnen Hörnli,[17] sef ochr y

Swistir, gyda dau dywysydd, Peter Perren a Peter Taugwalder, nes cyrraedd y safle lle mae'r lloches bresennol, ond wedi codi carn o gerrig yno bu'n rhaid iddynt droi yn ôl oherwydd y gwyntoedd cryfion. Wrth grynhoi mae'n datgan mai'r unig obaith o ddringo'r mynydd oedd drwy ddilyn y gefnen honno; gwireddwyd datganiad Kennedy ymhen tair blynedd. Gorfu i Whymper roi i fyny yr ymgais i ddringo'r gwter ddwyreiniol o ganfod ei bod yn beryglus oherwydd y cerrig rhydd a ddisgynnai yn annisgwyl drwyddi yn fynych.

Dim ond Jean-Antoine Carrel o blith y tywysyddion oedd yn ffyddiog o lwyddiant ar y Matterhorn ar y pryd. Roedd yn hawlio'r mynydd fel ei eiddo ef a neb arall a'i fwriad fel gwladgarwr pybyr oedd ei ddringo o'r ochr Eidalaidd er mwyn ennill clod i'w wlad ei hun. Yn 1863 cyfarfu nifer o Eidalwyr yn Turin i drafod cynlluniau ar gyfer ffurfio Clwb Alpaidd Eidalaidd, ac er mwyn nodi'r achlysur y bwriad oedd cael ymgyrch lwyddiannus ar y Matterhorn gan barti o Eidalwyr. Bu trafodaeth rhwng Quintino Sella, gwleidydd blaenllaw a'r gwyddonydd Felice Giordano, dau a fu maes o law yn aelodau cychwynnol o'r 'Club Alpino', a Carrel, gan ofyn iddo am ei gydweithrediad yn y fenter. Cytunodd yntau.

Roedd rhai o'r mynyddwyr proffesiynol profiadol eraill fel Christian Almer wedi argymell Whymper i adael llonydd i'r mynydd a chanolbwyntio ar un arall y gellid ei ddringo. Roedd hyd yn oed Michel Croz braidd yn feirniadol ac yn atgoffa Whymper o'i fwriad blaenorol o wneud dringfeydd ar gadwyn Mont Blanc gan ei atgoffa na fyddai ef ei hun yn rhydd i'w arwain oherwydd cytundeb blaenorol yn Chamonix i wasanaethu John Birkbeck. Tueddai tywysyddion y Swistir i ystyried eu hunain yn well na thywysyddion yr Eidal fel y gwelwyd eisoes yn ystod yr anghydfod rhwng Tyndall a Whymper. Dau o'r Swistir oedd yn arwain y diwrnod hwnnw, a dau Eidalwr oedd y cariwyr. Doedd fawr o gydweithio rhyngddynt oherwydd yr elyniaeth a fodolai rhwng trigolion y gwahanol ddyffrynnoedd a gwae neb a feiddiai dramwyo ar dir y llall. Ymddengys bod yr elfen gystadleuol hon yn bodoli ymysg tywysyddion Eryri yn ystod yr un cyfnod. Fe gofir sylwadau Robin Hughes wrth gymharu'r llwybr 'hawdd' o Lanberis i'r Wyddfa gyda'r llwybrau caletach o'i ardal ef, Capel Curig, mewn pennod flaenorol, a phan gerddodd George Borrow[18] heibio tafarn y Snowdon Ranger ar ei ffordd i Feddgelert yn 1854 mynegodd y tywysydd yno ragfarn ddigon dilornus am dywysyddion Beddgelert wrtho.

Ar 24 Mehefin 1865 llwyddodd Whymper i gyrraedd uchder o 4180m ar y Grandes Jorasses o Courmayeur ac enwyd y lle yn 'Pointe Whymper' maes o law. Nid dyma gopa uchaf y mynydd fodd bynnag, a hawlir y clod am yr orchest honno gan Horace Walker gyda'i dywysyddion Melchior Anderegg, Johann Jaun a Julien Grange pan esgynnwyd y mynydd at y 'Pointe Walker' (4206m) ar 30 Mehefin, 1868. Mae'n amlwg fod y tywysyddion yn chwarae rhan flaenllaw yn yr esgyniadau hyn yn enwedig o ystyried gorchest Michel Croz wrth arwain Whymper ar draws y Col Dolent ar 26 Mehefin. Wrth ddod i lawr at rewlif Argentière bu'n rhaid iddo dorri stepiau ar lethr o rew caled am saith awr. Gadawodd Croz Whymper wedyn er mwyn cadw cytundeb gydag ymwelydd arall, John Birkbeck, ac ar 29 Mehefin dringodd Whymper yr Aiguille Verte (4122m) dan arweiniad y tywysyddion Christian Almer a Franz Biener, y ddau o'r Swistir – gan ddychwelyd i Chamonix. Bu cryn gynnwrf ymysg trigolion a thywysyddion y pentref o ddeall bod estroniaid wedi dringo eu 'mynydd hwy' a bu'n rhaid galw cymorth tri *gendarme* er mwyn amddiffyn y dringwyr a chadw'r pentrefwyr dan reolaeth.

Yn dilyn ymadawiad Tyndall gadawyd y llwyfan yn glir i Whymper ac roedd yn ffyddiog o lwyddo doed a ddêl. Ond, roedd Carrel yr un mor benderfynol ac er ei gytundeb gyda'r Eidalwyr Giordano a Sella, bu hefyd yn arwain Whymper yn rhinwedd ei swydd fel tywysydd proffesiynol. Yn dilyn ei lwyddiant ar yr Aiguille Verte dychwelodd Whymper i Breuil ar 7 Gorffennaf a gofynnodd i Christian Almer eto am y posibilrwydd o ddringo'r Matterhorn, ond gwrthododd y tywysydd gan ychwanegu ei fod yn fodlon rhoi cynnig ar unrhyw fynydd arall gydag ef. Bu'n rhaid iddo adael Bennen ac aeth i chwilio am Jean-Antoine Carrel unwaith yn rhagor, ond gwrthododd yntau newid o'i gynllun gwreiddiol i ddringo'r mynydd o'r ochr Eidalaidd. Yr oedd ar y pryd, fodd bynnag, yn gwneud paratoadau ar gyfer yr ymgyrch Eidalaidd heb yn wybod i Whymper. O'r deunaw ymgais a wnaed ar y mynydd ers 1857 roedd pymtheg ohonynt wedi ei gwneud o'r ochr Eidalaidd, a Whymper ar saith ohonynt, a Carrel bron yn gyfartal.

Trodd yn gyfnod o dywydd anffafriol ar yr 8 a'r 9 o Orffennaf ac aeth Whymper i lawr y dyffryn i Valtournanche i edrych am gydnabod iddo, y Parchedig A. G. Girdlestone, oedd yn wael yno ar y pryd. Ar y ffordd cyfarfu â Carrel oedd yn dod i fyny'r dyffryn gyda mul a nifer o gariwyr llwythog. Dywedodd hwnnw nad oedd yn rhydd i fynd gydag ef wedi'r 11 o'r mis oherwydd ei gytundeb blaenorol. Cyfarfu'r ddau wedyn y noson honno mewn tafarn yn Valtournanche a bu ymgom digon cytûn rhyngddynt. Dychwelodd Whymper i Breuil ar y 10 ac yn ystod bore'r 11 gwelwyd Carrel ar lethrau isaf y Matterhorn yn arwain mintai lwythog. Collodd Whymper ei dymer gan deimlo ei fod wedi ei fradychu, er ei bod yn anodd cyfiawnhau hynny o gofio bod Carrel wedi dweud wrtho am ei gytundeb gyda'r Eidalwyr ddeuddydd yn flaenorol. Ar ben hyn oll nid oedd Michel Croz ar gael am fod yn rhaid iddo yntau anrhydeddu cytundeb gyda mynyddwr arall, sef John Birkbeck. Mae rhai awduron wedi mynd mor bell ag awgrymu bod rhai o'r bobl leol yn cynllwynio yn ddirgel yn erbyn Whymper gan ei fod bellach heb na thywysydd na chariwyr.[19]

Nid oedd yn un am roi i fyny ar chwarae bach, fodd bynnag, a phenderfynodd fynd drosodd i Zermatt er mwyn rhoi cynnig arall ar y Matterhorn o'r ochr ddwyreiniol, ond cyn iddo ymadael â Breuil trodd ffawd o'i ochr. Cyfarfu â'r Arglwydd Francis Douglas, brawd ieuengaf Ardalydd Queensberry, oedd newydd ddod drosodd o Zermatt yng nghwmni Joseph Taugwalder, mab ieuengaf ei dywysydd profiadol Peter Taugwalder. Dyma drydydd tymor yr Arglwydd Douglas yn yr Alpau; yn fynyddwr brwd roedd newydd wneud esgyniad cyntaf o'r Wellenkuppe (3903m), a hefyd yr ail esgyniad o'r Ober Gabelhorn (4063m) o Zinal ar hyd y gefnen ogleddol. Mae'n debyg ei fod wedi dod i Breuil gyda'r bwriad o roi cynnig ar ddringo'r Matterhorn dan arweiniad Carrel. Wedi peth trafod cytunodd Whymper a Douglas i ymuno mewn ymgais i ddringo'r Matterhorn o ochr y Swistir. Roedd eu tywysydd Peter Taugwalder wedi bod yn uchel uwchlaw Crib Hörnli yn weddol ddiweddar ac wedi rhoi adroddiad ffafriol o'r ffordd honno.

Gwelodd Whymper gyfle cyfrwys i ennill y blaen ar Carrel ac aeth drosodd i Zermatt gyda Douglas a chael Joseph Taugwalder i gario ei fagiau, ac hefyd ei babell a'i raffau. Gadawyd rhain yn y Schwarzee wrth droed cefnen yr Hörnli. Cyrhaeddwyd Zermatt ar 12 Gorffennaf a phwy welodd yn sefyll o flaen Gwesty'r Monte Rosa ond Michel Croz, cyfaill a hen dywysydd Whymper, a oedd ar y pryd yn gwasanaethu'r Parchedig Charles Hudson yn dilyn gwaeledd annisgwyl ei gyflogwr cyntaf John Birkbeck. Dywedodd Croz wrthynt am fwriad Hudson o wneud ymgais i ddringo'r Matterhorn drannoeth. Cyfarfu Whymper a Douglas gyda Hudson yn ddiweddarach y diwrnod hwnnw, a chytunwyd i uno gan na fuasai'n ymarferol cael dau barti ar y mynydd ar yr un pryd gyda'r un nod.

Ficer Skillington yn swydd Lincoln oedd Hudson, oedd wedi dechrau mynydda drwy gerdded mynyddoedd yn ddwy ar bymtheg oed gan ymweld â'r Alpau am y tro cyntaf yn 1852. Roedd yn cael ei gyfri ymysg y mwyaf medrus o ddringwyr amatur y cyfnod gan hawlio ymhlith ei amryw orchestion yr esgyniad cyntaf o'r Dufourspitze (4634), copa uchaf y Monte Rosa yn 1855, ac yn fuan wedyn ef oedd y cyntaf i ddringo Mont Blanc heb dywysydd. Gwnaeth dramwyfa gyflawn o'r Mönchjoch yn 1858 ac ef oedd y cyntaf i gyrraedd y Col de Miage yn 1861. Dilynwyd hyn

Michel Croz
Engrafiad gan Edward Whymper allan o
Scrambles Amongst the Alps, 1900

drwy gyflawni'r ail esgyniad o'r Aiguille Verte yn 1862. Gellir honni bod Hudson yn rhagflaenydd o'r arferiad cyfoes o ddringo heb dywysydd, a dywedir ei fod yn ŵr eofn o gymeriad hynaws a rhadlon ac yn boblogaidd gyda'i gyd-fynyddwyr. Aelod arall o'r parti oedd Douglas Hadow, dyn ifanc heini pedair ar bymtheg oed a chydymaith i Hudson, ond heb ddigon o brofiad, efallai, i fentro ar ymgyrch mor anodd â'r Matterhorn. Dringo Mont Blanc drwy ddilyn y ffordd arferol oedd ei unig brofiad yn flaenorol. Camgymeriad dybryd oedd cynnwys Hadow yn y parti fel y sylweddolwyd wrth ddringo'r mynydd, ond erbyn hynny roedd yn rhy hwyr iddo droi yn ôl ac atal y trychineb erchyll oedd ar ddigwydd.

Cychwynnodd y parti o wyth o Zermatt ar 13 Gorffennaf 1865 gan gynnwys y tywysyddion Michel Croz, Peter Taugwalder a'i feibion Peter a Joseph fel cariwyr. Cerddwyd yn hamddenol drwy'r goedwig ac yna dros y myndd-dir agored nes cyrraedd y Capel bach yn Schwarzee er mwyn ymofyn y cyfarpar a adawyd yno gan Whymper a Douglas. Roedd y rhaffau yn cynnwys torch o 200 troedfedd o fath Manilla'r Clwb Alpaidd, 150 troedfedd o raff gryfach, a 200 troedfedd o raff wannach. Byddai un dorch o'r rhaff orau wedi bod yn ddigon. Ail gychwynnwyd cerdded wedyn gan anelu at Grib Hörnli gyda Whymper a Hudson ar y blaen er mwyn arbed ychydig ar y tywysyddion, ac, yn ôl Whymper, i ddangos iddynt eu bod o ddifrif ynglŷn â'r fenter.[20] Erbyn hanner dydd roeddynt wedi cyrraedd llwyfan ar tua 3350m oedd yn ddigon llydan i gymryd pabell, a thra roedd honno yn cael ei chodi dringodd Peter Taugwalder y mab a Michel Croz i chwilio am y ffordd hwylusaf ymlaen. Fe'u rhyfeddwyd o ganfod bod y ffordd ymlaen yn haws na'r hyn oeddynt yn ei ddisgwyl gan weld mai dim ond sgrialu elfennol oedd ei angen yno. Dychwelodd y ddau yn ôl at y lleill gyda'r newydd nad oeddynt wedi dod ar draws yr un anhawster. Treuliodd Whymper, Arglwydd Douglas a'r tri Taugwalder y noson honno yn y babell, ond arhosodd y gweddill oddi allan yn eu bagiau planced o'u dewis eu hunain.

Ymgynullodd y parti y tu allan i'r babell cyn iddi wawrio ar fore'r 14eg er mwyn paratoi ar gyfer dringo at y copa. Dychwelodd Joseph Taugwalder y cariwr yn ôl i Zermatt ond arhosodd ei frawd Peter gyda'r tad fel tywysydd. Wedi dringo'r rhan o'r mynydd y bu Croz a Peter y mab arno y diwrnod cynt daethant i olwg y rhan olaf o'r mynydd a ymddangosai iddynt fel grisiau naturiol yn y llethr creigiog, rhannau ohono yn hawdd i'w dringo, a rhannau eraill yn anoddach. Doedd dim angen defnyddio rhaffau i daclo'r rhan fwyaf o'r ffordd ac roedd Hudson a Whymper wedi bod yn arwain ar yn ail. Cyrhaeddwyd y rhan fwyaf anodd o'r ddringfa, sef i fyny o'r ysgwydd amlwg sydd i'w gweld yn blaen o Zermatt fel bargod unionsyth. Newidiwyd trefn y dringwyr yn y fan hon. Aeth Michel Croz i'r blaen gyda Whymper a Hudson yn dilyn, a Hadow a Peter Taugwalder y tad yn olaf. Nid yw'r cofnodion yn llyfr Whymper yn sôn am leoliad Arglwydd Douglas a Peter Taugwalder y mab yn ystod y rhan hon o'r ddringfa. Nid yw'n glir chwaith a oedd y parti wedi eu rhaffu i'w gilydd o ddechrau'r rhan anoddaf a'i peidio, er ei fod yn dweud ar ôl cyrraedd gwastadedd y grib: 'The slope eased off, at length we could be detached, and Croz and I, dashing away, ran a neck-and-neck race, which ended in a dead heat'.[21] Mae un peth yn amlwg fodd bynnag, sef y ffaith bod diffyg profiad a medr Hadow yn dod i'r amlwg yn aml a'i fod angen cymorth yn gyson.

Am 1.40 y prynhawn hwnnw, wedi llwyddo i oresgyn y rhannau uchaf, llwyddodd y saith dringwr i gyrraedd cefnen hir copa'r Matterhorn, ond dim ond un peth oedd yn poeni Whymper ar y foment honno, sef ai ef oedd y cyntaf yno. Brysiodd ar unwaith i'r ochr bellaf rhag ofn bod Carrel a'r Eidalwyr yno o'i flaen:

It was not certain yet that we had not been beaten. … I hastened to the southern end, scanning the snow right and left eagerly. Hurrah! again; it was untrodden. … I peered over the cliff … and saw them immediately – mere dots on the ridge, at an immense distance below. Up went my arms and my hat. "Croz! Croz!! Come here!" … "Croz, we must make those fellows hear us; they shall hear us!" I seized a block of rock and hurled it down, and called upon my companion, in the name of friendship, to do the same. We drove our sticks in, and prized away the crags, and soon a torrent of stones poured down the cliffs. There was no mistake this time. The Italians turned and fled.[22]

Er yr holl hapusrwydd a deimlai y foment honno mae Whymper yn cyfaddef mai Carrel a ddylai fod yn sefyll wrth ei ochr ar gopa'r Matterhorn y diwrnod hwnnw. Gosododd Croz bolyn pabell yn yr eira ar y copa gan glymu ei grys wrthi ar ffurf baner, a bu'r parti'n gorfoleddu am awr ar y copa cyn paratoi i ddychwelyd i lawr y mynydd, ond mae lle i gredu i'r gorfoledd hwn arwain at esgeulustod yn eu rhagofalon diogelwch. Gan mai hwy oedd y mwyaf profiadol o'r amaturiaid rhannwyd y cyfrifoldeb am y parti rhwng Whymper a Hudson, a'r arferiad mewn sefyllfa o'r fath yw bod y cryfaf yn cymryd y safle olaf ar y rhaff wrth ddod i lawr. Croz, yn ddiamheuaeth, oedd y cryfaf o'r parti, ond serch hynny penderfynodd y ddau arweinydd ei roi ef ar y blaen, gyda Hadow, y gwannaf, y nesaf ato. Dilynwyd hwy gan Hudson a'r Arglwydd Francis Douglas, gyda Peter Taugwalder y tad y tu ôl iddo. Tra roedd y fintai uchod yn paratoi ar gyfer dod i lawr roedd Whymper yn dal ar y copa yn gwneud amlinelliad o'r golygfeydd, pan awgrymodd rhywun nad oeddynt wedi gadael eu henwau mewn potel ar y copa. Ysgrifennodd Whymper yr enwau tra roedd y lleill yn cychwyn i lawr a brysiodd yntau i'w glymu ei hun wrth Peter Taugwalder y mab cyn prysuro i ymuno â'r lleill.

Defnyddiodd Croz ddarn o'r rhaff Manilla gryfaf i sicrhau Hadow, Hudson a Douglas, ac ymddengys bod Whymper wedi defnyddio hyd o gan troedfedd o'r un ansawdd i'w glymu o'u hôl gyda Peter Taugwalder y mab yn olaf. Roedd hyd o gant a hanner o droedfeddi o raff drymach a dau gan troedfedd o fath ysgafnach yn weddill. Yn anffodus wnaeth Whymper, Hudson na Croz ddim sylwi bod Peter Taugwalder y tad wedi defnyddio'r rhaff wannaf er mwyn cysylltu ei hun i Douglas, ac mae'n ymddangos nad oedd yntau yn ymwybodol o'r amryfusedd. Camgymeriad arall ar ran yr

Cyrraedd copa'r Matterhorn
O ddarlun enwog Gustav Doré

arweinyddion profiadol, heb sôn am y tywysyddion, oedd peidio â gosod belai parhaol yn y creigiau er mwyn diogelu'r rhaffau i atal cwymp petai rhywun yn llithro neu ddisgyn. Cyfuniad o'r camgymeriadau uchod a arweiniodd at un o'r damweiniau mwyaf erchyll erioed ym myd mynydda.

NODIADAU: Pennod 3.

1. J. Trevor Braham, *When the Alps cast their spell*, (Glasgow, 2004), t.38, t.264, n.5.
2. Alfred Wills, *Wanderings Among the High Alps*, (Oxford, 1937).
3. T. Graham Brown, *The Alpine Journal* 59, 1953, t.179.
4. *Y Bywgraffiadur Cymreig hyd 1940*, (Anrhydeddus Gymdeithas y Cymmrodorion, Llundain, 1953), t. 460. Cyfeirir yma at 'Mills', ond cywirwyd y camgymeriad i 'Sir Alfred Wills' yn *The Dictionary of Welsh Biography down to 1940*, (1959), t.489. Mae'n ddiddorol sylwi nad oes unrhyw gyfeiriad at ddiddordeb J. Viriamu Jones mewn mynydda yn y *DWB*, ond fe gofnodir hynny yn y *BC*. Nith i Syr Alfred Wills oedd Kate Wills ac nid ei ferch fel y dywed y *BC* a'r *DWB*. Gweler hefyd *John Viriamu Jones and other Oxford memories* gan E. B. Poulton (Longmans, Green, and Co., London, New York, Bombay and Calcutta, 1911).
5. *The Alpine Journal*, Vol. 21, February, 1902, t.38.
6. Trevor Braham, op. cit., tt.81-112.
7. Ronald Clarke, *The Early Alpine Guides*, (Phoenix House, London, 1949), t.101.
8. Leslie Stephen, *The Playground of Europe* (London, 1895): tt.139-154.
9. Am hanes Morgan gweler Iris Osborne Morgan, *Memoirs of Henry Arthur Morgan*, (Hodder and Stoughton, London, 1927).
10. Leslie Stephen, op. cit., t.159.
11. Leslie Stephen, 'The Dangers of Mountaineering', *Peaks, Passes, and Glaciers*, (Everyman's Library, J. M. Dent, London, 1926), t.297.
12. Trevor Braham, op. cit., tt.50-80.
13. John Tyndall, *Hours of Exercise in the Alps*, (D. Appleton and Company, New York, 1899), t.190.
14. Trevor Braham, op. cit., tt. 138 – 176.
15. Edward Whymper, *Scrambles Amongst the Alps*, (John Murray, London, 1948) tt.86-87.
16. F. S. Smythe, *Edward Whymper*, (Hodder and Stoughton, London, 1940) t.128.
17. *Alpine Journal*, Vol. 1, 68, 1863-1864, tt.77-82.
18. George Borrow, *Wild Wales*, (Collins, London and Glasgow. n.d.) t.261.
19. Trevor Braham, op. cit., t.152.
20. Edward Whymper, op. cit., t.309 a nodyn 2.
21. Edward Whymper, Ibid., tt.313.
22. Edward Whymper, Ibid., t.314.

4
Trychineb, Amheuaeth a Sibrydion

Cychwynnodd y parti i lawr rhan uchaf y Matterhorn yn ofalus ac arhosodd Croz mewn un lle gan roi heibio ei fwyell rew er mwyn cael ei ddwylo'n rhydd i roi cymorth i Hadow drwy osod ei draed mewn safleoedd diogel. Mewn troednodyn a ychwanegodd i argraffiad diweddarach o'i lyfr[1] dywed Whymper nad oedd y ffaith bod Croz yn helpu Hadow yn y fath fodd yn beth anghyffredin hyd yn oed ymysg mynyddwyr profiadol, a'i fod am bwysleisio hynny rhag gor-ddweud diffygion y dyn ifanc. Wedi gwneud hynny trodd Croz er mwyn ailgychwyn i lawr a chlywyd ebychiad ganddo pan lithrodd Hadow a tharo yn ei erbyn, neu dyna oedd Whymper wedi cymryd yn ganiataol a ddigwyddodd, gan na allai fod wedi gweld beth yn union a ddigwyddodd am ei fod yn rhy bell yn ôl. Mae'n debyg mai'r rheswm i Whymper ddweud mai Hadow a lithrodd oedd na allai ddychmygu dyn mor ofalus a phrofiadol a Croz yn llithro. Gan fod ei fwyell rew allan o gyrraedd nid oedd yn bosib i Croz ei arafu ei hun a disgynnodd y ddau yn gyflym dros y clogwyni gan lusgo Hudson a Douglas gyda hwy. Yr eiliad y clywyd ebychiad Croz gwnaeth Whymper a Taugwalder y tad ymdrech i ddal eu gafael yn dynn yn y rhaff a'u sicrhau eu hunain ar y creigiau orau y gallent gan deimlo'r sioc pan dynhaodd y rhaff dan bwysau'r pedwar oedd yn disgyn, ond torrodd hanner ffordd rhwng Taugwalder a Douglas. Y cyfan a allai'r tri olaf ei wneud oedd gwylio mewn arswyd tra roedd y pedwar yn diflannu fesul un dros erchwyn y clogwyni serth.

Arhosodd y tri yn eu hunfan am hanner awr ac yn ôl adroddiad Whymper roedd y ddau dywysydd wedi dychryn i'r fath raddau nes eu bod yn wylo mewn sioc. Safai Whymper rhwng y ddau dywysydd ac mae'n rhoi'r argraff mai ef oedd y cryfaf ac yn ceisio annog Taugwalder y mab i geisio symud, ond ni feiddiai. Roedd Taugwalder y tad yntau yn gweiddi ei bod ar ben arnynt, ond ymhen hir a hwyr llwyddodd i symud i safle lle'r oedd modd diogelu'r rhaff wrth graig gadarn. Wedi cyrraedd safle mwy diogel gofynnodd Whymper am weld pen y rhaff oedd wedi torri a syllodd mewn syfrdandod pan welodd mai'r rhaff wannaf oedd honno. Wrth barhau gyda'i adroddiad dywedodd Whymper na ddylai'r rhaff honno fod

Y ddamwain ar y Matterhorn
O ddarlun enwog Gustav Doré

wedi cael ei defnyddio gan ei bod yn rhy hen a gwan. Yr unig reswm dros ddod â hi yn y lle cyntaf oedd ei chael wrth gefn mewn argyfwng pryd yr oedd angen gadael hydau o raffau ar y clogwyni yn dilyn abseilio. Mae'n rhyfedd na sylwodd yn gynharach pa un ydoedd tra'n clymu ei raff ei hun wrth Taugwalder y tad cyn cychwyn i lawr, ond ymhen blynyddoedd wedyn gofynnwyd i Taugwalder y mab ai ei dad a ddewisodd y rhaff er mwyn ei gysylltu ei hun, ei fab a Whymper i weddill y parti. Atebodd y mab drwy ddweud i'w dad ddweud ar y pryd na fyddai'r rhaff honno yn ddigon cryf, ond bod Michel Croz wedi mynnu ei defnyddio, ac fe'i cysylltwyd i Whymper, rhyngddo ef a'i dad.

Mae adroddiad Whymper, a ymddangosodd yn ei lyfr, o weddill y siwrnai yn ôl i Zermatt yn llawn beirniadaeth ddigon difrifol ar ymddygiad y ddau Taugwalder, ac fel y cawn weld maes o law bu cryn drafodaeth ddadleuol am flynyddoedd wedi'r drychineb ar wahanol agweddau o'r hyn a ddigwyddodd. Barnodd Whymper y ddau dywysydd yn hallt drwy ddweud ei fod yn ofni am ei fywyd am eu bod yn ymddwyn fel petaent wedi colli eu nerfau yn llwyr ac yn gwbl anabl o fod o unrhyw gymorth. Erbyn 6.00 yr hwyr fodd bynnag roedd y tri wedi cyrraedd y grib eira oedd yn disgyn i gyfeiriad Zermatt ac allan o berygl y clogwyni serth. Bwriwyd golygon yn aml draw at waelod y llethrau rhag ofn bod unrhyw olwg o'u cymdeithion anffodus, gan wyro dros y grib a gweiddi, ond doedd dim ond distawrwydd yn teyrnasu dros eangder y llechweddau rhewllyd wrth i'r nos nesáu.

Gyda'i ddisgrifiad dramatig, rhydd Whymper lun o'r 'bwa niwl' a welwyd ar y ffordd i lawr fel drychiolaeth ar ffurf tair croes yn yr awyr ac a roddodd, meddai, 'fraw i'r tywysyddion ofergoelus'. Priodolir y ffenomen hon i gylchrannau o olau plygedig yn adlewyrchu drwy'r niwl. Yn ei adroddiad yntau yn 1917 dywed Taugwalder y mab nad oedd ganddo ef unrhyw gof o'r ffenomen, ond mae'n anodd credu bod Whymper wedi dychmygu'r peth ar gyfer ei lyfr, er nad yw'n sôn amdano yn ei lythyr i'r *Times*. Mae'n debyg iddo benderfynu peidio crybwyll y peth yn y llythyr hwnnw, dim ond manylu ar y digwyddiadau oedd yn ymwneud â'r ddamwain. Wrth gwrs, gan fod Whymper wedi marw ers 1911 doedd neb arall ar ôl i gadarnhau'r stori y naill ffordd na'r llall erbyn 1917. Cafwyd ar ddeall yn ddiweddarach bod y parti Eidalaidd dan arweiniad Carrel, oedd yn gwneud ymgais i ddringo'r Matterhorn ar yr un diwrnod â mintai Whymper, wedi gweld y ffenomenon a adnabyddir fel y 'Brocken Spectre' wrth iddynt droi yn ôl i lawr y mynydd ar ôl clywed y lleill yn gweiddi arnynt o'r copa.

Dywed Whymper fod y ddau dywysydd wedi adennill eu hyder o gyrraedd y rhannau is a llai peryglus o'r mynydd, a'u bod yn siarad gyda'i gilydd mewn tafodiaith ddieithr. Yn y man trodd Peter y mab ato a gofynnodd a fyddent yn debyg o dderbyn eu tâl o gofio bod eu cyflogwr, yr Arglwydd Douglas, wedi ei ladd. Synnodd Whymper o glywed cwestiwn mor ddideimlad dan amgylchiadau mor ddifrifol ac atebodd yn ddigon swta y byddai ef yn eu digolledu. Ymatebodd y mab ymhellach drwy ddweud nad oedd arnynt eisiau tâl, dim ond iddo nodi hynny yn llyfr ymwelwyr y gwesty ac yn y gwahanol gylchgronau Seisnig. Eu rheswm dros hynny, erbyn gweld, oedd y byddai'r holl gyhoeddusrwydd yn dod â mwy o gwsmeriaid iddynt yn ystod yr haf canlynol. Mae'n amlwg bod Whymper dan deimlad dwys yn ystod gweddill y daith, a brysiodd i lawr y mynydd mor ddiofal nes peri i'r ddau arall ofyn iddo fwy nag unwaith a oedd yn ceisio'u lladd. Mae Whymper yntau yn dywed ei fod yn dechrau gofidio am ei ddiogelwch personol yng nghwmni dau mor ddideimlad. Mae'n bosib bod Whymper wedi gwneud mwy o'r hyn a ddywedodd y tywysydd na ddylai; wedi'r cwbl roeddynt oll mewn cyflwr trawmatig ac efallai mai dyna oedd i gyfri am y sylwadau anystyriol.

Cerddodd y tri heb yngan gair wedi'r machlud ond bu'n rhaid aros am 9.30 fin nos i orffwys ar dalp o graig am chwe awr. Ail gychwynnwyd ar doriad y wawr gan frysio tua chabanau Buhl ac ymlaen i Zermatt i dorri'r newydd drwg i'r pentrefwyr. O'r diwedd cyrhaeddodd Whymper ddrws gwesty'r Monte Rosa lle roedd Alexander Seiler y gwesteiwr yn aros i'w gyfarfod, ac o'i weld mewn cyflwr mor drallodus dilynodd ef i'w ystafell a gofynnodd beth oedd yn bod. 'The Taugwalders and I have returned', atebodd Whymper; doedd dim angen dweud mwy.

Torri'r newydd drwg a ffurfio Criwiau Chwilio

Anfonwyd negesydd i'r Riffel Alp er mwyn argyhoeddi'r Parchedig Joseph McCormick, caplan yr Eglwys Seisnig yn Zermatt, o'r ddamwain, a brysiodd yntau yn ôl ar ei union o dderbyn y genadwri. Fu Seiler fawr o dro cyn cychwyn allan i dorri'r newydd am y trychineb ymysg y pentrefwyr a chyn hir cychwynnodd ugain o ddynion i fyny am ucheldir yr Hohlicht uwchlaw Kalbermatt a Z'Mutt lle roedd modd cael golwg ehangach draw dros lwyfandir rhewlif y Matterhorn. Dychwelodd y criw

Y Gwyliwr, Glyder Fach, tua 1770
Trwy ganiatâd Llyfrgell Genedlaethol Cymru

O. G. Jones a H. C. Bowen yn dringo
Kern Knotts Crack, Great Gable
am y tro cyntaf, Ebrill 1897. Roedd O. G.
eisoes wedi dringo'r hollt gyda chymorth
rhaff wedi ei gollwng o'r brig.
Llun © Abraham Photographic

Dringwyr ar Needle Gully,
Great Gable, tua 1890. Mae'n bosibl
mai O. G. Jones sy'n arwain.
Llun © Abraham Photographic

Golygfa o gopa'r Dom gyda'r Täschhorn ar y dde a'r Alphubel i'r chwith o'r groes;
Monte Rosa a'r Lyskamm yn y pellter
Llun o gasgliad Iolo ap Gwynn

Y ddau Peter Taugwalder (Tad a'r mab)

Y Matterhorn (4478m) a'r Dent Blanche (4356m)
Llun o gasgliad Iolo ap Gwynn

Dringo'r Twll Du, Cwm
Idwal – gwahanol iawn i'r
hanes a adroddir ar
dudalennau 139-141 am
wneud yr un ddringfa gyda
bwyell lo!
Llun o gasgliad Berwyn Evans

chwilio wedi bod allan am chwe awr gan ddweud iddynt weld cyrff yn gorwedd yn yr eira, ond gan fod y dydd yn hwyrhau a rhannau peryglus o'r mynydd-dir eto o'u blaenau penderfynwyd troi'n ôl. Cytunwyd i ail gychwyn fin nos drannoeth, sef ar y Sul, er mwyn bod ar y rhewlif gyda thoriad y wawr fore Llun. Dywed Whymper yn ei lyfr nad oedd gŵyr Zermatt yn fodlon cychwyn ar fore Sul oherwydd i'r offeiriaid lleol fygwth eu hesgymuno os na ddeuent i'r offeren foreol, gan ychwanegu bod y tywysydd Peter Perren yn ei ddagrau wrth egluro na fuasai unrhyw beth arall yn ei rwystro rhag troi allan i chwilio am ei hen gymheiriaid. Mae lle i amau dilysrwydd honiad Whymper ynglŷn â hawl yr offeiriad i fygwth esgymuno'i blwyfolion fel y cawn weld maes o law. Cychwynnodd Whymper a McCormick am 2 o'r gloch y bore Sul hwnnw, sef yr 16 o'r mis, ac aeth nifer eraill o ymwelwyr gyda hwy, fel y Parchedig James Robertson o Gaergrawnt a J. S. Phillpotts, Rheithor ysgol Bedford. Roedd hefyd dywysyddion a oedd yno ar y pryd yn gwasanaethu eraill fel Franz Andermatten o Saas, Joseph Marie ac Alexandre Lochmatter o Saint-Niklaus a Frédéric Payot a Jean Tairraz o Chamonix. Mae'n ddiddorol sylwi bod McCormick a Robertson wedi derbyn gwahoddiad gan Hudson i ymuno ag ef yn yr ymgyrch ar y Matterhorn ond i'r ddau wrthod. Wrth ddychwelyd i Zermatt cyfarfu'r criw chwilio â Taugwalder y tad, ac meddai ef wrth Robertson: '… they say I *cut* the rope. Look at my fingers!' gan agor ei ddwylaw i ddangos y clwyfau ar ei groen rhwygedig wedi i'r rhaff eu llosgi tra'n ceisio atal cwymp y pedwar aeth tros y dibyn.

Daethpwyd o hyd i gyrff toredig Hudson, Hadow a Croz yn gorwedd yn yr eira ar rewlif y Matterhorn wrth droed wyneb gogleddol y mynydd gyda'u dillad darniog a'u hesgidiau wedi gwasgaru ar hyd y lle. Roedd yno hefyd fwclis rosari a berthynai i Croz, ac yn ôl gwybodaeth a gafwyd yn ddiweddarach gan fab y Parchedig Robertson daethpwyd o hyd i'r groes yn ddwfn yn asgwrn ei ên ac fe'i tynnwyd allan gyda chyllell boced.[2] Ar wahân i bâr o fenig, belt ac esgid[3] a berthynai iddo doedd dim sôn am gorff yr Arglwydd Francis Douglas, a chafwyd byth hyd iddo. Mae llythyr dyddiedig 4 Medi, 1871, ar gadw yn Archifau'r Clwb Alpaidd gan un Eliza Pennell at John Tyndall yn dweud i'w brawd, William Leighton Jordan, ddarganfod rhai o'r eitemau oedd yn perthyn i'r dringwyr a gollodd eu bywydau yn 1865 tra'n croesi copa'r Matterhorn yn 1867. Daeth o hyd i fwyell rew Michel Croz, a manion eraill, a hefyd roedd yn argyhoeddedig iddo weld o bell gorff Douglas yn hongian dros astell o graig ar y clogwyni ond ymddengys na wnaed dim byd pellach o'r peth. Penderfynodd, ar y pryd, beidio sôn wrth neb am yr hyn a welodd rhag ofn achosi mwy o bryder. Ymwelodd chwaer yr Arglwydd Douglas â Zermatt ar sawl achlysur wedyn a mynd mor agos ag y gallai i'r fan lle darganfuwyd gweddillion y lleill gyda'r gobaith o weld corff ei brawd wedi ymddangos drwy symudiadau'r rhewlif.[4]

Rhoddwyd y cyrff i orwedd mewn pantle yn yr eira a darllenodd y Parchedig McCormick ychydig eiriau allan o lyfr gweddi a ddarganfuwyd ger corff Hudson. Ymhen tridiau aeth un ar hugain o ddynion oedd yn cynnwys dau o feibion Peter Taugwalder, sef Peter a Joseph, allan i ddod a'r tri chorff yn ôl i Zermatt i'w claddu yno.

Gweld beiau ... a dorrwyd y rhaff?
Gwelwyd bod y tri a gollodd eu bywydau ynghlwm wrth y rhaff Manilla, neu gyda rhaff gref arall, ond defnyddiwyd y rhaff wannaf rhwng Douglas a Peter Taugwalder y tad, ac yn ôl Whymper roedd hyn yn codi amheuaeth ynglŷn â pha mor ddibynadwy mewn difri oedd y tywysydd mewn argyfwng. Roedd sibrydion eisoes yn frith yn yr ardal, fel y crybwyllwyd yn gynharach, bod Taugwalder y tad un ai wedi torri'r rhaff, neu wedi defnyddio'r un wannaf yn bwrpasol, er mwyn ei achub ei hunan a'i fab, ond gwrthod yr honiad yn bendant a wnaeth Whymper. Yn ystod yr ymchwiliad swyddogol i'r ddamwain a gynhaliwyd ar 21 Gorffennaf lluniodd Whymper nifer o gwestiynau ar gyfer Taugwalder a'u rhoi i Joseph Anton Clemenz, y llywydd, gan obeithio y byddai'r atebion yn clirio unrhyw amheuaeth ac adennill enw da'r tywysydd, a gofynnodd i Clemenz am gael gweld yr atebion ond chafwyd mohonynt. Digon niwlog yw adroddiad cynharaf Whymper o'r ymchwiliad gan awgrymu nad oedd y canlyniad wedi ei ddatgelu ar y pryd rhag ofn creu unrhyw anghydfod a fyddai'n gwneud drwg i'r diwydiant twristiaeth, ond doedd hynny ond yn llwyddo i greu mwy o amheuaeth rhwng ymwelwyr a thywysyddion a chodi mwy o gwestiynau.

Dwg hyn i gof y trychineb ar Foel Cynghorion yn Eryri yn ystod 1846 pryd y collodd y Parchedig Henry Wellington Starr o Northampton ei fywyd tra'n ceisio dringo'r Wyddfa.[5] Dyfarniad y Cwest oedd iddo farw drwy ddisgyn dros y clogwyn yn y tywyllwch, ond roedd cryn ddirgelwch yn parhau heb ei ddatrys ynglŷn â'r digwyddiad, gan godi amheuaeth o ddrwg weithrediad, neu o gelu gwybodaeth, gan rai o'r tywysyddion oedd yn gwybod mwy nag oeddynt yn fodlon ei ddweud. Roedd y dystiolaeth yn sicr wedi codi cwestiynau ar y pryd, a barn Emily Starr, chwaer y trancedig, oedd bod ymgais wedi bod yma i gadw enw da'r ardal rhag ofn gwneud drwg i'r diwydiant twristiaeth oedd bryd hynny yn ffynnu drwy fuddsoddiadau gwŷr busnes mewn gwestai moethus a rheilffyrdd. Efallai mai adlais o hyn a gafwyd yn Zermatt, ardal dwristiaeth arall ar ei thyfiant.

Gwelir atebion Taugwalder i gwestiynau'r ymchwilwyr mewn atodiad ar ddiwedd adargraffiad 1948 o lyfr Whymper yr ymgynghorwyd ag ef yma. Roedd y cyhuddiadau anghyfiawn yn erbyn Taugwalder y tad ynglŷn â'r rhaff yn parhau, a'i gydardalwyr oedd yn bennaf gyfrifol am hynny, ond mae Whymper yn gwrthod yr honiadau yn bendant gan gadarnhau bod y tywysydd wedi ymateb yn gryf a phendant yn ystod yr argyfwng. Rhaid cofio, fodd bynnag, ei fod yn dra beirniadol o'r ddau yn ystod yr oriau wedi'r ddamwain gan eu cyhuddo o golli eu nerfau ac o fod yn analluog o roi unrhyw gymorth, heb sôn am eu sylwadau ynglŷn â'r cyflog. Gadawodd Peter Taugwalder Zermatt ac ymfudodd i'r Unol Daleithiau i ymddeol, ond dychwelodd i fro ei febyd ymhen amser ac yno y bu farw ar 11 Gorffennaf, 1888.

Os oedd yn wir bod Taugwalder y tad wedi colli ei nerfau wedi'r ddamwain nid hon oedd yr unig dro i hynny ddigwydd yn ôl adroddiad gan y dringwr profiadol T. S. Kennedy yn ystod ei ymgais gyntaf i ddringo'r Dent Blanche dan arweiniad y tad a'r mab. Pan anfonwyd y tad ymlaen i fforio ymhellach yn ystod y ddringfa llithrodd a dychwelodd at y lleill a'i wyneb yn wyn fel y galchen a'i nerfau wedi'u dryllio. Gorfu i Kennedy arwain wedyn, ond collodd Taugwalder ei nerfau am yr eildro gan ddweud na allai fynd ymlaen, ac fe'i ategwyd gan ei fab. Digwyddodd hyn pan oedd y parti o fewn awr i gyrraedd copa'r mynydd ond penderfynwyd troi'n ôl a rhoddwyd y bai am y methiant ar ymddygiad y tywysydd. Mae'r Arglwydd Francis Douglas ar y llaw arall yn ei frolio wedi iddynt gwblhau'r ail esgyniad o'r Gabelhorn yn gynharach yn 1865 drwy ddweud: 'Peter Taugwald acted admirably, and really showed himself a first-rate guide'.[6]

Mae'n rhaid dweud fodd bynnag nad oedd Peter Taugwalder na'i fab yn cael eu cynnwys ymhlith y goreuon gan awduron fel Cunningham ac Abney a Ronald Clark yn eu cyfrolau[7] ar y tywysyddion Alpaidd enwocaf.

Parhaodd ei fab Peter yn ei swydd fel tywysydd gan ddod i amlygrwydd fel mynyddwr proffesiynol blaenllaw a bu'n gwasanaethu nifer o ymwelwyr oedd yn fynyddwyr adnabyddus ar sawl ymgyrch yn ystod ei yrfa.

Mae'n ymddangos na alwyd ar Taugwalder y mab i roi tystiolaeth yn yr ymchwiliad i'r ddamwain angheuol ar y Matterhorn, ond erys adroddiad ganddo o'r digwyddiad mewn llawysgrif a gyhoeddwyd gan y Clwb Alpaidd ymhen blynyddoedd wedyn.[8] Derbyniwyd yr adroddiad hwn yn 1917 gan Henry Fairbanks Montagnier,[9] oedd o America yn wreiddiol ac yn gyfaill i Whymper ac enwogion eraill yn y byd mynydda. Roedd yn gasglwr brwd ar lyfrau a dogfennau gan arbenigo ar hanes dringo Alpaidd cynnar. Cyhoeddodd sawl ysgrif ar esgyniad cyntaf Mont Blanc gan Balmat a Paccard yn 1786, ac esgyniadau cynnar eraill, ond gellir dadlau mai ei gyfraniad mwyaf gwerthfawr i hanes mynydda oedd casglu hen lyfrau poced (*führerbucher*) y tywysyddion a chofnodion perthnasol eraill oedd yn ymwneud â mynyddoedd ardal Zermatt. Llwyddodd hefyd i sicrhau copi gwreiddiol o'r ymchwiliad i'r ddamwain ar y Matterhorn, rhywbeth na lwyddodd Whymper i'w gael, a bu ei ohebiaeth gyda Rudolf Taugwalder, ceidwad cyntaf Amgueddfa Zermatt, yn fodd iddo ddod i gysylltiad anuniongyrchol gyda Peter Taugwalder y mab.

Daeth ei adroddiad ef i ddwylo Montagnier yn 1917 ac anfonwyd ef wedyn at John Percy Farrar,[10] un o'r dringwyr cryfaf yn yr Alpau ar droad y ganrif ddiwethaf. Addysgwyd ef yn yr Almaen a hefyd yn Lausanne, Swistir, ac o ganlyniad roedd yn rhugl mewn Ffrangeg ac Almaeneg.

Beirniadwyd Farrar am beidio cael golwg fwy trylwyr ar y cofnodion Almaeneg gwreiddiol o ganlyniad ymchwiliad y ddamwain cyn iddynt gael eu cyhoeddi yn Ffrangeg. Roedd y cofnodion hyn yn cynnwys tystiolaeth tystion, canlyniad y tribiwnlys, a rhestr o eiddo'r rhai a laddwyd. Ysgrifennodd dair tudalen o'i sylwadau ei hun ar yr adroddiad mewn dogfen dyddiedig 8 Hydref 1920, a defnyddiodd eiriau fel 'peculiar' a 'remarkable' tra'n cyfeirio at atebion Taugwalder y tad i rai o'r cwestiynau. Mae'n ymddangos nad edrychodd ond ar y cyfieithiad Ffrangeg o'r adroddiad, a'r farn yw na sylwodd ar y camgymeriadau ynddo o'u cymharu ag atebion Taugwalder yn yr adroddiad Almaeneg gwreiddiol. Rhaid cofio mai'r Almaeneg, neu dafodiaith Zermatt ohoni, oedd iaith naturiol Taugwalder y tad.

Yn ystod y 1930au llwyddodd H.E.G. Tyndale, golygydd argraffiad diweddarach o lyfr Whymper, i ddod o hyd i gopi o'r cwestiynau a'r atebion gwreiddiol a osodwyd gerbron Taugwalder yn ystod yr ymholiad ar 21 Gorffennaf 1865, ac fe'i cyhoeddwyd mewn atodiad i'r chweched argraffiad o'r llyfr yn 1936, a hefyd yn yr adargraffiad a ymddangosodd yn 1948.[11] Daeth pwyllgor yr ymchwiliad, oedd yn cynnwys yr ustus Josef–Anton Clemenz a'r cofnodydd César Clemenz, i'r canlyniad nad oedd sail ar gyfer codi unrhyw erlyniad yn achos damwain y Matterhorn. Achoswyd y ddamwain, meddir, drwy fod Hadow wedi llithro a tharo Croz drosodd gan achosi i bwysau'r ddau lusgo'r lleill dros y dibyn. Roedd hyn yn cyd-fynd â'r fersiwn a gafwyd gan Whymper yn ei lyfr.

Mewn llythyr at y Parchedig James Robertson wedi iddo ddychwelyd adref dywed Whymper ei fod yn cael ei erlid yn ddidrugaredd gan rai aelodau o'r cyhoedd oedd yn credu mai rhyfyg oedd mynydda, yn enwedig wedi darllen erthygl a ymddangosodd yn y *Times*[12] oedd yn beirniadu'r sbort yn hallt. Nid y *Times* yn unig oedd yn feirniadol, ac aeth y *Standard* mor bell â chymharu mynyddwyr i haid o garcharorion, 'convict gangs' oedd y term a ddefnyddiwyd, ac roedd sylwadau *Punch* mor annerbyniol o ffiaidd nes y bu raid iddynt ymddiheuro maes o law. Yn dilyn yr holl gyhoeddusrwydd aeth pethau mor bell ag i gael sylw'r teulu brenhinol a gofynnodd y Frenhines Victoria a oedd modd cael deddf gyfreithiol a fyddai'n rhwystro mynydda yn gyfangwbl.

Ymddangosodd yr argraffiad cyntaf o'r *Scrambles amongst the Alps* yn 1871, chwe blynedd wedi'r ddamwain, ond ar wahân i hanes gwahanol ymgyrchoedd Whymper ar y Matterhorn a'i ddisgrifiad ef ei hun o'r ddamwain, roedd ynddo hefyd benodau ar ddringfeydd eraill a gyflawnodd yn yr Alpau. Mewn llythyr at Edmund von Fellenberg, aelod sylfaenol ac ysgrifennydd cyntaf Clwb Alpaidd y Swistir, y datgelodd Whymper fanylion y trychineb am y tro cyntaf, ond drwy lythyr[13] y Parchedig McCormick at olygydd y *Times* y cafodd y cyhoedd wybod am y trychineb. Fodd bynnag, ni fu'n rhaid i'r cyhoedd aros am chwe blynedd i glywed fersiwn Whymper o'r hyn a ddigwyddodd ar y diwrnod tyngedfennol hwnnw yng Ngorffennaf 1865, ac yn dilyn sawl cais gan olygydd y *Times* a Llywydd y Clwb Alpaidd cyhoeddwyd datganiad[14] ganddo yn y wasg ymhen ychydig wythnosau wedyn.

Parhau a wnaeth yr amheuon a does dim amheuaeth nad oedd y ddamwain wedi peri poendod meddwl i Whymper am beth amser wedyn. Codwyd cryn amheuaeth pan awgrymwyd ganddo yn ystod sgwrs gyda'i gyfaill A. E. W. Mason – tra'n ymlacio wedi swper a gwin – ei fod ef wedi torri'r rhaff rhyngddo a Croz yn ystod yr amser cyn i'r ddau redeg at gopa'r Matterhorn gyda'i gilydd.[15] Chafwyd dim prawf pendant o hyn naill ai yn nhystiolaeth Taugwalder y tad nac yn adroddiad y mab y byddwn yn ymdrin ag ef maes o law. Dywedodd Whymper hefyd petai'r rhaff heb dorri dan bwysau'r pedwar a ddisgynnodd, yna y byddai'r saith wedi eu tynnu i dragwyddoldeb, gan na fuasai'r tri olaf byth wedi gallu dal y pwysau. Efallai bod mwy i'r ddamwain nag a ddatgelwyd. Rhyfedd ei fod wedi galw i weld cyfaill iddo, yr Esgob George Forrest Browne, yng Nghaergrawnt, er mwyn cael cyngor ganddo yn fuan wedi iddo ddychwelyd i Lundain o Zermatt. Roedd Browne yn ôl y sôn wedi dweud yn ddiweddarach mai ef oedd yr unig un a wyddai'r gwir ynglŷn â'r ddamwain. Does dim cofnod gan Whymper ei hun o'i gyfarfod gyda Browne ac mae'n ymddangos i'r stori gael ei chynnau ymhellach pan ddywedodd Arglwydd Conway fod Browne wedi dweud yr union stori honno wrtho yntau, a hefyd nad y tamaid o'r rhaff a dorrodd oedd yr un a oedd yn cael ei harddangos yn Zermatt. Datgelwyd ymhellach bod Whymper wedi clywed y ddau Taugwalder yn cynllwynio i'w ladd ar y ffordd i lawr y mynydd wedi'r trychineb er mwyn cael gwared o'r unig dyst i wir achos y ddamwain, ac iddo wedyn eu dilyn i lawr gan gadw digon o bellter rhyngddynt. Roedd Arglwydd Conway wedi dweud y credai na allai Whymper fod wedi deall tafodiaith y ddau dywysydd ac nad oedd unrhyw sylwedd i'r stori.

Mae adroddiad Peter Taugwalder y mab, sydd mewn llawysgrif a ysgrifennwyd yn yr Almaeneg gyda chyfieithiad Ffrangeg, ar gadw ymhlith papurau Montagnier yng ngofal y Clwb Alpaidd ac fe'i cyhoeddwyd yn 1957.[16] Ymddengys bod Montagnier wedi trefnu i gael gwneud copi o'r llawysgrif Almaeneg wreiddiol ac wedi anfon y gwreiddiol neu'r copi i Farrar a chael copi Ffrangeg ohoni iddo'i hun gan na ddeallai Almaeneg. Cyfieithwyd hi i'r Saesneg ar gyfer ei chyhoeddi yn yr *Alpine Journal* gan H. A. Meyer. Dywedir bod y llawysgrif wreiddiol wedi ei sgrifennu mewn Almaeneg mor goeth ag i godi amheuaeth gan Farrar ai Taugwalder y mab a'i sgrifennodd, ac yn sicr nid yn ei lawysgrifen ef y mae. Mae'n debygol mai copi o'r gwreiddiol yw hon.

Adroddiad Taugwalder y mab

Ar wahân i lyfr Whymper adroddiad Taugwalder y mab yw'r unig dystiolaeth arall o'r ddamwain sydd ar gael gan un a oedd yno ar y pryd, ond mae'n amlwg bod gas ganddo Whymper fel y gwelir o ddarllen ei sylwadau a'i deimladau wrth ddychwelyd o'r mynydd ar ôl y ddamwain. Maent yn dra gwahanol i rai Whymper ar brydiau:

> The rope broke as if it were a piece of string and the four young men disappeared from sight … It may be imagined what we felt like. We could hardly move for a while, so terrified we were. At last we tried to move on; but Whymper was trembling so violently that we could hardly manage a safe step forward. My father climbed on in front, continually turning back to place Whymper's legs on the broken ledges of rock. Then we moved slowly on again and at long last found ourselves, completely exhausted, on the Shoulder. There we tried to eat a little, but found it difficult to swallow a morsel; … for, far down below, we saw our poor comrades lying on the cold glacier. … My heart was well-nigh breaking and the tears ran coursing unchecked down my cheeks. … And if only that good Mr. Douglas had not changed places, he and not Whymper would have been safe; certainly he would have proved a better and truer friend to us than this man Whymper, who had been remote and aloof from us throughout and remained so, though we had saved his life. For, without us, he too would have perished, even if later on he vaunted himself as the Lion of the Party and reported a variety of matters which had no truth in them.[17]

Mae ei adroddiad o'r digwyddiad, ar y cyfan, yn dweud yr un stori â Whymper, er bod y tywysydd yn honni mai Whymper oedd y mwyaf nerfus, a'u bod wedi gweld cyrff y rhai a ddisgynodd ar y rhewlif gryn bellter odditanynt, ond mae'n rhaid cofio bod Taugwalder y mab yn saith deg pump oed pan oedd yn ysgrifennu neu arddweud yr hanes, ac yn sôn am rywbeth a ddigwyddodd dros hanner can mlynedd ynghynt. Afraid dweud bod cof yn gallu bod yn wallus weithiau, ond nid teg yw diystyru'n llwyr eiriau'r tywysydd serch hynny.

Nodir cyfanswm o 34 pwynt gan Dangar a Blakeney lle mae adroddiadau Whymper yn anghytuno â rhai Taugwalder y mab, a dewiswyd y rhai mwyaf arwyddocaol i'w cynnwys yma.

Dywed y tywysydd ei fod yn gallu cofio llawer o bethau fel petaent wedi digwydd ddoe, ond mae'n feirniadol mewn mannau o agwedd yr ymwelwyr. Teimlai bod Hudson yn meddwl ei fod ef a'i gyd-fynyddwyr yn well na'r un tywysydd, ac wrth gychwyn am y mynydd mae'n dweud ei fod yn hollol glir o eira, ond mae lle i amau a oedd hynny yn wir gan ei fod yn dweud i Croz orfod torri stepiau wedi iddynt gyrraedd y rhan o'r mynydd a elwir 'yr ysgwydd'. Wrth ddringo'n uchel ar y mynydd mae'n dweud bod yr Arglwydd Douglas yn gorfod dibynnu ar gymorth ganddo i osod ei draed ar lefydd diogel yn aml, ond mae hynny hefyd yn achosi cryn benbleth gan mai Douglas Hadow, y llencyn pedair ar bymtheg oed, oedd y dringwr salaf yn ôl adroddiad Whymper. Roedd T.S. Kennedy yntau, mewn erthygl arall wedi dweud ei fod yn ddyn ifanc egnïol ond dim yn ddringwr diysgog, a dyna hefyd oedd barn Yeats Brown amdano yn ei lyfr *Family Notes* (1917) pan gyfarfu ag ef gyda Hudson ar Mont Blanc: 'Mr. Hadow was evidently a novice, he kept floundering into crevasses and having to be pulled out'. Digon beirniadol oedd Taugwalder ohono hefyd drwy ei alw 'a very bad climber'. Efallai bod Taugwalder y mab wedi cymysgu'r ddau Douglas yn hyn o beth.

Mae Taugwalder y mab yn anghywir pan ddywedodd bod Croz wedi cyrraedd Zermatt gyda Whymper ar y diwrnod pryd y cytunodd i gydweithio gyda Hudson ar ymgyrch y Matterhorn. Fel y crybwyllwyd eisoes roedd y tywysydd profiadol o Chamonix wedi ei gyflogi gan John Birkbeck, ond yn dilyn ei ymadawiad ef adref oherwydd anhwylder bu'n gwasanaethu Hudson, a oedd yno gyda Hadow. Mae anghytundeb hefyd ynglŷn â'r man lle defnyddiwyd y rhaffau am y tro cyntaf cyn dringo'r rhan olaf o'r mynydd. Mae'r tywysydd yn dweud iddynt roi'r rhaffau amdanynt cyn dechrau ar y rhan uchaf ond nid yw Whymper yn glir ar hyn o gwbl yn ei lythyr i'r *Times*, nac yn ei lyfr: 'for the greater part of the way there was, indeed, no occasion for the rope', meddai. I gymlethu pethau ymhellach fe gofir i Whymper ddweud wrth gyfaill ar ôl iddo ddychwelyd adref ei fod wedi torri'r rhaff a'i cysylltai i Croz ac i'r ddau redeg am y cyntaf tua'r copa. Os yw'n wir iddynt ddringo mor uchel heb ddefnyddio'u rhaffau ar fynydd mor anodd â'r Matterhorn bydd yn ymddangos yn arferiad cwbl ryfygus i ddringwyr cyfoes, yn enwedig o gofio nad oedd yno gymorthau fel rhaffau sefydlog ar y rhannau mwyaf peryglus bryd hynny.

Pan groesodd y parti drosodd i ochr ogleddol y mynydd er mwyn canlyn ymlaen tua'r copa o'r ochr honno mae Whymper yn gosod trefn y dringwyr fel a ganlyn – Croz, Whymper, Hudson, Hadow a Taugwalder y tad yn olaf. Gan nad yw'n sôn am y ddau arall rhaid damcanu felly bod Douglas a Taugwalder y mab rhwng Hudson a Hadow. Dywed adroddiad y tywysydd fodd bynnag mai fel hyn yr oeddynt: Croz, Hudson, Whymper, Hadow, Taugwalder y tad, Douglas a Taugwalder y mab yn olaf. Rhaid derbyn bod y mab mewn gwell safle i weld trefn y dringwyr, ond roedd Whymper ar y llaw arall wedi sgrifennu ei fersiwn ef o'r digwyddiad tra roedd yn fyw yn ei gof ac nid dros hanner canrif yn ddiweddarach.

Mae cryn anghysondeb hefyd rhwng Whymper a Taugwalder y mab ynglŷn â'r amser y cyrhaeddodd y tri yn ôl yn Zermatt ddiwrnod ar ôl y ddamwain. Dywed Whymper yn ei lythyr at Edmund von Fellenberg iddynt gyrraedd am 10.30 y bore, ond yn ôl y tywysydd 3.00 o'r gloch y prynhawn oedd hi. Y tebyg yw mai Whymper sy'n iawn yn hyn o beth. Cytuna arbenigwyr y buasai cymryd tan 3.00 o'r gloch i gyrraedd i lawr yn llawer gormod o amser, a hefyd na fuasai hynny'n caniatáu digon o amser i'r criw chwilio cyntaf ymgynnull a chychwyn allan i geisio dod o hyd i'r rhai a ddisgynnodd. Rhaid cofio bod Whymper wedi anfon dyn i fyny i'r Riffel Alp er mwyn gadael i McCormick wybod am yr hyn a ddigwyddodd, a rhedodd yntau i lawr gan gyrraedd toc cyn 4.00 y prynhawn. Roedd Yeats Brown yntau wedi cyrraedd Zermatt yn ystod y prynhawn hwnnw ac wedi cyfarfod y criw chwilio cyntaf o dywysyddion oedd ar eu ffordd i fyny'r mynydd; roedd Whymper yn gorffwys yng ngwesty'r Monte Rosa ar y pryd, meddai. Yn nes ymlaen aeth y ddau allan i gyfarfod y criw chwilio oedd ar eu ffordd i lawr o'r mynydd wedi bod allan am chwe awr. Mae'r digwyddiadau hyn yn ein harwain i gredu bod y criw chwilio cyntaf wedi cychwyn allan tua hanner dydd, ac felly yn cadarnhau bod Whymper yn iawn pan mae'n dweud iddynt gyrraedd Zermatt rywle o gwmpas 10.30 y bore. Mae hynny hefyd yn cyd-fynd â'r amser a gafwyd gan Taugwalder y tad yn yr ymchwiliad swyddogol.

Y dadlau'n parhau

Parhaodd y trafod ynglŷn â'r digwyddiad am flynyddoedd a hyd yn oed yn ystod yr ugeinfed ganrif roedd rhai yn dal i ddadlau ar wahanol agweddau ohono yn enwedig ymddygiad Whymper. Bu cryn dipyn o ddadlau rhwng y gwahanol fynyddwyr a'r mwyaf taer o'r rhain oedd Syr Arnold Lunn, oedd yn feirniadol o Whymper, ac yn ochri â'r ddau Taugwalder, a D.F.O. Dangar a T.S. Blakeney oedd yn gefnogol i'r ymwelydd. Roeddynt yn anghytuno ar nifer o bwyntiau a chyhoeddwyd eu dadleuon mewn gwahanol rifynnau o'r *Alpine Journal*.[18]

Daeth Lunn i amlygrwydd fel mynyddwr a gyfrannodd lawer i'r sbort o sgïo mynydd-dir yn yr Alpau. Roedd yn aelod anrhydeddus o nifer o glybiau enwog ac yn awdur cyfrolau fel *The Alps* (1913), *The Alpine Ski Guides* (Bernese Oberland; dyma'r arweinlyfr cyntaf ar sgïo mynyddig, 1920), *The Mountains of Youth*, (1925) *A History of Skiing*, (1927), *Mountain Jubilee* (1943) a llawer mwy, ac yn un ohonynt, sef y *Matterhorn Centenary* (1965) mae'n llwyddo i godi gwrychyn Dangar a Blakeney drwy ladd ar Whymper unwaith yn rhagor. Un o'r cyhuddiadau y mae Lunn yn eu gwneud yw amau'r hanes, sy'n cael ei loywi gan amlinelliad dramatig a geir gan Whymper,[19] o naid beryglus a honnodd i'r tywysydd enwog Christian Almer ei chyflawni yn 1864 dros fwlch ar grib gorllewinol y Les Écrins yn y Dauphiné; hwn oedd yr esgyniad cyntaf o'r mynydd yn ôl y cofnodion. Mae'n debyg mai Adolphus Warburton Moore, un arall o fynyddwyr enwog yr 'oes aur', oedd yr arweinydd ac roedd Horace Walker a Michel Croz, heblaw Whymper ac Almer, yn aelodau o'r parti. Ymddengys bod mynyddwr blaenllaw arall o'r un cyfnod, W.A.B. Coolidge, wedi cael ar ddeall gan Almer ei hun na chyflawnwyd y fath naid, a chyhoeddodd hynny ar ôl marwolaeth y tywysydd. Ategir hyn, meddai, gan Moore yn ei lyfr *The Alps in 1864*, sef cyhoeddiad o'i ddyddiaduron personol am y flwyddyn honno, am na wnaeth sôn am y digwyddiad o gwbl. Awgrymwyd yn ogystal nad oedd neb arall wedi dod ar draws y bwlch enwog hwn ar grib yr Écrins.

Ateb Dangar a Blakeney i'r cyhuddiad oedd dweud mai ar dystiolaeth Coolidge yn unig y'i gwnaed, gan dynnu sylw at y ffaith mai dyn cwerylgar fu hwnnw erioed ac wedi bod mewn ffrae gyda nifer o bobl yn ystod ei yrfa. Er hyn mae'n cael ei gyfrif yn un o'r haneswyr mynydda mwyaf dawnus.[20]

Ganed William Augustus Brevoort Coolidge yn Efrog Newydd yn 1850, ond bu farw ei dad pan oedd yn blentyn ac am fod ei fam yn ddynes wael ei hiechyd fe'i magwyd gan ei fodryb, Meta Brevoort, a hi yn fwy na neb a'i hanogodd i ymddiddori mewn mynydda. Roedd hithau yn fynyddwraig frwd ac yn sicr wedi dylanwadu llawer ar Coolidge yn ystod ei flynyddoedd cynnar. Gan ei fod yn blentyn gwan ei iechyd symudodd y teulu i fyw i Baris, ac am gyfnod hefyd i Cannes. Dringodd y Niesen yn 1865, y cyntaf o amryw oedd i ddilyn, a dywedir iddo lwyddo i wneud mwy o ddringo ar fynyddoedd yr Alpau na neb arall. Mae'r cofnodion o'i ddringfeydd yn llenwi 22 tudalen o'r *Alpine Club Register*. Bu'n ymweld â'r

Alpau am 33 o dymhorau gan gasglu toreth o wybodaeth ymarferol a gwneud rhai esgyniadau cyntaf, ond roedd yr 'oes aur' yn darfod gyda mwy yn tueddu i ddringo ar glogwyni sychion nag ar rew ac eira, ond gan ei bod yn well ganddo ef ddringo ar eira a rhew roedd braidd yn hen ffasiwn yn hynny o beth. Daeth yn Gymrawd o Goleg Magdalen (Rhydychen) yn 1875, a derbyniodd Urddau Eglwysig yn 1882, ond yn 1897 gadawodd Rydychen am Grindelwald lle treuliodd weddill ei oes. Cymhwysodd ei holl egni i astudio'r Alpau o 1882 ymlaen a chasglodd lyfrgell unigryw ar y pwnc, a bu'n olygydd yr *Alpine Journal* o 1880 hyd at 1889. Mae'n debyg mai un o'r pethau a gofir amdano fwyaf yw ei gweryla di-ben-draw a'i styfnigrwydd. Bu mewn ffrae gyda bron bob dringwr blaenllaw; ymddiswyddodd o'r Clwb Alpaidd yn 1899, fe'i hetholwyd yn aelod anrhydeddus yn 1904 – ond ymddiswyddodd o hynny yn 1910, ac ail etholwyd ef eto yn 1923. Adnabyddid ef gan rai fel y 'Sage of Grindelwald', a chan eraill yn fwy dilornus fel y 'Fiery Lamb'.

Mae'n ymddangos, fodd bynnag, nad oedd gan Dangar a Blakeney fawr o feddwl o Coolidge, gan ddweud nad oedd Lunn fawr o hanesydd os oedd mor barod i dderbyn ei sylwadau. Aeth y ddau ymlaen i geisio cadarnhau yr hanes gan Whymper ynglŷn â naid Almer drwy ddweud bod dau fab Christian Almer, Ulrich a Peter, wedi clywed eu tad yn sôn wrthynt am y peth, ac yn bwysicach fyth, fod Christian Almer wedi dangos y lle i Ulrich tra'n dod i lawr crib orllewinol yr Écrins gyda Coolidge yn 1870.

Cythruddwyd Whymper o glywed am sylwadau Coolidge ac anfonodd at Walker, a oedd gydag ef ar yr Écrins ar y pryd, er mwyn gofyn a oedd yn cofio'r digwyddiad, a chadarnhaodd yntau ei fod. Mae Dangar a Blakeney yn ceisio profi dilysrwydd yr hanes a geir gan Whymper am naid Almer drwy nodi naw o wahanol bwyntiau yn eu herthygl,[21] gan awgrymu bod Almer wedi neidio'r bwlch, ond efallai mai'r prif reswm dros yr holl anghytuno oedd nad oedd y gamp mor ddramatig â'r disgrifiad a roddodd Whymper ohoni yn ei lyfr. Roedd y dadleuon ynglŷn â'r 'Écrins controversy' fel y cyfeirir ato, wedi mynd mor bell â chael eu trafod gan bwyllgor y Clwb Alpaidd mewn cyfarfod a gynhaliwyd ar 11 Rhagfyr 1899, pryd y penderfynwyd na allai'r pwyllgor ymyrryd mewn materion personol rhwng aelodau ond mewn achosion oedd yn gysylltiedig â'u perthynas i'r Clwb, neu yn gysylltiedig ag unrhyw rai o gyhoeddiadau'r Clwb. Bu rhai aelodau yn grwgnach wedyn ynglŷn ag ethol Coolidge yn aelod anrhydeddus, ac yn honni bod y Clwb yn ochri gyda Coolidge yn hytrach na Whymper, ond cyhuddiadau di-sail oedd y rheini yn ôl Dangar a Blakeney.

Cyhuddiad arall gan Lunn am Whymper oedd bod rhai o'i gyd-fynyddwyr yn edrych i lawr arno oherwydd ei ymddygiad anwaraidd, am nad oedd o dras fonheddig fel y mwyafrif o ddringwyr y cyfnod. Dywedir bod Moore wedi gadael i Whymper fynd yn ei flaen yng nghwmni Croz tra roedd ef yn gorffwys wrth ddod i lawr yr Écrins am na allai oddef ei gwmni. Yr ateb i hyn yn ôl y ddau awdur oedd bod Moore wedi aros ar ôl am ei fod yn fyr ei olwg a'i bod yn dechrau tywyllu, a dim oll i'w wneud â chymeriad Whymper.

Ceisiodd Lunn fychanu Whymper ymhellach drwy feirniadu ei allu fel mynyddwr o'i gymharu â Hudson, ac mae'n gwneud hyn ar sail sylw a wnaeth Coolidge pan ddywedodd i Whymper ddod yn enwog yn dilyn marwolaeth Hudson am nad oedd neb arall ar ôl i rannu'r clod o fod y cyntaf i ddringo'r Matterhorn. Mae'n bosib nad oedd Lunn na Coolidge yn ystyried rhan Croz a'r ddau Taugwalder yn ddim ond fel gweision. Ychwanegodd Lunn bod Whymper wedi ymuno â pharti Hudson am ei fod yn ei ystyried yn fynyddwr mwy profiadol nag ef ei hun. Dadleuodd Dangar a Blakeney yn gryf yn erbyn y cyhuddiad gan bwysleisio bod Whymper a Hudson wedi penderfynu ar yr un cwrs i ddringo'r mynydd cyn iddynt gyfarfod i gynllunio'r daith.

Llwyddodd Lunn fodd bynnag i godi amheuaeth ynglŷn â honiad Whymper am yr offeiriaid yn bygwth esgymuno tywysyddion Zermatt petaent yn mynd allan ar fore Sul i chwilio am gyrff y pedwar mynyddwr a syrthiodd ar y Matterhorn, yn lle mynychu'r offeren foreol. Dyma'i dystiolaeth:

> I quoted Whymper's version of this episode in my book, *The Alps*, and was informed by a learned theologian and a priest (a) that priests do not possess the power of excommunication; (b) that in the history of the Church no Catholic has been excommunicated for not attending Mass; (c) that the obligation to attend Mass on Sunday is subject to commonsense and the law of charity; (d) that in this particular case the guides ought to have joined the search party; and (e) that if a priest advised them to the contrary, the priest in question blundered badly.[22]

Erbyn 1865 roedd gan Whymper fwy o brofiad o ddringo na Hudson, yn ôl Dangar a Blakeney, ond roedd Hudson yn gerddwr cryf a daeth i amlygrwydd drwy ei fynych deithiau mynyddig heb dywysydd gan ychwanegu bod yr hyn a gyflawnodd yn yr Alpau yn gyfyngedig i'r mynyddoedd eira ran fwyaf, ac mai Mont Blanc oedd yr un y bu'n ei ddringo amlaf. Rhaid, fodd bynnag, edrych yn ddiduedd ar y ddwy ochr o'r stori. Blwyddyn fwyaf llwyddiannus Hudson oedd 1855 yn enwedig yn dilyn ei lwyddiant ar y Monte Rosa pan oedd gyda John Birkbeck, Edward Stevenson, y brodyr Grenville a Chrystopher Smyth a'r tywysyddion Ulrich Lauener a Johann a Mathias Zumtaugwald yn cyflawni'r esgyniad cyntaf o'r Dufourspitze, copa uchaf y grŵp. Mae mynyddoedd y Monte Rosa yn cynnwys cadwyn gymhleth o ddeg copa rhwng y Swistir a'r Eidal a'r bylchau rhyngddynt ddim is na 4000m. Maent yn boblgaidd iawn gan fynyddwyr, yn enwedig o Zermatt, a'r rhain oedd y prif atyniad yno cyn i'r Matterhorn ddod i sylw. Roedd Whymper, o'i gymharu â Hudson, wedi dringo deg ar hugain o fynyddoedd neu fylchau sylweddol yn ystod y chwe thymor blaenorol i'w lwyddiant ar y Matterhorn, ac o gofio hynny, meddai Dangar a Blakeney, roedd ei record o ddringfeydd bron deirgwaith yn fwy na Hudson ac o ansawdd mwy amrywiol. Ychydig iawn o fynyddwyr yn ystod y cyfnod dan sylw oedd â chyffelyb brofiadau o ddringo'r mynyddoedd mawr.

Dringodd Whymper y Matterhorn ddwywaith wedyn, yn 1874 ac 1895, ac er mai am ei ymgyrchoedd yn yr Alpau y mae'n cael ei gofio'n bennaf, ail-gynheuodd ei ddiddordeb cynnar mewn fforio gan ymweld â'r Ynys Las yn 1867 a 1872, yr Andes yn 1879-1880 a Mynyddoedd Creigiog Canada yn 1901, 1904 a 1909. Lluniodd nifer o ysgythriadau ar gyfer darlunio llyfrau ar wahân i'w lyfrau ei hun, ac mae ei *Scrambles amongst the Alps* yn cael ei ystyried ymhlith y clasuron llenyddol gorau ym maes mynydda, a chafwyd sawl cyfieithiad ohono maes o law. Cyhoeddwyd ei ail lyfr poblogaidd, *Travels among the Great Andes of the Equator* yn 1891, a llyfryn ar *How to use the Aneroid Barometer* yn ystod yr un flwyddyn. Yn 1896 ac 1897 cyhoeddwyd ei lyfrau tywys ar ardaloedd Chamonix a Zermatt, a chyfrannodd erthyglau i'r wasg ar faterion mynydda. Fel y datblygodd y camera i gymryd lle'r hen ysgythriadau coed a ddefnyddiwyd ar gyfer darlunio llyfrau cafodd hyn gryn effaith ar ei fywoliaeth fel cerfiwr coed, ac o ganlyniad dim ond ei ysgrifau a'i ddarlithoedd oedd yn dod â chyflog iddo wedyn. Bu Edward Whymper farw'n sydyn yn Chamonix ar 16 Medi 1911.

Mae mwy wedi ei sgrifennu am ddamwain y Matterhorn nag am unrhyw ddigwyddiad arall yn hanes mynydda, a hynny oherwydd yr amgylchiadau unigryw yr ymdriniwyd â hwy uchod, a'r trychineb yn hytrach na'r gorfoledd a fynnodd sylw byd eang. Mae'r esgyniad cyntaf trychinebus hwnnw yng Ngorffennaf 1865 yn cael ei ystyried erbyn hyn fel diwedd yr 'Oes Aur' o ddringo yn yr Alpau.

NODIADAU: Pennod 4

1. Edward Whymper, *Scrambles amongst the Alps* (John Murray, London, 1948), t.321. Cyhoeddwyd y llyfr gyntaf yn 1871 ac ymddangosodd chwe argraffiad wedyn gan gynnwys adargraffiad 1948 a ddefnyddir yma. Mae adroddiad Whymper o'r ddamwain a'r adlais ohoni yn ymddangos ar ddudalennau 321 i 334.
2. D. F. O. Dangar and T. S. Blakeney, 'The first ascent of the Matterhorn', *The Alpine Journal* 61, t.503, n.32.
3. Edward Whymper, op. cit., t.327, n.4.
4. Charles Gos, *Alpine Tragedy* (George Allen and Unwin Ltd., London, 1948), t.34, n8.
5. Dewi Jones, *The Botanists and Mountain Guides of Snowdonia*, (Llygad Gwalch, Llwyndyrys, 2007), tt.224-227.
6. Alan Lyall, *The first descent of the Matterhorn* (Gomer, Llandysul, 1997), t.77.
7. C. D. Cunningham a W. Abney, *Pioneers of the Alps* (Sampson Low, Marston, Searle and Rivington, London, 1887). Ronald Clark, *The early Alpine Guides* (Phoenix House, London, 1949).
8. D. F. O. Dangar a T. S. Blakeney, 'The first ascent of the Matterhorn [:] The Narrative of 'Young Peter Taugwalder', *The Alpine Journal*, 61, tt. 484-503.
9. Alan Lyall, op. cit., tt.582-584.
10. Alan Lyall, ibid., tt.558-560.
11. Edward Whymper, op. cit., tt.374-378.
12. *The Times*, 27 July, 1865.
13. Ibid., 22 July, 1865.
14. Ibid., 8 August, 1865. Cyhoeddwyd llythyr Whymper hefyd yn *The Alpine Journal*, 2, tt.148 sqq., ac yn *Peaks, Passes and Glaciers* (Everyman's Library,1926), tt.280-287.
15. Dangar a Blakeney, op. cit., t.485. Gweler hefyd *The Alpine Journal*, 71, t.126.
16. Dangar a Blakeney, *The Alpine Journal,* 61, tt.489-492.
17. Dangar a Blakeney, ibid., tt.491-492.
18. Cyhoeddwyd eu sylwadau yn y rhifynnau a ganlyn. *Alpine Journal* 59, 61, 70, 71,
19. Edward Whymper, op. cit., t.172.
20. Walt Unsworth, *Encyclopaedia of Mountaineering* (Hodder & Stoughton, London, Sydney, Auckland, 1992), tt.96-97.
21. Dangar a Blakeney, 'A word for Whymper: a reply to Sir Arnold Lunn', *The Alpine Journal*, 71, tt.112-113.
22. Arnold Lunn, *Mountain Jubilee* 4ydd arg. (Eyre & Spottiswoode, 1946), t.202.

5
Cymry ar y creigiau

Nid dynion yn unig oedd yn dringo mynyddoedd yr Alpau yn ystod y bedwaredd ganrif ar bymtheg, ac mae mwy nag un Gymraes yn haeddu sylw fel un oedd wedi rhagori mewn maes a oedd ar y pryd yn llwyr dan reolaeth dynion. Emmeline Lewis Lloyd[1] oedd ail ferch Thomas Lewis Lloyd o blasdy Nantgwyllt yng Nghwm Elan a'i wraig Anna Eliza Davies, merch Treforgan ger Aberteifi, ac fe'i ganed yn 1827. Mae'n debyg mai tomboi fuasai'r disgrifiad a gawsai gan rai, yn enwedig yn ystod yr oes oedd ohoni bryd hynny. Gadawodd ei chartref a bu'n ffermio a magu merlod mynydd yn Llandyfaelog Fach ger Aberhonddu. Hoffai hefyd bysgota, hela'r dyfrgi a cherdded y bryniau. Gan mai dim ond rhyw ddyrnaid o ferched oedd yn dringo bryd hynny cyflawnodd orchest hynod drwy fynd i'r Alpau yn ystod y 1860au a'r degawd canlynol.

Un arall o'r merched a fu'n dringo yn yr Alpau yn ystod y cyfnod oedd Lucy Walker o Lerpwl a arferai fynd yno yng nghwmni ei thad a'i brawd. Gan nad oedd neb o'i theulu yn ymddiddori mewn dringo mynyddoedd daeth Emmeline yn gyfeillgar gydag Isabella Straton, ond bu hefyd yn dringo gyda'i chwaer fach Bessie, a briododd William Williams, ficer Llandyfaelog yn ddiweddarach. Tywysydd arferol Emmeline oedd Jean Charlet o Argentière a daeth ef drosodd i'r wlad hon lle bu'n gweithio fel marchwas yn Nantgwyllt am gyfnod, a phriododd ag Isabella ymhen blynyddoedd wedyn. Emmeline Lewis Lloyd oedd yr wythfed ferch i ddringo Mont Blanc, ac yn ystod Medi 1871 dringodd yr Aiguille du Moine (3412m) ger Chamonix am y tro cyntaf yng nghwmni Isabella a'r tywysydd Joseph Simond. Aeth y ddwy wedyn i ddringo'r Monte Viso gyda Jean Charlet. Yna, rhoddodd y ddwy gynnig ar ddringo'r Matterhorn yn 1869, ac o gofio mai dim ond pedair blynedd a fu ers y ddamwain drychinebus yno, mae hyn yn adrodd cyfrolau am gymeriad cryf y ddwy ferch. Methiant fu eu hymdrech fodd bynnag, ond yn 1871 llwyddodd Lucy Walker i gyrraedd copa'r Matterhorn a hawlio'r clod o fod y ferch gyntaf i wneud hynny. Ychydig iawn o fanylion sydd ar gael am yr hyn a gyflawnodd Emmeline yn yr Alpau, a does dim sôn iddi erioed ddringo yn Eryri hyd y gwyddys. Bu farw ar 22 Medi 1913 yn Hampstead Hill

Gardens, Llundain, ac fe'i claddwyd yn Llansanffraid Cwmteuddwr lle mae cofeb iddi yn yr Eglwys.

Merch arall o gyffelyb anian, a'i bywyd yn llawn antur a digwyddiadau cyffrous, oedd Mary De la Beche Nicholl[2] (Minnie) merch hynaf Lewis Llewelyn Dillwyn,[3] Hendrefoilan a'i wraig Elizabeth De la Beche, merch y daearegwr enwog Syr Henry De la Beche. Daeth ei thaid Lewis Weston Dillwyn i Abertawe yn 1803 i reoli'r Cambrian Pottery a brynwyd iddo gan ei dad flwyddyn yn flaenorol. Roedd Lewis Llewelyn Dillwyn yn ddyn busnes llwyddiannus a diwydiannwr ac yn 1855 olynodd J.H. Vivian fel aelod seneddol dros Abertawe. Roedd gair da iddo fel Rhyddfrydwr a diwygiwr radicalaidd gonest a dibynadwy mewn gwleidyddiaeth a busnes, ond hefyd roedd wrth ei fodd allan yn crwydro ac edmygu rhyfeddodau cefn gwlad. Ei thad a ddylanwadodd fwyaf ar Minnie ac etifeddodd ei ddiddordeb ef yn yr amgylchedd drwy fynd ar deithiau cerdded hir yn y wlad o amgylch Abertawe, a dysgu enwau'r adar, yr anifeiliaid a'r planhigion oddi wrtho. Ei phrif astudiaeth oedd glöynnod byw, ond hoffai unrhyw ymarferiadau corfforol awyr agored fel marchogaeth, chwarae tenis a physgota. Roedd hefyd yn arlunydd talentog.

Priododd Minnie â John Cole Nicholl (Johnny), Merthyr Mawr, a addysgwyd yn Eton a Christchurch, Rhydychen, ac a fu'n gwasanaethu gyda'r 'Rifle Brigade' am gyfnod wedi gadael y brifysgol yng ngwledydd Môr y Canoldir a De Affrica cyn dychwelyd i Ferthyr Mawr i redeg ystad y teulu. Treuliwyd eu mis mêl ar daith hir drwy rai o wledydd cyfandir Ewrop yn 1860, a Johnny oedd y mwyaf profiadol fel teithiwr. Hwn oedd y tro cyntaf i Minnie deithio dramor, ond nid yr olaf o bell ffordd, ac er bod gwyliau blynyddol ar y cyfandir gyda'i gŵr yn rhan o batrwm ei bywyd cynnar, ymhen blynyddoedd wedyn y daeth y rhyddid a fynnai i gasglu ac astudio glöynnod byw a mynydda.

Erbyn 1881 roedd ganddi chwe phlentyn yn tyfu'n gyflym, tri mab a thair merch, ac roedd ei bywyd yn brysur gyda gweithgareddau arferol mam teulu o ddosbarth uwch y cyfnod, yn ddyletswyddau cyhoeddus, diddanu gwesteion, ciniawa a materion ynglŷn â rhedeg Ystad Merthyr Mawr. Mae'n amlwg bod iechyd ei gŵr yn dechrau dirywio erbyn diwedd yr 1880au, a phrif bwrpas eu gwyliau ar gyfandir Ewrop yn ystod y cyfnod hwnnw oedd ymweld â dinasoedd a threfi'r cyrchfannau iechyd a'r Rifiera. Penderfynodd Minnie gynllunio gwyliau llai caeth iddi ei hun er mwyn cael mwy o amser i ganolbwyntio ar gasglu glöynnod byw a dringo mynyddoedd, er bod gweddill y teulu o gwmpas, a llwyddodd yn rhyfeddol i ddiwallu ei gofynion egnïol.

Ym mis Awst 1889 llogodd Jules Faure fel tywysydd gyda'r bwriad o ddringo'r Bec de l'Homme (3454m) yn ardal La Grave, y Dauphiné, a chafodd fwynhad o ddringo'r eira drwy dorri stepiau cyn cyrraedd y graig noeth yn uwch i fyny, er nad oedd yn rhy hoff o fod yn gaeth i'r rhaff. Apeliai'r sialens o ddringo mynyddoedd ati'n fawr ac roedd yr ymgyrch nesaf yn fwy o gamp, sef y Brêche de la Meije (3357m). Gohiriwyd y daith am wythnos oherwydd tywydd drwg, ond ar yr 16 o'r mis cychwynnodd yng nghwmni ei thywysydd Faure a chludwr o'r enw Mathou, a llwyddwyd i gyrraedd y copa gan fwynhau golygfeydd harddwch gwyllt y mynyddoedd a'r rhewlifoedd o'i chwmpas, a ffurf aruthrol yr Ecrins yn ymgodi uwchlaw.

Wedi cyrraedd pentref bychan La Bérarde a lletya mewn gwesty yno, trefnodd i gael cludwyr a mulod i gario'r cyfarpar angenrheidiol ar gyfer dringo'r Pic de la Grave gyda Faure a Mathou. Wrth aros noson yn y caban ar y Col de Lange, clywodd Minnie am anturiaethau ei dau gydymaith tra'n gwasanaethu yn y 'Mobiles' yn ystod Rhyfel Ffrainc a Phrwsia yn 1870.

Gwnaeth ddefnydd o bob munud o'i hymweliadau, un ai yn dringo neu yn hela glöynnod byw, a thra yn La Bérarde dringodd hefyd y Grande Aiguille de Bérarde a'r Les Rouies (3589m), ac fel *finale* i'r gwyliau bwriadodd roi cynnig ar y Col des Ecrins, ac roedd ei thywysyddion yn fwy na pharod i'w harwain, am y buasai hynny yn arwain at y posibilrwydd o ddringo Les Ecrins; tipyn o glod gan fod cymaint wedi methu yn ystod y flwyddyn. Ond ni wireddwyd y bwriad gan fod trefniadau eisoes wedi eu gwneud i'r teulu Nicholl adael La Bérarde y dydd canlynol a bu raid i Minnie ffarwelio â'i thywysyddion a'r mynyddoedd am y tro, ac am weddill y gwyliau rhaid oedd bodloni ar deithiau tawelach, mwy confensiynol.

Yn ystod cyfnod gwyliau'r Dauphiné roedd wedi dathlu ei phen blwydd yn hanner cant a threuliodd y pymtheng mlynedd nesaf o'i hoes yn teithio mannau diarffordd Ewrop, gogledd America, gogledd Affrica ac Asia Leiaf. Cyhoeddwyd ei nodiadau entomolegol o'r Dauphiné, yn yr *Entomologist* yn 1890, a dilynwyd hyn gan nifer o ysgrifau pellach mewn cylchgronau a thrafodion, ac etholwyd hi'n Gymrawd o'r Gymdeithas Entomolegol yn 1900.

Y Rifiera Eidalaidd a mynyddoedd gogledd yr Eidal oedd prif atynfa teulu Nicholl yn 1890, a chynyddai casgliad Minnie o löynnod byw ar ôl pob taith. Aeth gyda'i gŵr am dro i fyny llwybr serth a garw o Prinzolo yn ystod ei phen blwydd yn bum deg un ond methodd Johnny â mynd ymlaen a bu'n rhai i Minnie gael cymorth gan eraill i'w gael yn ôl i'r gwesty. Manteisiodd ar y cyfle i ddringo i gopa mynydd Presanella (3558m) yn ystod mis Gorffennaf yng nghwmni dau dywysydd, ac roedd yn amlwg bod yr awydd i ddringo mynyddoedd uchel Ewrop wedi gafael arni ers iddi eu gweld am y tro cyntaf yn ystod teithiau eu mis mêl.

Yn dilyn marwolaeth ei gŵr John Cole Nicholl yn saith deg oed yn 1894, cynyddodd arwyddocâd ei theithiau casglu, gan ymweld â Sbaen yn 1897 a 1901, Bwlgaria yn 1899, Libanus a Syria yn 1900, a Bosnia a Montenegro yn 1901. Aeth i ddringo yn y Pyreneau yn ystod Mehefin 1903 a hithau bellach yn weddw, ac yn nain dros ei chwe deg tri oed parhâi i gael ei denu gan löynnod byw a mynyddoedd.

Ymwelodd â Chanada am y tro cyntaf yn 1904, a dychwelodd yno yn 1905 i fwynhau cyfnodau o deithio caled drwy ardaloedd garw ac anghysbell ar y ffin rhwng British Columbia a thalaith Washington, U.D.A. Daeth i gysylltiad â Jim Simpson yn Glacier, British Columbia yn 1904 ac ef oedd y tywysydd a'i harweiniodd ar ei theithiau archwilio a gwersyllu yn yr awyr agored. Gelwid yr arloeswr hwn yn 'Nashan-eseu' (*wolverine go quick* – gewai sy'n symud yn sydyn) gan lwyth brodorol y Stonie oherwydd ei gyflymder ar yr eira. Bu'n fforio dyffryn yr Ashnola yn 1905 ond daw ei dyddiadur i ben yn sydyn ar 29 Awst o'r flwyddyn honno, er bod sawl wythnos ar ôl cyn iddi gychwyn ar y fordaith adref. Mae'n anodd credu iddi beidio â manteisio ar y cyfle i ddringo ac archwilio'r Mynyddoedd Creigiog, yn ystod y cyfnod hwn, ond erys un llun dramatig ohoni yn dringo un o fynyddoedd British Columbia yn ystod mis Medi 1905.

Ymwelodd Mary De la Beche Nicholl â Chanada am y tro olaf yn 1907. Wedi'r daith hir o Quebec ar draws y wlad ar reilffordd y Canadian Pacific cyrhaeddodd Calgary ar 29 Mai, a threuliodd gyfnod yn cymdeithasu ac adnewyddu cyfeillgarwch gyda hen ffrindiau a phrynodd bar newydd o esgidiau cryfion yn storfa cwmni Hudson Bay. Aeth oddi yno wedyn ar y trên i Vancouver a Victoria lle bu mwy o gymdeithasu ac aeth bron fis heibio cyn iddi hi a Jim Simpson gychwyn teithio'r berfeddwlad. Cychwynnwyd yr hirdaith ar 10 Gorffennaf gan farchogaeth tua'r gogledd i gyfeiriad Pipestone Creek, ac er bod y tywydd yn ddrwg o'r cychwyn, gwnaeth Minnie y gorau o'r hindda rhwng y stormydd i ddringo a chwilio am löynnod byw. Bu tywydd enbyd tra'n teithio dyffryn Saskatchewan a lli cryf yr afonydd yn gwneud y gwaith o groesi'n anodd, ac anaml y cafwyd diwrnod heb i ddigwyddiad cyffrous gael ei gofnodi yn ei dyddiadur. Wedi bron bythefnos o dywydd drwg penderfynwyd croesi'r bwlch o Brobokten i Brazeau Creek lle roedd y gwersyll yn sych a chynnes, ond cafwyd eira trwm ar 17 Awst pan fu'n rhaid i bawb aros yn eu pebyll. Byddai wedi bod yn o ddrwg wrth deithio'n ôl drwy'r eira mawr oni bai bod Simpson yn gyfarwydd â'r wlad, ac ar 20 Awst wedi cyrraedd y gwastatir caregog lle mae cangen orllewinol Afon Saskatchewan yn ymuno â'r un ogleddol cyfarfu'r ddau gyda'r ffotograffydd Mary Schaffer o Philadelphia a'i chyfeilles Miss Adams. Rhain oedd y bobl gyntaf iddynt gyfarfod ers dros chwe wythnos. Wedi bwrw mlaen i Banff cychwynnodd ar ei thaith am adref, a threuliodd y pymtheng mlynedd olaf o'i bywyd ym Merthyr Mawr.

Petai Jean Antoine Carrel yn dychwelyd heddiw i Breuil, Michel Croz i Chamonix ac Alexandre Seiler i Zermatt byddent yn sicr o ryfeddu at y newid a fu o safbwynt adnoddau ar gyfer twristiaid, fel cyfarpar ar gyfer sgïo a dringo. Byddent hefyd yn sylwi ar y modd y mae rhai o'r rhewlifoedd oedd mor eang yn eu cyfnod hwy wedi lleihau erbyn dechrau'r unfed ganrif ar hugain o ganlyniad i'r cynhesu byd-eang – yn ôl rhai. Ar y llaw arall petai Harry Owen yn dychwelyd i ardal Penygwryd heddiw ni fyddai'n gweld cymaint â hynny o newid, oni bai am gynnydd yn nifer yr ymwelwyr, gwell ffyrdd i gludo'r traffig diderfyn yn ystod yr haf, ac efallai lai o eira nag oedd yn ystod ei ddyddiau ef.

Datblygiad Pen-y-Pas

Mae lleoliad Pen-y-Pas, neu Gorffwysfa Peris i ddefnyddio'r hen enw ar y lle, ar uchder o 359m, ac mewn safle ychydig yn hwylusach na Phenygwryd os am fynd i gerdded neu ddringo'r Wyddfa a'r Glyder. Daeth tafarn Gorphwysfa yn boblogaidd ymhlith dringwyr yn ystod blynyddoedd olaf y bedwaredd ganrif ar bymtheg a dechrau'r ugeinfed pan edwinodd Penygwryd yn dilyn diwedd gyrfa teulu Harry Owen yno.

William Roberts, mab Gors Gyffylau, Capel Curig, a adeiladodd y gwesty cyntaf ym Mhen-y-Pas, ond tŷ bychan dwy ystafell oedd yno ar y

Pen-y-Pas fel y mae heddiw
Llun: Yr awdur

cychwyn, a llwybr trol yn arwain heibio iddo tua'r gwaith copr uwchlaw Llyn Glaslyn yng nghesail yr Wyddfa. Codwyd rhes fechan o dai ym Mhen-y-Pas gan gwmni'r gwaith copr ar gyfer y gweithwyr, a defnyddid un o'r tai fel Capel y gwasanaethid ynddo ar brynhawniau Sul gan wahanol bregethwyr oedd â chyhoeddiad yn Rehoboth, Nant Peris. O ddilyn Llwybr y Mwynwyr gwelir olion hen farics i'r meinars wrth lannau Llyn Teyrn a gelwid y lle yn Tre Deyrn yn yr hen ddyddiau. Cyn i'r cob gael ei adeiladu dros Lyn Llydaw defnyddid math o ysgraff i gludo'r copr o'r gwaith, ac mae sôn bod yr ysgraff wedi suddo un adeg gan foddi'r ceffyl, ond llwyddodd y gyrrwr, Daniel Roberts mab fferm Cwm Dyli, i nofio i'r lan.[4]

Yn ystod y cyfnod a ddilynodd 'Oes Aur yr Alpau' roedd llawer o'r mynyddwyr yn parhau i ymarfer dringo yn ystod y gaeaf ym Mhrydain, ac er bod Penygwryd wedi hen ennill ei phlwyf fel canolfan boblogaidd dan oruchwyliaeth Harry Owen, yn Ardal y Llynnoedd, gogledd Lloegr y bu'r datblygiadau mwyaf arwyddocaol ar ddringo creigiau. Er hynny, arferai'r mynyddwyr Alpaidd ymweld ag Eryri yn amlach nag Ardal y Llynnoedd, yn enwedig mewn safleoedd arbennig fel clogwyni serth Lliwedd, ac wyneb dwyreiniol Tryfan. Roedd Lliwedd wedi cael sylw yn 1872 pan ysgrifennodd un dringwr yn llyfr ymwelwyr gwesty Penygwryd ei fod wedi ceisio dringo'r clogwyn serth uwchlaw Llyn Llydaw ac wedi methu'n llwyr. Gorfu iddo sgrialu tua'r chwith i ben yr erchwyn lle mae llwybr taith Pedol yr Wyddfa yn croesi'r bwlch. Yn 1882 roedd dau ddringwr arall, o'r enwau T. W. Wall a A. H. Stocker, yn croesi'r Grib Goch a chael eu cyfareddu gan yr olygfa tua chlogwyni Lliwedd oedd yn ymsythu'n osgeiddig uwchlaw dyfroedd tywyll Llyn Llydaw gyferbyn. Wedi dychwelyd i Benygwryd cawsant wybod gan Harry Owen nad oedd clogwyni gogleddol Lliwedd erioed wedi eu dringo, ac o glywed hynny magwyd awydd cryf ynddynt i fod y cyntaf i gyflawni'r gamp. Y diwrnod canlynol rhoddodd y ddau gynnig ar ddringo'r Gwter Ganolog, sy'n rhannu dau gopa Lliwedd, ond fe'i trechwyd ar ôl cyrraedd tua 150 o droedfeddi o'r gwaelod. Dyw hyn fawr o syndod o gofio na lwyddodd neb i ddringo'r gwter hon tan 1938. Dychwelodd Wall a Stocker ar 4 Ionawr 1883 a thrwy gadw at y creigiau i'r gorllewin o'r Gwter Ganolog llwyddwyd i gyrraedd copa gorllewinol Lliwedd. Roedd y ddau wedi defnyddio bwyeill rhew, gan fod eira ar y mynyddoedd ar y pryd, ac hefyd raff, mewn ffordd anghonfensiynol mae'n debyg o gofio'r cyfnod, ond cofnodir y ddringfa hon fel y gyntaf i'w chyflawni ar wyneb gorllewinol y mynydd, a'i bod tua degawd o flaen ei hamser o safbwynt datblygiad dringo creigiau.

Fel y treiglai blynyddoedd y bedwaredd ganrif ar bymtheg yn ei blaen gwelwyd mwy o sylw yn cael ei roi i ddringo creigiau yn hytrach na mynyddoedd uchel yr eira fel y gwelwyd yn ystod y 1860au, er bod hynny'n parhau'n boblogaidd o hyd, yn enwedig gyda'r hen aelodau hynny o'r Clwb Alpaidd a gredai bod mynydda yn golygu dringo mynydd drwy ddilyn llwybr dros rew ac eira, ac nad oedd dringwr yn fynyddwr os nad oedd yn cario bwyell rew. Roedd agwedd yr hen 'hoelion wyth' hyn braidd yn hen ffasiwn ymhlith y genhedlaeth newydd. Wedi'r cyfnod euraidd hwnnw o 'goncro' mynyddoedd mawr yr Alpau pylodd y rhamant gan agor y drws ar agwedd arall o fynydda, sef ceisio darganfod dringfeydd drwy herio'r clogwyni serth. Mae haneswyr mynydda yn cytuno mai ar y clogwyni o gwmpas Wasdale Head yn Ardal y Llynnoedd y cychwynnodd y sbort newydd o ddringo creigiau, ac mai gŵr o'r enw Walter Parry Haskett Smith oedd y prif sylfaenydd.[5] Rhaid cofio, fodd bynnag, bod y

Cymro Owen Glynne Jones wedi codi i'r brig fel dringwr creigiau er mai yn Ardal y Llynnoedd y gwnaeth y rhan fwyaf o'i ddringo.

Owen Glynne Jones

Er mai yn Paddington ar 2 Tachwedd, 1867 y ganed Owen Glynne Jones,[6] un o saith o blant teulu o Gymry a hanai o Abermaw, Meirionnydd ydoedd. Saer coed ac adeiladwr oedd ei dad a byddai'n arferiad gan y teulu ymweld ag Abermaw i dreulio eu gwyliau blynyddol. Wedi iddo golli ei fam yn 1882 magwyd ef a'i unig chwaer Margaret Ellen, neu Neli fel y'i gelwid, gyda chyfnither iddo a'i gŵr, sef yr Henadur John Evans, ar aelwyd Gymraeg 11 Brogyntyn, Abermaw. Mae'n debyg ei fod wedi mynychu'r ysgol yno ac yn Llundain cyn

Owen Glynne Jones
Llun © Abraham Photographic

ennill ysgoloriaethau i Goleg Technegol Finsbury ac i'r Imperial Institute (Imperial College) a graddio'n B.Sc. yn y dosbarth cyntaf yn 1890. Treuliodd gyfnod fel darlithydd yn y coleg hwnnw cyn cael ei benodi'n athro gwyddoniaeth cyntaf y City of London School yn 1892.

Ymddengys bod O. G. Jones wedi dechrau ymddiddori mewn mynydda drwy ddarllen llyfrau o waith Whymper, Stephen a Tyndall am yr Alpau, ac yn ystod mis Mai 1888 dringodd grib ddwyreiniol y Cyfrwy ar Gadair Idris ar ei ben ei hun. Mae'n bur debyg nad oedd ganddo'r un syniad am y datblygiadau mewn dringo yn Ardal y Llynnoedd ac ar fynyddoedd gogleddol Eryri heb sôn am sefydliad y 'Welsh Rabbits' ym Mhenygwryd dan arweiniad C. E. Mathews. O sylweddoli hyn mae'n amlwg felly bod dringo yn rhan o natur Owen Glynne Jones. Adwaenir y ddringfa a gyflawnodd ym Mai 1888 fel yr 'East Arête' o'r Cyfrwy erbyn hyn, dringfa

Crib ddwyreiniol y Cyfrwy, Cadair Idris
Llun © Abraham Photographic

ar graig agored sy'n arwain at grib y copa, ac yn dra gwahanol i'r hyn oedd yn cael ei gyflawni yn Eryri ar y pryd. Roedd yn amlwg yn dilyn y traddodiadau Alpaidd y daeth i wybod amdanynt drwy ddarllen, ac fe'i hystyrir yn arloeswr yn y maes erbyn hyn. Yn ystod y cyfnod a dreuliodd fel darlithydd cynorthwyol yn yr Imperial Institute cyfarfu â'r Dr. W. E. Sumpner ac yn ystod gwyliau'r Pasg, 1890,[7] aeth y ddau i Wasdale yn Ardal y Llynnoedd. Rhaid cofio nad oedd gan O.G. Jones bryd hynny y syniad lleiaf am y datblygiadau mewn dringo creigiau oedd wedi cymryd lle yno, nac ychwaith yn adnabod neb o'r dringwyr, a'r unig gymorth oedd ganddynt oedd copi o'r Prior's *Guide*, a doedd hwnnw ond yn gosod canllawiau ar gyfer taclo'r dringfeydd hawsaf.

Bu eu hymgyrch cyntaf o ddringo yn Ardal y Llynnoedd yn brofiad sobreiddiol iddynt yn ystod y gwyliau hwnnw. Broad Stand[8] yw'r llwybr sy'n arwain o Mickledore i gopa Scafell ac sy'n cael ei ddisgrifio erbyn hyn fel sgrialfa boblogaidd ond peryglus. Mentrodd y ddau i ddringo Broad Stand oedd dan eira trwchus a rhew ar y pryd, heb esgidiau hoelion na rhaffau nac unrhyw gyfarpar pwrpasol arall. Methiant fu eu hymgais y tro hwnnw, ond bu'r profiad yn wers iddynt wrth sylweddoli yn y gwesty y noson honno pa mor ffodus oeddynt i ddychwelyd o'r mynydd yn ddianaf. Roedd Owen Glynne Jones yn ddringwr mynyddoedd drwy reddf, er nad oedd wedi sylweddoli hynny ar y pryd, ond doedd ganddo'r un syniad am y dechneg oedd wedi ei pherffeithio gan eraill yn flaenorol, ac mae'n ymddangos nad oedd ei agwedd at y sbort ond yn rhywbeth i ennyn difyrrwch iddo. Daeth medrau arbennig O. G. Jones i sylw dringwr profiadol o'r enw W. M. Crook yn Wasdale wedi iddynt gyfarfod yn ddamweiniol yno a chytunodd i ddringo'r Pillar, craig drawiadol ar ochr Ennerdale o Pillar Fell, gyda'r ddau gyfaill. Dyma ganmoliaeth Crook i alluoedd dringo O. G. Jones:

> Before we started, he [O. G. Jones] had discovered that I had been to Switzerland and had done some climbs there, so he was very modest about his own powers. A few seconds on the rocks dissipated all doubts. With great confidence and speed, climbing cleanly and safely, he soon showed he was no ordinary climber. I had been out with some very tolerable Swiss guides, but never before with a man to whom rock-climbing seemed so natural and easy. My curiosity was excited. He could not be one of the great climbers, for he had not been out of the British Islands, but he could climb … I

marvelled at his wonderful grip of the rocks, his steady head, his extraordinary power of balancing himself on one foot in what seemed to me then almost impossible positions, and I felt that his enthusiasm would soon lead him to the Alps, if any opportunity offered. His heart was already there. Yet he was so ignorant of the "lingo" of the climbing world that my use of the words "handholds" and "footholds" considerably amused him.[9]

Bu cyfarfod Crook yn gryn anogaeth i'r Cymro ac ymwelodd â Wasdale eto yn ystod tymor yr Hydref, ac wedyn yn ystod gwyliau'r Pasg 1891, eto yng nghwmni Sumpner, ac erbyn hyn roedd yn amlwg ei fod yn cymryd dringo yn fwy o ddifrif.

Mae craig bigfain y Napes Needle yn codi'n amlwg am tua 18m o droed y Needle Ridge ar y Great Napes ar ochr Wasdale mynydd y Great Gable. Daeth i enwogrwydd yn ystod Mehefin 1886 pan y'i dringwyd am y tro cyntaf gan Haskett Smith ar ei ben ei hun, ac mae'r achlysur hwnnw yn cael ei ystyried yn draddodiadol fel cychwyniad dringo creigiau fel sbort. Bu'r lluniau trawiadol o'r graig a ymddangosodd wedyn yn fodd i ledaenu'r diddordeb cynyddol mewn dringo.

Dringodd O. G. Jones i ben y Napes Needle am y tro cyntaf yn ystod Pasg 1891 gyda Sumpner wedi iddynt ddarllen erthygl Haskett Smith, oedd yn disgrifio'r ffordd orau i daclo'r graig, allan o'r *Pall Mall Budget* oedd wedi ei roi i mewn yn llyfr dringo'r Wasdale Head. Mae'n ymddangos iddo ddechrau dringo'r graig mewn esgidiau heb hoelion, ac iddo eu tynnu ar y rhan uchaf er mwyn cwblhau'r ddringfa. Dywedodd yn ddiweddarach: 'It is like climbing on a narrow mantleshelf five feet high that is only wide enough to allow standing room … An ice-axe offers a useful take-off in the absence of a sufficiently responsible shoulder. The disposition of one's centre of gravity must be carefully considered, and there is a sense of alternate peril and safety in inspiration and expiration.'[10] Ond pan ddychwelodd at y graig ymhen ychydig ddyddiau a'i chael yn haws, mae'n debyg mai'r tro cyntaf a wnaeth yr argraff fwyaf arno a sylwodd ar afaelion a nodweddion eraill a allai ei arwain at y copa.

Cyfarfu O. G. Jones â'r dringwr Alpaidd profiadol Dr. C. G. Munro yn ystod yr ymweliad hwn a derbyniodd ef a'i ffrindiau wahoddiad ganddo i ymuno gydag ef ar nifer o ddringfeydd eraill. Dringwyd y simnai ar Mickledore a rhan o'r Pier's Ghyll ac O. G. yn arwain ar rai ohonynt ac roedd ei fedrau dringo wedi creu argraff ffafriol ar Munro. Roedd y Cymro wedi meistroli'r defnydd o raffau erbyn hyn ac yn raddol yn gwneud enw iddo'i hun ar adeg pryd yr oedd dringo yn datblygu'n gyflym ym Mhrydain dan ddylanwad aelodau o'r Clwb Alpaidd. Dyma'r adeg pan welwyd cynnydd mewn cyhoeddi llyfrau ar fynydda a fu'n fodd i ddarbwyllo'r cyhoedd nad sbort ar gyfer yr Alpau yn unig oedd dringo mynyddoedd, ond rhywbeth y gellid ei wneud ar fynyddoedd Prydain yn ogystal. Bu sawl dringwr puryddol yn feirniadol iawn ar y cychwyn o'r cyhoeddusrwydd a'r proffidio yma o weithgaredd a ystyrient hwy uwchlaw unrhyw fodd i elwa. Roedd yr holl beth yn wrthun iddynt ac roedd eu hagwedd at awduron llyfrau dringo, neu erthyglau ar y pwnc, yn llawn dirmyg. Profodd O.G. Jones ei hun ymysg y goreuon o ddringwyr Prydeinig yn ystod y pum mlynedd canlynol, a daeth ei orchestion, a'i gryfder aruthrol, yn rhan o draddodiad mynydda. Un o'r rhain oedd dringo Moss Ghyll ar Scafell ar ei ben ei hun mewn tywydd gaeafol yn 1893 pan ddisgynnodd a chracio ei asennau. Ond nid un i roi'r ffidil yn y to oedd O.G.; cododd i ail ddechrau dringo'r graig a llwyddodd i gyrraedd y top er gwaethaf y boen oedd ganddo. Fel petai hynny ddim yn ddigon dychwelodd ymhen tridiau a dringodd Moss Ghyll unwaith yn rhagor – dim ond er mwyn profi iddo'i hun mai ef oedd y meistr mae'n debyg. Mynnai, yn gellweirus mae'n debyg, mai am 'Only Genuine Jones' y safai llythrennau cyntaf ei enw.

Bu cyfarfod y Dr C.G. Munro yn fodd i O.G. Jones ledu ei orwelion yn y maes mynydda a rhoddodd wahoddiad i'r Cymro i ymuno a'i barti Alpaidd yn Ferpècle yn y Val d'Hérens a bu'n ymweld â'r Alpau yn flynyddol o hynny ymlaen. Hoffai ddringo yn y gaeaf, arferiad cymharol newydd bryd hynny, ond methai gael cydymaith o'r un safon a oedd yn fodlon dod allan gydag ef yn gyson. Llwyddodd er hynny i gyflawni dringfeydd newydd. Mae'n ymddangos bod mwy nag un tywysydd, hyd yn oed, yn gwrthod mynd gydag ef oherwydd yr elfen fentrus oedd ynddo i gyflawni dringfeydd anodd:

> Big, muscular and resolute, his rapid pace and cool daring were well known among the guides. More than one of these quiet mountaineers, disconcerted by such toughness, had refused to accompany him.[11]

Roedd Haskett Smith wrthi'n sgrifennu ail ran ei *Climbing in the British Isles* a chyfrannodd O.G. Jones adrannau ar Gadair Idris a'r Aran i'r gyfrol

Criw yn cynnwys O. G. Jones (hefo'r cetyn) ar Gadair Idris, Pasg 1897
Llun allan o *A Picture History of Mountaineering*, R. W. Clark, 1956

honno, ond roedd hefyd wrthi'n brysur yn paratoi cyfrol o'i waith ei hun ar ddringo yn Ardal y Llynnoedd a chyhoeddwyd ei glasur *Rock-climbing in the English Lake District* am y tro cyntaf yn 1897 a bu darluniau George ag Ashley Abraham, ffotograffwyr proffesiynol o Keswick y daeth i'w hadnabod yn 1896, yn gaffaeliad ffafriol i'r gyfrol honno. Ynddi gwelir cychwyniad yr arferiad o raddio dringfeydd sydd erbyn heddiw wedi ei fabwysiadu a'i ehangu gan awduron llyfrau dringo modern. Mae'n ddiddorol sylwi i George Abraham briodi â chyfnither O. G. Jones, sef Winifred Davies, merch David Davies, brawd William Davies (Mynorydd), hithau yn hoff o ddringo mynyddoedd fel ei chefnder. Graddiodd Winifred Davies ym Mhrifysgol Cymru, Bangor a Chaergrawnt, a hi yn ôl y sôn a ysgrifennodd lyfrau ei gŵr drwy ddefnyddio ei nodiadau. Roedd cyfrol arall ar y gweill gan O. G., sef llyfr ar ddringo yn Eryri, ond ni wireddwyd y bwriad hwnnw oherwydd ei farwolaeth tra'n dringo ar y Dent Blanche ar 28 Awst, 1899.[12]

Yn ystod gwyliau haf 1899 ymunodd cyfeillion O. G. Jones, Mr. a Mrs. F. W. Hill gydag ef yn Arolla, pentref bychan yn y Val d'Hérens, y Swistir, a fu'n ganolfan boblogaidd i ddringwyr o Brydain ers blynyddoedd. Mae'n ymddangos bod y tywydd glawog yn eu cadw rhag mentro allan i ddringo a rhaid oedd aros yn y gwesty am ychydig ddyddiau. Unwaith y cliriodd y cymylau aeth y ddau ymwelydd allan gyda'u tywysyddion i ymarfer ar rai o'r mynyddoedd cyfagos. Aeth Elias Furrer, o Stalden ger St. Niklaus, gydag O. G. Jones a chyflogodd Hill Jean Vuignier o Evolène. Erbyn diwedd y mis Awst hwnnw roeddynt yn teimlo'n ddigon abl, yn gorfforol a meddyliol, i fentro dringo un o'r mynyddoedd mawr. Mae'r Dent Blanche i Evolène fel y Matterhorn i Zermatt, ac o fewn eu cyrraedd, ond doedd neb wedi dringo trum gorllewinol anodd y de Ferpècle sy'n arwain lawr i'r Val d'Hérens. Apeliai hyn yn fawr at Jean Vuignier. Gallai weld y mynydd o ffenestr ei hafoty drwy gydol y flwyddyn pan fyddai'r tywydd yn caniatáu ac os llwyddai i arwain y parti cyntaf i gwblhau'r ddringfa, yna byddai hynny yn glod mawr iddo. Roedd eisoes wedi tywys Hill dros bron bob un o'r mynyddoedd yn ardal Zermatt, gan gynnwys y Dent Blanche ar hyd y llwybr arferol.

Digon anfoddog oedd Hill pan wahoddwyd ef i ymuno â pharti O. G. Jones i ddringo'r Dent Blanche, gan ei fod eisoes wedi trefnu i gychwyn am Zermatt, ac roedd wedi addo croesi bwlch cymharol hawdd y Col d'Hérens gyda'i wraig. Ceisiodd O. G. Jones ei berswadio i newid ei feddwl; gwrthod a wnaeth, ond roedd y Cymro yn dal mor benderfynol ag erioed o gyflawni'r ddringfa a chyflogodd ail dywysydd, sef Clemenz Zurbriggen o Saas, a oedd newydd ei ryddhau o'i gytundeb tywys blaenorol ac ar fin cychwyn am Zermatt. Ond roedd Jean Vuignier wedi ei siomi yn arw o ddeall am drefniadau newydd ei feistr, gan ei fod yn ystyried croesi eira gwastad y Col d'Hérens mor hawdd bron ag y gallai mamaeth ei groesi efo pram.

Ceisiodd Vuignier gael ei gyflogwr i ail feddwl drwy gynnig talu am dywysydd arall i fynd gyda Mrs. Hill dros y bwlch er mwyn iddo yntau a Hill gael bod yn rhydd i ymuno ag O. G. Jones. Gwrthododd Hill ar y cychwyn ond drwy berswâd O. G. Jones a'i dywysyddion cytunodd o'r diwedd, ac o ganlyniad roedd parti o bump yn paratoi ar gyfer dringfa anodd crib y Ferpècle erbyn hyn.

Cychwynnwyd ar ddydd Sul, y 27ain o Awst, 1899, gyda'r bwriad o wersyllu wrth droed y grib ond arhoswyd noson yn Bricolla cyn ailgychwyn am 3 o'r gloch ar fore Sul yr 28ain. Ar doriad gwawr fel roeddynt yn croesi tua rhewlif uchaf y Ferpécle dechreuwyd ddadddirwyn y rhaffau a dechreuodd pelydrau'r haul dywynnu ar yr eira wrth iddynt gerdded i fyny'r mynydd gan anelu tua chrib y de Ferpècle. Elias

Furrer oedd yn arwain a Clemenz Zurbriggen yn ei ddilyn, wedyn Owen Glynne Jones, Jean Vuignier a Hill yn olaf. Buan y sylweddolodd y dringwyr nad tasg hawdd fyddai dringo'r grib oedd o'u blaenau, ac am 8.30 gwelwyd rhwng y cymylau ddau ddringwr arall yn dringo'r grib ddeheuol yn y pellter, ond cheisiodd neb roi gwaedd i dynnu eu sylw. Wrth ddringo'n araf ar y clogwyni serth rhaid oedd cymryd pob gofal gan fod yr agennau yn cuddio maglau twyllodrus a cherrig yn disgyn yn sydyn o'r uchelderau gan daro'r creigiau o'u cwmpas cyn diflannu tua'r rhewlif islaw. Roedd y creigiau dan gaenen o rew yn rhwystr yn uwch i fyny a thynnodd Furrer y rhaff er mwyn ceisio cyrraedd silff lorweddol i'r de iddo, ac wedi croesi honno gwelodd simnai naturiol yn y clogwyn a dringodd drwyddi er mwyn ailgyrraedd y grib. Roedd modd gweld y ffordd ymlaen yn gliriach erbyn hyn, ond wedi dringo tua tri chan troedfedd yn uwch gwelwyd bod sbardun o graig serth yn sefyll allan o'r grib gan greu anhawster pellach i'r dringwyr, a thra'n ymgynnull i ystyried y sefyllfa gwelsant y ddau ddringwr arall eto, draw ar y grib ddeheuol ac yn agos iawn i gopa'r mynydd, ond ni wnaed unrhyw ymgais i gyfarch ei gilydd gan y naill barti na'r llall.

Erbyn 10 o'r gloch y bore roeddynt wedi cyrraedd godre pinacl o graig unionsyth amlwg a adwaenir fel y 'Gendarme', ei hwyneb yn rhychiog o fân holltau miniog yn llawn clytiau o eira, ac yn gorffwys ar y llethrau rhewllyd. Roedd yn bosib gweld copa'r mynydd yn glir yn erbyn y golau o waelod y graig hon, a sicrhaodd Furrer y cwmni y byddent wedi cyrraedd y copa o fewn yr awr. Ond rhaid oedd dychwelyd i gysgod oer muriau'r mynydd lle roedd astell naturiol yn arwain ar draws ac unwaith eto daethant wyneb yn wyneb â rhwystr, ac os am ail ymuno â'r grib uwchben gwelwyd mai'r unig ffordd i wneud hynny oedd drwy ddringo cwter gul ar ogwydd gyda step arni. Ar ddiwrnod arferol buasai'n bosib ei dringo, ond bu'n bwrw glaw ac eira ychydig ddyddiau ynghynt gan adael ochrau'r gwter dan orchudd tenau o lasrew caled heb yr un afael arni, ac yn ôl eu barn hwy ni fuasai bwyell rew o unrhyw gymorth chwaith. Roedd deg troedfedd ar hugain o raff rhwng pob aelod o'r parti ac nid oedd yn bosib i'r rhai olaf weld y rhai oedd ar y blaen. Arhosodd y parti yn eu hunfan gan benderfynu nad oedd unrhyw ffordd ymlaen drwy'r gwter honno. Hill oedd yr olaf i gyrraedd yr un lefel â'r lleill a sylwodd bod Furrer wedi dechrau dringo darn o graig tua'r chwith iddo o tua deg troedfedd o uchder yn bargodi trosodd gan obeithio y buasai'n bosib ailgyrraedd y grib o'i

Y Matterhorn (chwith) a'r Dent Blanche (dde)
Llun o gasgliad Maldwyn Roberts

phen uchaf. Llwyddodd Furrer i'w godi ei hun ar y graig at tua pum troedfedd o uchder ond ddim pellach. Ceisiodd deimlo'r ochrau am afaelion saff, ac erbyn hyn roedd y parti yn dechrau teimlo'n rhwystredig gan mai dim ond tua phum troedfedd o graig serth oedd yn eu gwahanu rhag cyrraedd y grib a'i dilyn at gopa'r mynydd. Roeddynt hefyd yn ymwybodol iawn o'u sefyllfa wrth sefyllian uwchben dibyn serth o ddwy fil o droedfeddi uwchlaw'r rhewlif. Yn sydyn galwodd Furrer ar Zurbriggen i ddod ato gyda'i fwyell rew gan ddweud wrtho am ei gosod dan ei droed dde a'i phwyso'n gadarn ar y graig er mwyn cymryd ei bwysau. Ni fuasai unrhyw ddringwr yn sefyll ar fwyell rew yn ein dyddiau ni gan fod offer a thechneg mynydda wedi datblygu, ond mae canllawiau llym yn bodoli o hyd ynglŷn â defnyddio unrhyw gyfarpar artiffisial fyddai'n groes i egwyddorion dringwyr. Er mwyn dal y fwyell yn gadarnach yn ei lle roedd yn rhaid i O. G. Jones ymuno â Zurbriggen gan wyro mlaen gyda'u hwynebau yn edrych i lawr, ac felly doeddynt ddim yn gallu gweld yr hyn oedd yn mynd mlaen uwchben. Yn bwysicach fyth roedd dwylo'r ddau yn gaeth drwy eu bod yn gorfod gafael yn dynn yn y fwyell wrth sefyll ar y silff gul o graig mewn tyndra oherwydd eu sefyllfa diymwared. Roedd holl bwysau Furrer bellach ar yr un goes oedd ar y fwyell eira. Drwy uniad cryfder Zurbriggen ac O. G. Jones llwyddwyd i godi coes Furrer yn uwch nes gallai blygu ei ben glin a gyda chryn ymdrech symudodd ei goes chwith i orffwys gyda'r llall ar ben y fwyell rew. Roedd Furrer wedi cyrraedd pen y bargod erbyn hyn ond roedd ffurf y graig yn ei bwyso'n ôl a'i ddwy fraich yn gwasgu am y graig wrth grafangu am afaelion, a'i ddwy droed ar ben y fwyell eira gyda'r pwysau cynyddol ar y lleill oddi tano ar ffurf pyramid dynol.

Yn raddol ceisiodd Furrer roi mwy o bwysau ar ei freichiau, ond aeth y straen yn ormod iddo, ac i'r rhai oedd yn ymestyn eu breichiau i geisio dal y fwyell eira dan ei draed. Y rheol ymhlith dringwyr profiadol yw na ddylid fyth adael troedle hyd nes y byddid wedi sicrhau gafaelion saff i'r dwylo, ond yn y diwedd aeth yr holl ymdrech yn drech na hwy a disgynnodd Furrer ar ben Zurbriggen ac O. G. Jones gan chwalu'r pyramid dynol oedd yn sylfaen i'r holl ymdrech. Disgynnodd Elias Furrer, Clemenz Zurbriggen, Owen Glynne Jones a Jean Vuignier i lawr y dibyn serth i'w marwolaeth ar y rhewlif islaw ond yn wyrthiol arbedwyd bywyd Hill. Roedd ef ar y pryd ryw drigain troedfedd o'r tri blaenaf, wedi ei gysylltu gyda'r rhaff i'r tywysydd Vuignier ar bellter o ddeg ar hugain troedfedd, a bu'n dyst i'r holl ddamwain erchyll fel y dadlennai o'i flaen. Gwelodd Hill Furrer yn disgyn yn wysg ei gefn gan lusgo'r ddau arall gydag ef. Disgwyliai am y gwaethaf a throdd at y graig er mwyn cael gwell gafael er mwyn arbed ei hun pan ddeuai'r plwc anochel yn y rhaff. Rhaid cofio mai Vuigner oedd yr agosaf ar y rhaff at Hill ac yn hollol ddiarwybod cipiwyd ef oddi ar ei safle gan bwysau'r tri oedd yn disgyn gan adael Hill i ddisgwyl ei dynged. Ond ymhen eiliadau teimlodd y rhaff yn llacio a gallai weld y pedwar arall yn disgyn yn gyflym tua'r rhewlif, ac o ddirwyn y rhaff gwelodd fod ganddo hyd o ddeg troedfedd ar hugain yn ei ddwylo, gyda thoriad yn ei phen isaf.

Mae'r hanes am sut y llwyddodd i oroesi a dod i lawr o'r mynydd yn ddianaf yn rhan o chwedloniaeth yr ardal, er mai gydag enw Owen Glynne Jones y cysylltir y Dent Blanche hyd heddiw.

Gorchest Hill

Bellach dim ond Hill oedd ar ôl o'r parti o bump oedd wedi cychwyn mor hyderus i ddringo crib orllewinol anodd y de Ferpècle o'r Dent Blanche, ac wedi iddo ddod ato'i hun cyflawnodd orchest hynod arbennig drwy lwyddo i ddarganfod ei ffordd i lawr bob cam i Zermatt yn ddiogel. Dywedodd yn ddiweddarach ei fod wedi ei syfrdanu ar y cychwyn mai ef oedd yr unig un i oroesi'r ddamwain, ac fe gymrodd dipyn o amser iddo bwyso a mesur ei sefyllfa mewn safle mor unig a pheryglus. Penderfynodd mai rhyfyg fuasai ceisio mynd i lawr y ffordd y daeth i fyny. Mae bob amser yn haws dringo lle serth na dod i lawr gan ei bod yn haws gweld y gafaelion. Edrychodd yn fanwl ar y mur clogwyn i'r chwith iddo, lle trodd Furrer yn ôl yn gynharach, a sylweddolodd bod gobaith wedi'r cwbl i'w gael ei hunan o'r fan lle roedd yn ddiogel drwy ddringo'r ffordd honno. Clymodd ei naw llath o raff fel bandolîr dros ei ysgwyddau ac wedi gafael yn ei fwyell rew dechreuodd ddringo dros y glasrew ar y sbardun tywyllodrus o graig. Llwyddodd i oresgyn y rhwystr drwy golbio ffordd â'i fwyell ac ymhen awr daeth allan i'r heulwen gynnes ar y grib. Wedi cymryd seibiant ailgychwynnodd a chyrhaeddodd copa'r Dent Blanche ymhen awr arall. Erbyn hyn roedd newydd droi hanner dydd, a chlywodd weiddi o'r pellter oddi tano gan y parti a welwyd yn esgyn ar y grib ddeheuol y bore hwnnw, ond wnaeth o ddim eu hateb dim ond pwyso ar garn cerrig y copa mewn rhyddhad. Cychwynnodd i lawr ar unwaith ar hyd llwybr clasurol y grib ddeheuol, nad yw'n arbennig o anodd, ac yn sicr yn haws na'r de Ferpècle, ac roedd yn weddol gyfarwydd â'r ffordd honno gan i Vuignier, un o'r tywysyddion a gollwyd yn gynharach, ei arwain arni unwaith.

Dilynodd olion traed y parti a welodd yn gynharach, ond pan gyrhaeddodd at droed y 'Grand Gendarme' daeth niwl trwchus i'w amgylchynu, gan ei gwneud yn amhosib dilyn y ffordd, ac ar ben hyn cryfhaodd y gwynt gan ddod â chwa o eira bob hyn a hyn. Eisteddodd ar y creigiau ac angori ei hun drwy ddefnyddio ei raff a phwysodd ei fwyell eira i agen er mwyn diogelwch. Roedd erbyn hyn yn bedwar o'r gloch y prynhawn. Dechreuodd rewi wrth iddi nosi, a chryfhaodd y gwynt, ond roedd wedi ei sicrhau ei hun i'r graig, a phan wawriodd drannoeth yn fore llwydaidd doedd dim gostegiad yn y gwynt. Am hanner dydd clywodd glychau'r angelus i lawr yn y dyffryn. Cliriodd y niwl ac ailgychwynnodd ei siwrnai i lawr. Roedd yr eira yn drwchus mewn mannau ac yn llithrig dros y rhew oddi tano gan ei orfodi i glirio eira'r wyneb cyn torri stepiau yn y rhew. Collodd deirawr o amser tra'n ceisio ffordd drwy geunentydd dryslyd ar y Wandfluh a phan gyrhaeddodd rewlif Schönbuhl roedd yr haul yn machlud, ond daliodd ati drwy'r drydedd noson gan gyrraedd rhewlif y Zmutt a cherdded ymlaen ar hyd y trac sy'n croesi'r marian. Gwelodd am eiliad olau tafarn y Staffelalp gan anelu ato, ond diffoddodd y golau yn y man, a chollodd ei ffordd yn y tywyllwch. Aeth heibio'r dafarn heb ei gweld, ond roedd wedi diffygio'n llwyr erbyn hyn a phan gyrhaeddodd afon syrthiodd i drwmgwsg ar y gwair, ei damaid rhaff yn dal amdano. Pan ddeffrodd ailgychwynnodd ei daith yn syth ac am hanner awr wedi unarddeg y bore cyrhaeddodd Zermatt, ac yno datododd gwlwm ei raff wedi bod allan ar y mynydd am hanner can awr wedi'r ddamwain. Dyma'r un o'r ymdrechion unigol mwyaf hynod yn hanes mynydda, a daliodd Hill ati i ddringo gan ymuno â'r Clwb Alpaidd yn 1901, a bu'n aelod hyd at ei farwolaeth yn 1935.

Fin nos 30 Awst 1899 cyfarfu dau o gyfeillion O. G. Jones, W. M. Crook a Harold Spender mewn gwesty yn Evolène pan gyrhaeddodd telegram gan y Dr. Seiler o Zermatt yn rhoi gwybod bod tri thywysydd ac un ymwelydd wedi disgyn i'w marwolaeth ar y Dent Blanche. Tra'n eistedd ar falconi'r gwesty yn ddiweddarach cyrhaeddodd telegram arall oddi wrth Seiler oedd yn darllen: 'M. Hill arrived safely this morning, but Jones and three guides fell an hour and a half from the top on Monday morning.' Achosodd y newydd gryn ysgytwad yn y pentref gan fod hyn yn golygu marwolaeth tywysydd o'r pentref yn ogystal ag Owen Glynne Jones. Erbyn 11 o'r gloch y noson honno ffurfiwyd tîm achub yn cynnwys pymtheg tywysydd lleol a Harold Spender, ac ymunodd Crook a chyfaill arall iddo â hwy cyn belled ag oedd modd am fod y cyfaill wedi anafu ei goes yn gynharach. Roedd yn adeg drist yn nyffryn Evolène gan fod Reinstadler, tywysydd lleol arall, wedi colli ei fywyd ar ddydd Llun yr 28ain drwy ddisgyn i agendor ar y Pigne d'Arolla. Wrth i'r criw achub gerdded yn ddistaw o'r pentref gwelid llewyrch y golau gwan o'r Capel bach lle cynhelid gwylnos iddo.

Cyrhaeddodd y criw Ferpècle tua 1.30 fore Iau tra roedd y pentref yn cysgu. Aeth y tywysyddion ati i dorri wyth o bolion allan o'r ffensiau a'r cytiau er mwyn llunio pedair elor ar gyfer cario'r cyrff i lawr. Cyrhaeddwyd y Bricolla Alp rhwng tri a phedwar y bore lle roedd O. G. Jones a Hill a'u tywysyddion wedi aros noson cyn cychwyn ar y ddringfa dyngedfennol. Roedd y criw yn teimlo'r oerfel erbyn hyn a chawsant lefrith o flaen y tân gan fugail cymhorthol a chyfle i gael pryd o fwyd. Hawdd dychmygu'r olygfa; tân coed cysurus mewn tŷ cerrig bychan yng nghanol y mynyddoedd â'r fflamau yn taflu golau ar griw o fynyddwyr ag olion y ddrycin ar eu wynebau garw. Ailgychwynnodd y criw chwilio am 4 o'r gloch y bore tra roedd golau llwyd y wawr ar fin torri a niwl gwyn oer yn lledaenu dros y mynydd. Trodd Crook a'i gyfaill yn ôl o ben y marian oherwydd eu cyflwr anafus gan y teimlent y buasent yn fwy o rwystr nag o gymorth o hynny ymlaen, ond prysurodd Harold Spender ymlaen gyda'r tywysyddion a theimlai'n falch o gael ei dderbyn fel un ohonynt ac nid fel ymwelydd yn unig. Symudent yn gyflym gan aros ar fin y rhewlif er mwyn rhaffu fesul pedwar i geisio ffordd drwy'r blociau rhew anferth a'r rheini yn eu hamgylchynu ac yn gwyro trostynt yn fygythiol. Rhaid cofio bod ffurf y rhewlif wedi newid ers y tro diwethaf y bu'r tywysyddion yno ac roedd wastad beryglon cyson o gwympiadau eira o'r uchelfannau.

O'r diwedd daethant ar draws rhai o olion parti Owen Glynne Jones ac wedi sgrialu'n uwch dros rew a chreigiau o'r llwyfandir islaw'r rhigol lydan dan grib orllewinol y Dent Blanche gwelwyd pedwar corff yn gorwedd ar y creigiau yn uwch i fyny drwy gymorth telesgop. Erbyn hyn roedd yn 10 o'r gloch ac roedd criw o dywysyddion Zermatt yn dringo'n gyflym i ymuno â hwy yn yr ymgyrch i gario'r pedwar corff i lawr i Evolène i'w claddu yn y Fynwent yno.

Flwyddyn cyn ei farwolaeth bu O. G. Jones ar bwyllgor y 'Climbers` Club' ac etholwyd ef yn aelod o'r Clwb Alpaidd, ond dywedir na chafodd ei dderbyn ar raddfa gyfartal gan rai aelodau blaenllaw o'r garfan uchel ael honno am eu bod yn ei ystyried ei ymddygiad yn ddiswta a phell, ond ymddengys tystiolaeth y rhai oedd yn dringo gydag ef yn hollol i'r gwrthwyneb. Un o'r rhain oedd William Jones Williams oedd yn rhannu llety gydag ef yn Llundain.

William Jones Williams

Swyddog yn y Gwasanaeth Gwladol oedd William Jones Williams,[13] Ysgrifennydd Cwmni Kodak, a hefyd bu'n Drysorydd Coleg Harlech. Ganed ef ar 21 Mai 1863 yr hynaf o blant dyn warws o'r enw John Williams a drigai yn Salford, Sir Gaerhirfryn, ond yn wreiddiol o Dyn-y-graig, Garth-garmon ger Llanrwst, a'i wraig gyntaf Ellen Williams o Fethel ger Llandderfel, Meirionnydd. Addysgwyd W. J. Williams yn Ysgol Ramadeg Manceinion ac wedi cyfnod yn gweithio i beiriannydd yn y ddinas honno llwyddodd yn arholiad y gwasanaeth gwladol a bu'n gweithio yn adran yr 'Exchequer and Audit' hyd at 1900. Tra yno graddiodd yn B.A. ac yn Ll.B. Prifysgol Llundain, a hefyd arholiadau bargyfreithiwr gan ddod yn aelod o'r 'Middle Temple'. Gwahoddwyd ef i ymgymryd â swydd ysgrifennydd i Gwmni Kodak gan George Davison (Plas Wern Fawr, Harlech yn ddiweddarach – Coleg Harlech erbyn hyn) a bu'n gweithio iddynt hyd at 1928. Roedd yn Ynad Heddwch dros Sir Gaernarfon ac yn Ysgrifennydd Lleol i'r 'Cambrian Archeological Association'.

Trafaeliodd Rwsia, De Affrica a'r Aifft tra'n gweithio i Kodak, ac yn dilyn ei ymddeoliad symudodd i Gae Ffynnon, Cyffordd Llandudno lle bu'n gwasanaethu i sawl sefydliad – fel Trysorydd ac Is-Lywydd i Goleg Harlech, Trysorydd Urdd Gobaith Cymru, y Blaid Lafur a helpu i gynnal *Y Dinesydd*, a Chymdeithas Addysg y Gweithwyr gan gynnal dosbarth ar Lenyddiaeth Cymru yng Nghonwy am chwe thymor.

Roedd ei wraig Mary Williams, oedd yn wreiddiol o Ruthun, yn rhannu'r un diddordeb mewn dringo mynyddoedd â'i gŵr, ac roeddynt yn gyfeillgar gydag Owen Glynne Jones, y brodyr Abraham, J. M. Archer Thomson a Roderick Williams, un o Gymry Lerpwl. Etholwyd W. J. Williams yn aelod o'r Clwb Alpaidd ar gynnig Roderick Williams gyda W. P. Haskett Smith yn eilio, yn 1903, ac roedd yn aelod sylfaenol o'r 'Climbers' Club', gan gael ei wneud yn Aelod Anrhydeddus yn 1948 yn dilyn hanner can mlynedd o aelodaeth ddi-fwlch. Cyfrannodd bennod i lyfr S. H. Hamer, (a fu'n ysgrifennydd yr Ymddiriedolaeth Genedlaethol am flynyddoedd), *The Dolomites* (1910 gydag ail argraffiad yn 1926), a bu ef a'i wraig yn dringo'n gyson yn yr Alpau o 1894 i 1914, fel arfer yng nghwmni Roderick Williams ac Archer Thomson heb dywysydd. Ei hoff le oedd y Tyrol ond bu hefyd yn y Swistir a dychwelodd yno yn 1922. Ymwelodd â'r Tyrol yn y flwyddyn ganlynol ac yn 1924, ac aeth i Chamonix yn 1925 ac Arolla yn 1928.

Dringodd lawer yng nghwmni Owen Glynne Jones ym Mhrydain ac yn yr Alpau yn ystod ei flynyddoedd cynnar, gan gymryd rhan mewn rhai o'r dringfeydd newydd ar greigiau Eryri gyda dringwyr adnabyddus yr oes ac mae ambell lun ohono yn ymddangos (yn ddienw) yn rhai o luniau adnabyddus y brodyr Abraham. Roedd ei lyfrgell gynhwysfawr yn cynnwys nifer o lyfrau Cymraeg a rhai yn ymwneud â dringo. Bu farw ar 10 Awst 1949.

Gwnaeth Owen Glynne Jones gyfraniad arloesol i ddatblygiad dringo yn ystod degawd olaf y bedwaredd ganrif ar bymtheg gan mai ef oedd y cyntaf i ysgrifennu arweinlyfr penodol ar ddringo, sef *Rock Climbing in the English Lake District* a gyhoeddwyd yn 1897. Arferai gadw ei hun yn heini yn ystod yr amser a dreuliai yn Llundain drwy godi pwysau a gwneud ymarferiadau corfforol athletaidd. Mae sôn hefyd ei fod wedi dringo tyrau Eglwysi'r ddinas a rhan o Nodwydd Cleopatra ar lannau Tafwys. Mae'r campau a gyflawnodd yng ngwesty'r Wasdale Head hefyd yn rhan o chwedloniaeth mynydda, fel dringo o amgylch wal yr ystafell filiards heb unwaith gyffwrdd a'r llawr, a dringo o dan y bwrdd o un pen i'r llall.[14] Roedd ei gryfder fel dringwr creigiau yn ddiarhebol, ac er mai yn Ardal y Llynnoedd y gwnaeth y rhan fwyaf o'i ddringo ar gychwyn ei yrfa roedd yn rhoi mwy o sylw i Eryri cyn y diwedd gyda'r bwriad o baratoi arweinlyfr dringo i'r rhanbarth hwnnw. Oni bai am ei farwolaeth annhymig mae'n debyg y buasai wedi lledu ei orwelion fel mynyddwr tua mynyddoedd mawr yr Himalaia, gan fod sôn iddo dderbyn gwahodiad gan Geoffrey Winthrop Young i ymuno gyda ymgyrch ar Everest.[15] Claddwyd O.G. Jones ym mynwent Evolène ac mae cofeb iddo ger drws 11 Brogyntyn, Abermaw, ac hefyd yn y 'City of London School' ac yn Eglwys Saesneg Zermatt.

Erbyn degawd olaf y bedwaredd ganrif ar bymtheg roedd yr arferiad o ddringo drwy ddefnyddio nerth bôn braich yn unig wedi cyrraedd pwynt lle'r oedd yn rhaid datblygu dulliau mwy modern. Y canlyniad oedd canolbwyntio ar ddefnyddio gafaelion bychan ar wyneb y graig, drwy gydbwysedd a chydweithrediad rhwng y gwahanol gyhyrau, er mwyn gwneud y defnydd mwyaf effeithiol o gyhyrau'r corff.

Datblygodd Pen-y-Pas yn sgil yr esblygiad hwn mewn dringo gan greu cymeriadau unigryw a arferai ymgynnull yno yn ystod yr ugain mlynedd o flaen y Rhyfel Mawr, yn enwedig yn ystod gwyliau'r Nadolig a'r Pasg. Ond daeth tro ar fyd yn y cyfnod hwn gyda chymylau rhyfel ar y gorwel yn ogystal ag anesmwythyd cymdeithasol. Hyd at yma roedd trigolion Prydain Fawr wedi mwynhau golud yr ymerodraeth gryfaf a mwyaf dylanwadol a welodd y byd ers dyddiau'r Rhufeiniaid ac roeddynt wedi mwynhau hunanhyder drwy wybod eu bod yn flaenllaw yng nghynnyrch diwydiant, grym morwrol a maint eu nerth imperialaidd. Dechreuodd yr amheuon godi yn dilyn profiadau ysgytwol Rhyfel De Affrica a'r bygythiad o'r cynnydd sylweddol yn nerth diwydiannol a milwrol yr Almaen, gan esgor ar y ras ymarfogi. Dyma'r cyfnod a welodd fachlud oes sefydlog Victoria a chychwyn ar ganrif lawn newidiadau a fu'n fodd i siglo sylfeini cadarn yr hen drefn.

NODIADAU: Pennod 5

1. *Y Bywgraffiadur Cymreig 1951-1970*, t.278. Hefyd, H.M. Vaughan, *The South Wales Squires*, Methuen & Co., London, tt.149-152.
2. Gweler bywgraffiad gan Hilary M. Thomas, *Grandmother Extraordinary, Mary De la Beche Nicholl 1839-1922*, Stewart Williams, Publishers, Barry, 1979.
3. Am hanes teulu Dillwyn gweler *Y Bywgraffiadur Cymreig hyd 1940*, tt.158-160.
4. *Yr Herald Cymraeg*, 4 Gorffennaf, 1911, t.7, ac eto 15 Awst, 1911, t.3.
5. Ronald W. Clark ac Edward C. Pyatt, *Mountaineering in Britain*, Phoenix House Ltd., London, 1957, t.35. Hefyd, Alan Hankinson, *The Mountain Men*, Heinemann Educational Books, London, 1977, t.3.
6. *Y Bywgraffiadur Cymreig 1951-1970*, tt.273-274.
7. Ronald W. Clark ac Edward C. Pyatt, op. cit., *Mountaineering in Britain*, t.64.
8. Walt Unsworth, *Encyclopaedia of Mountaineering*, Hodder & Stoughton, London, Sydney Auckland, 1992, t.280.
9. W.M. Crook, 'Memoir of O.G. Jones' a gyhoeddwyd yn ail a thrydydd argraffiad o *Rock-climbing in the English Lake District* gan O.G. Jones, Abraham, Keswick, 1900, tt., ix, x, xi.
10. O.G. Jones, *Rock-climbing in the English Lake District*, Longmans, London, 1900, t. 171.
11. Charles Gos, *Alpine Tragedy*. George Allen and Unwin, London, 1948, t. 258.
12. Gos, ibid. Am fanylion o'r ddringfa a'r ddamwain angheuol ar y Dent Blanche gweler tt. 256-269. Mae adroddiad arall o'r ddamwain yn *In Praise of Switzerland* (1912) gan Harold Spender, tt. 203-206.
13. *Y Bywgraffiadur Cymreig 1941-1950*, t. 63. Gweler hefyd *The Alpine Journal* 57, Tachwedd 1950, tt. 558-559.
14. Bill Birkett, *Lakeland's Greatest Pioneers*, Robert Hale, London, 1983, tt. 52-53
15. *Y Bywgraffiadur Cymreig 1951-1970*, t.274.

6
Newid mewn agwedd ac arddull

Roedd tafarn Penygwryd ar werth erbyn haf 1901 yn ôl y datganiad canlynol gan E. Raymond Turner, golygydd y *Climbers' Club Journal*:

> Pen-y-Gwryd. – We learn that Pen-y-Gwryd Hotel has been put up for auction, but has failed to find a purchaser. An offer of £950 was received, but a reserve £1460 having been fixed (for goodwill and furniture), the property was withdrawn.[1]

Yn dilyn marwolaeth Mrs. Harry Owen yn 1896, claddwyd hi gyda'i gŵr ym mynwent Eglwys Beddgelert, ac felly daeth diwedd ar gyfnod pwysig o hanes mynydda yn Eryri. Datblygodd Pen-y-Pas yn gyrchfan boblogaidd i ddringwyr wedyn ac roedd newidiadau mawr yn cymryd lle dan ofal Miss Pritchard, a dderbyniodd ei phrofiad mewn arlwyaeth yng ngwesty Dolbadarn, Llanberis. Priododd â dyn lleol o'r enw Rawson Owen a fu'n filwr gyda'r '14th King's Hussars' ac a fu'n brwydro yn Rhyfel De Affrica. Llwyddodd y ddau i droi'r hen dŷ potas ar ben bwlch Llanberis yn westy modern yn cynnwys y gofynion diweddaraf ar gyfer ymwelwyr.

Ymddangosodd datganiad i hysbysu'r cyhoedd o hyn yn yr un cylchgrawn a'r uchod:

> Gorphwysfa. – The enlargement of the hotel at Pen-y-Pass is now nearly completed, and by the time the autumn season commences the new licensee, Miss Pritchard, expects to be able to offer accommodation to all the regular frequenters of Snowdon. At Whitsuntide a party of six occupied the Inn, and had no reason to regret their choice of headquarters.[1]

Rhaid cofio hefyd bod Ogwen Lake Cottage dan berchnogaeth John E. Jones yr un mor boblogaidd ar y pryd ac yn cael ei hysbysebu'n gyson ar glawr mewnol y cylchgrawn dringo:

> The above Cottage, situated at the head of Llyn Ogwen – five miles from Bethesda Station, L. & N. W. Railway – is the chief centre for climbers visiting Snowdonia. Twenty minutes walk from the famous Llyn Idwal, and within sight of Trifaen, Glyders Fawr and Fach,

Carnedd Dafydd, and other principal mountains of the Snowdon group. The Cottage is on the high road, and conveyances meet visitors at Bethesda Station if so desired.

Ogwen Cottage fel y mae heddiw
Llun: Yr awdur

Nid mynyddwyr yn unig a arferai fynychu Ogwen Cottage yn y cyfnod hwn gan fod gan y botanegydd J. Lloyd Williams gofnod yn ei ddyddiadur o groesi'r Carneddau o Fethesda drwy Gwm Pen Llafar a thros Garnedd Dafydd yng nghwmni'r Athro R.W. Phillips, Bangor, gan ddod i lawr Cwm Ffynnon Lloer ac ymlaen i'r gwesty mewn glaw trwm. Wedi newid i ddillad sych a chael pryd o fwyd cawsant gyntun cyn ail gychwyn tua Bethesda. Ymddengys bod gwely wensgot yno a elwid yn 'Gwm Clyd' ganddynt. Roedd J. Lloyd Williams yn ymwelydd cyson ag ardal Ogwen yn ei ymgais i weld planhigion prin Arctig-Alpaidd a rhaid oedd dringo clogwyni anodd i gael atynt ambell waith. Mae'n cofnodi un o'i brofiadau wrth ddringo ar glogwyni'r Glyder Fawr ym mis Gorffennaf, 1889:

> The steep slope of stony debris soon came to an end & I came to the bare rock. From below these looked unclimbable but I determined to have a try at them. The cliffs seemed to be built of huge blocks laid on end with vertical grooves & occasional short ledges … Before long the rock became so steep & smoother that I had to take off my heavy boots & tie the laces together so as to throw my boots over my shoulder & climb by means of the tennis shoes which gripped the rock much better.[2]

Dyma brawf o fotanegydd yn dringo creigiau drwy ddefnyddio cyfarpar fel esgidiau ysgafn gyda gwadnau rwber ymhell o flaen ei amser. Mae hyn yn beth cyffredin iawn erbyn hyn.

Arferai amryw o fynyddwyr aros yn ogystal yn y gwestai mwy mewn mannau fel Betws y coed, Capel Curig, Beddgelert, Bangor a Chaernarfon.

135

Roedd marwolaeth Owen Glynne Jones, a'r twf ym Mhen-y-Pas fel canolfan dringo, yn cyd-fynd â'r newidiadau mawr a ddigwyddodd yn y byd mynydda ar ddechrau'r ganrif newydd. Digon araf oedd Eryri o gymharu a'r datblygiadau newydd oedd yn mynd ymlaen mewn dringo yn Ardal y Llynnoedd, ond buan y daeth tro ar fyd.

Archer Thomson, Winthrop Young a Harold Hughes

Un gŵr a fu'n flaenllaw yn natblygiad dringo yn Eryri yn ystod y cyfnod dan sylw oedd James Merriman Archer Thomson, o Goleg Clare, Caergrawnt, a ymgymrodd â swydd athro yn ysgol y Friars, Bangor

J. M. Archer Thomson
Llun gan A. W. Andrews, allan o *The Mountains of Snowdonia*, Carr & Lister, 1925

yn 1884. Mae'n anodd gwybod beth oedd yr atynfa iddo ddechrau dringo yn Eryri, ond ymwelodd ag Ardal y Llynnoedd yn 1890 pryd y dringodd Deep Ghyll, a phedair blynedd yn ddiweddarach dechreuodd ddringo ar glogwyni'r Glyderau, Tryfan a Lliwedd gan raddol godi'r safonau o ddringo cwterydd i ymrafael â'r wynebau agored. Ysgrifennodd maes o law lyfrau tywys ar gyfer dringo ar Lliwedd[3] ac ar glogwyni yn ardal Ogwen[4] ac mewn un adroddiad o ddringfa a adnabyddir fel yr 'Avalanche' ar Lliwedd ceir disgrifiad o'r trawsnewid oedd ar fin dod o ddringo cwterydd i ddringo gwyneb craig drwy uno cydbwysedd â gafaelion bychain:

> By inserting the toe of the left foot into a little nick, and thrusting the right foot across to the distant notch, I could just bridge the blank interval. It was not necessary to remain long standing on tip-toe, spreadeagled on the face. From two slender finns of rock, pressed between the fingers and thumbs, sufficient purchase was obtained for the gradual transferance of the weight to the stance. The left hand could now just reach a nob, but a tentative effort showed the impossibility of setting foot on the next notch. It became a necessity of the situation to pay homage to the mountain, and "crook the pregnant hinges of the knee" – a method belauded in

136

books on climbing, but generally hazardous on difficult slabs. Here, however, it happened that the freedom of the next moment was not seriously compromised, for the expected holds presented themselves, and brought me up the remaining twelve fet to the ledge.[5]

Roedd dringo o'r math yma yn dra gwahanol i'r dull tynnu a gwthio a fu'n cael ei arddel ynghynt.

Bu Geoffrey Winthrop Young[6] yn gefnogol iawn i Thomson gan ei annog i fwrw mlaen a chyhoeddi llyfrau tywys ar ddringfeydd yn Eryri; dyma gymeriad arall a ddylanwadodd yn fawr ar Ben-y-Pas yn ystod blynyddoedd cynnar yr ugeinfed ganrif er iddo ddechrau dringo yn Ardal y Llynnoedd tra'n fyfyriwr. Cyhoeddodd arweinlyfr dringo braidd yn anarferol, *The Roof-Climber's Guide to Trinity*, yn 1900. Ymwelodd â'r Alpau am y tro cyntaf yn 1897, gydag ymweliadau pellach i'r Oberland a'r Alpi Pennine. Mae'n ddiddorol sylwi iddo ddod yn gyfeillgar â'r tywysydd Josef Knubel yn 1905, partneriaeth rhwng dau o gefndiroedd cwbl wahanol oedd yn cydweithio'n berffaith ar y clogwyni. Roedd Young yn ddringwr cryf gan gyflawni gorchestion fel dringo'r holl gopaon o Monte Rosa, Lyskamm, Castor ac yn ôl i Lyskamm mewn diwrnod, ac hefyd Charmoz, Grépon a Blaitière mewn diwrnod. Yn ystod y Rhyfel Byd Cyntaf roedd yn aelod o'r Uned Ambiwlans a chollodd ran isaf ei goes chwith o'r ben-glin ymlaen yn ystod y brwydro. Dyfeisiodd goes artiffisial a dechreuodd ddringo drachefn gan lwyddo i gyrraedd copa'r Matterhorn ymhen blynyddoedd wedyn. Roedd yn enwog am y partïon a gynhaliai ym Mhen-y-Pas yn ystod y Pasg a'r Nadolig o 1900 tan y blynyddoedd wedi'r rhyfel ac arferai rhai dringwyr enwog iawn ymgynnull yno. Addysgwr ydoedd, a bardd nodedig, ac mae ei gerdd 'The Cragsman' wedi ei dyfynnu mewn sawl detholiad. Ei waith mawr oedd golygu *Mountain Craft* (1920), gwerslyfr ar fynydda, ac mae ei lyfr *On High Hills* (1927), sy'n ymwneud â'i ymgyrchoedd cynnar, yn cael ei ystyried yn glasur. Yn y llyfr hwnnw mae'n dwyn i gof un diwrnod tra'n cerdded mynyddoedd Eryri yng nghwmni ei dad pan oedd tua deuddeg neu dair-ar-ddeg oed; wedi cyrraedd copa Tryfan gwelodd ddau ddringwr yn cyrraedd wedi dringo cwter ogleddol y mynydd:

> On the gallant top of Tryfan we saw two men emerge from the cliffs, roped together, the first sight of the rope! I believe this was in truth

the occasion of the first ascent of the North Gully of Tryfan, and the beginning of modern rock climbing in Wales.[7]

Y ddau ddringwr a welodd Young oedd Roderick a Tom Williams, dau frawd, meibion i rieni a ymfudodd i Lerpwl o Fôn yn ystod y bedwaredd ganrif ar bymtheg. Mae mwy wedi ei gofnodi am Roderick[8] na'i frawd Tom, er ei bod yn wybyddus bod y ddau yn ddringwyr brwd. Gwelir eu henwau yn aml yn arweinlyfr Thomson ar ardal Ogwen, ond dim ond unwaith yn yr un ar Lliwedd, lle ceir cofnod o Roderick yn dringo'r 'Elliptical Route' gyda Thomson yn ystod gwyliau'r Pasg, 1898. Mae hyn yn ein harwain i gredu mai ardal Ogwen oedd eu hoff gyrchfan, ond doedd yr un o'r brodyr yn enwog am gadw cofnodion manwl o'u gorchestion. Dywedir bod Roderick yn ddyn tal ac anarferol o heini, ac yn nofiwr a beiciwr yn ystod blynyddoedd ei ieuentid. Roedd yn un o'r aelodau a sefydlodd y 'Climbers' Club', a bu ar y pwyllgor cyntaf, ac yn Is-Lywydd o 1930 i 1934. Etholwyd ef yn aelod o'r Clwb Alpaidd yn ystod y 1890au cynnar, a dringodd yn ogystal yn yr Alpau ac yn ddiweddarach yn y Tyrol, ei hoff atyniad. Bu'n dringo gydag enwogion fel Haskett Smith ac Archer Thomson, ac roedd yn ei elfen yn dysgu'r grefft o fynydda i ieuentid. Cyfreithiwr ydoedd wrth ei alwad a bu'n gweithredu fel Clerc y Gyfraith am tua deugain mlynedd i Gyngor Dinesig Hoylake a West Kirby.

Penodwyd Archer Thomson yn brifathro'r 'Llandudno County School', Ysgol John Bright bellach, ac roedd ei ymweliadau pen wythnos â'r mynyddoedd erbyn hyn yn arferiad cyson ganddo yng nghwmni'r ddau Gymro Henry Harold Hughes a Henry Edwards. Ceir cofnod o atgofion mynydda'r cyfnod mewn araith a draddodwyd gan Hughes gerbron myfyrwyr yn ddiweddarach yn ystod ei yrfa:

> In most of the early climbs I had the good fortune to be associated with Archer Thomson, afterwards a member of the Alpine Club, a most excellent all-round mountaineer, especially on rock faces, without whose aid certainly many of the more dangerous climbs would not have been mastered. Another man who was closely connected with us in our climbs was Henry Edwards, then living in Bangor, whose dry humour relieved many a wearying experience. The number therefore consisted of three, a perfect number for rope work on a difficult climb. ... Our general headquarters were either at Pen-y-Gwryd or at Ogwen Cottage, but sometimes at an out-of-

the-way farm house, with an occasional visit farther afield to Cader Idris … Both Mrs. Owen at Pen-y-Gwryd and Mrs. Jones at Ogwen always most good-naturedly received and fed us if we turned up, no matter at what hour, even if they had retired for the night. In winter, if we could complete the difficult climb before dark, we were satisfied. We depended on a single folding lantern, lighted by a candle, to guide us down. On occasions naturally we got into difficulties … There were no motors or buses in our days. We generally finished a day's climbing at Llanberis too late for the last train and, after supper at the hotel, walked the ten miles to Bangor. Or, finishing at Pen-y-Gwryd, had dinner there, and then started on the 18 or 19 miles back to Bangor.[9]

Archeolegydd oedd Henry Harold Hughes a aned yn Lerpwl yn 1864, ac yn dilyn cyfnod o addysg yng Ngholeg Lerpwl gwnaeth ei brentisiad gydag Arthur Baker o Lundain a oedd yn adfer nifer o Eglwysi yng ngogledd Cymru. Priododd â'i ferch, Charlotte Elizabeth, a dechreuodd fel pensaer tua 1891. Ymddiddorai'n fawr mewn archeoleg ac ymaelododd gyda'r 'Cambrian Archeological Association' yn 1892 gan ysgrifennu nifer o erthyglau i'r cylchgrawn *Archaeologia Cambrensis*. Daeth yn gyd-olygydd i'r cylchgrawn yn 1926 ac fe'i etholwyd yn Llywydd y Gymdeithas yn 1930. Cymerodd ran yn yr archwiliadau ar yr olion cynhanesyddol yn Nhre'r Ceiri a Phenmaenmawr. Bu hefyd yn Is-Lywydd y 'Royal Cambrian Academy', yn aelod o gyngor Amgueddfa Genedlaethol Cymru o'i chychwyn, ac yn aelod o'r dirprwyad Brenhinol ar henebion Cymru. Roedd ganddo ddiddordeb ysol mewn hen adeiladau ac fe'i cofir yn bennaf gennym ni Gymry am y ddau lyfr a gyhoeddodd ar y cyd gyda Herbert North, *The Old Cottages of Snowdonia* a *The Old Churches of Snowdonia*. Bu farw ar 7 Ionawr 1940 ac fe'i claddwyd ym mynwent hen eglwys Llantysilio yng Nghulfor Menai.

Mae pedwar amlinelliad gan Harold Hughes o wahanol ddringfeydd yn Eryri i'w gweld yng nghyfrol Haskett Smith, *Climbing in the British Isles*, ac mae un ohonynt yn portreadu rhan fewnol Twll Du, yr hafn gul sy'n gwahanu'r Glyder Fawr a'r Garn uwchlaw Cwm Idwal. Mentrodd Hughes a Thomson i ddringo'r hafn yn ystod mis Mawrth 1895[10] ar ddiwedd cyfnod y rhew mawr a ddigwyddodd y flwyddyn honno. Roedd y ddau yn aros yn Ogwen Cottage ar y pryd a doedd gan yr un o'r ddau fwyell rew, gan mai dringwyr creigiau sych oeddynt yn bennaf, ac nid dringwyr rhew ac eira. Roedd yr hafn ar y pryd wedi ei blocio'n eithriadol o anarferol gan rew ac eira, a phenderfynwyd sleifio i gwt glo Mrs. Jones a 'benthyca' ei bwyell lo. Daeth pen y fwyell yn rhydd yn ystod y ddringfa a rhaid oedd dringo lawr i'w adennill a'i glymu'n ôl wrth y goes gyda thamaid o linyn.

Dringo Twll Du mewn rhew ac eira

Llwyddasant i groesi Llyn Idwal, gan ei fod dan saith modfedd o rew, cyn dringo at waelod hafn Twll Du. Torrodd y ddau ffordd i fyny drwy'r eira a'r rhew, oedd wedi ei ffurfio o ddŵr y rhaeadr sydd yno yn ystod tymhorau'r haf. Roedd wyneb y llethr eira yn ddigon cadarn wrth iddynt gychwyn dringo, ond yn mynd yn sythach wrth iddynt gyrraedd tu mewn yr hafn, ac yn culhau i siâp blaen cŷn miniog gan ddarfod wrth geg ogof hanner crwn tua phum troedfedd ar hugain o'i tho i lawr. Sicrhawyd rhaff wrth y fwyell er mwyn llithro i lawr i'r ogof a gwelwyd ei bod yn llenwi hanner y gofod rhwng ochrau hafn y Twll Du. Am ddau o'r gloch y prynhawn cafwyd seibiant i drafod sefyllfa'r cyflenwad bwyd oedd ganddynt; deuddeg o fisgedi sunsur a mymryn o siocled, a chredent y buasai hynny'n ddigon i'w cadw tan un-ar-ddeg y noson honno.

Ailddechreuwyd ar y gwaith o dorri ffordd i fyny'r rhew, y ddau yn gweithio ar yn ail, ac ymhen hanner awr torrodd Hughes dwll ynddo, oedd yn ddigon mawr i ben ac ysgwyddau fynd drwyddo. Roedd gwagle o tua deg troedfedd yr ochr bellaf iddo oedd yn ymestyn i fyny am ugain troedfedd, ac i lawr am tua thrigain, ond nid oedd yn bosib gweld ei ddyfnder yn sicr oherwydd y tywyllwch. Roedd dod ar draws gwagle yno braidd yn annisgwyl, gan eu bod wedi meddwl bod y rhew yn glynu'n solet i furiau'r clogwyn, ac afraid dweud bod y ddau yn ymwybodol iawn y gallai'r holl beth chwalu unrhyw foment. Ar un adeg roedd y ddau ar fin rhoi i fyny, ond bwriwyd ymlaen gan afael yn y fwyell ac ailddechrau unwaith yn rhagor ar y gwaith o golbio'r rhew. Gwyrodd Hughes dan Thomson i gymryd ei bwysau a daliodd ei droed am dros hanner awr nes oedd modd iddo symud mlaen at silff o graig yn llawn pibonwy oedd yn sefyll allan o'r clogwyn fel braced o wal. Digon araf fu'r dringo fel y gellir tybio gan fod pob trawiad ar y rhew yn golygu bod y dringwyr yn gorfod mochel rhag y mân dameidiau a wasgarai, ac yn brofiad cwbl wahanol i'r ddau oedd wedi arfer dringo mewn amgylchiadau mwy arferol.

Ymhen hir a hwyr llwyddwyd i dorri drwy'r wal o rew caled a dod at rediad graddol o eira yn uwch i fyny ar y chwith oedd yn gwyro dros fynediad yr ogof. Roeddynt yn falch o gael newid i ddringo ar eira, ond rhaid oedd bod yn ofalus o hyd oherwydd bod y llethr yn serth, ac ni fyddai modd stopio pe bai un o'r ddau yn dechrau llithro. Yn ei adroddiad mae Thomson yn cydnabod galluoedd Hughes fel mynyddwr yn ystod y munudau olaf wrth iddynt ddringo allan o ddyfnderau'r Twll Du yn ddianaf:

Y Twll Du
Llun: Yr awdur

> Hughes, who had come out on the wall to allow me the full run of our 80-foot rope, had long been waiting with eager patience; he now came up, making short work of the difficulties that had delayed me for so long. After three hours separation it was doubly pleasant to revel together in that exquisite feeling of bliss which is the climber's meed of victory.[11]

Erbyn hyn roedd yn 7.15, yn dechrau nosi, a'r rhan anoddaf o'r ddringfa wedi ei chwblhau. Methodd y ddau â dod o hyd i ben Llwybr y Carw a fuasai'n eu harwain yn ddiogel lawr i Gwm Idwal ac ymlaen i Ogwen, a phenderfynwyd troi tua'r llethrau gorllewinol mwy graddol oedd yn ymestyn i gyfeiriad Llanberis. Cyrhaeddwyd gwesty Dolbadarn am 10.30, ddeuddeng awr a hanner wedi iddynt adael Ogwen Cottage a bwrdd brecwast Mrs. Jones.

Buan y daeth y ddringfa anhygoel hon gan Thomson a Hughes yn rhan o chwedloniaeth mynydda Eryri, a daeth yn enwocach na'r gyntaf a gwblhawyd dair blynedd yn gynharach gan W. R. Reade a W. P. McCulloch dan amgylchiadau mwy arferol a llai dramatig. Daeth gyrfa Archer Thomson i ben mewn amgylchiadau trist pan gyflawnodd hunanladdiad yn ystod mis Awst, 1912.

H. O. Jones a Bronwen

Daeth Cymro arall i'r brig fel dringwr yn ystod y cyfnod hwn, ond fel Owen Glynne Jones o'i flaen daeth ei yrfa yntau i ben drwy drychineb. Brodor o Goginan, Ceredigion oedd Humphrey Owen Jones[12] ond symudodd y teulu i fyw i Lyn Ebwy ac addysgwyd ef yn Ysgol Lewis, Pengam, a Choleg Prifysgol Cymru, Aberystwyth, yn ddiweddarach. Aeth wedyn i Goleg Clare, Caergrawnt a graddio yn 1900. Roedd ganddo dri brawd a chwaer llawer iau, sef Bronwen, a fu'n dringo gydag ef droeon. Talodd Geoffrey Winthrop Young deyrnged i Bronwen Ceridwen Jones, a ddaeth yn Mrs. Mawson yn

Humphrey Owen Jones
Llun o lyfrgell lluniau Y Clwb Alpaidd,
Llundain

ddiweddarach, drwy ddweud mai hi oedd y gyntaf i brofi bod merched yn rhagori ar ddynion drwy eu gallu i wneud defnydd mwy effeithiol o gydbwysedd, yn hytrach na dibynnu ar nerth y cyhyrau. Cyfrannodd ysgrif ar wisg dringo ar gyfer merched yn un o gyfrolau Young, *Mountain Craft*. Mae'n diddorol sylwi pa mor bwysig oedd cadw at rai ddelweddau derbyniol yr oes hyd yn oed allan ar glogwyni anhygyrch.

> Women have learnt by experience that convention must give way to common sense in the matter of costume.
>
> For alpine work, clothing should be entirely woollen; the suit, comprising coat, breeches and skirt, of lightweight and colour, and - this is essential – wind-proof. ... The coat should be shaped like a man's jacket, furnished with an adjustable collar, storm sleeves, and an ample supply of pockets, closed by flaps. It should be of such a length as to reach within eight inches of the knee.
>
> The skirt is still often looked upon as a necessity in the Alps, but it is discarded early in the ascent. It should therefore be of a soft and light material, so as to be easily carried in the rucksack. It should stop at least ten inches from the ground, and not be more than two yards wide.

The breeches should be as close-fitting as those of a man, as over fullness is apt to be a hindrance on rocks. They should also be laced rather than buttoned at the knee, buttons being a source of discomfort when kneeling.

A sweater is generally preferred to a blouse for wear under the coat, as it is loose-fitting, warmer and does not impede the arms.

The most suitable hat is made out of either grey or white soft felt, wide enough to provide a shade from the sun. A stiff brim should be avoided on account of the discomfort caused by its coming into contact with the rope. Hatpins should obviously be replaced by an elastic.

It is not advisable to wear gloves for rock-climbing, as they lessen the sense of touch. Woollen gloves, with no divisions for the fingers, are recommended for wear on snow or when stationary.

A silk scarf, tied tightly over the hat, has been found a great boon during high winds in the Alps.

Boots, stockings, etc., are the same as those advised for men.

In order to avoid great subsequent discomfort, the face and neck should be carefully protected against sunburn. For this purpose an even layer of some good colour salve is most effective. Failing this, a layer of lanoline covered with toilet powder has proved a very good substitute. A small pocket-mirror should be carried for use when applying the mixture, so that one can see that no place is left uncovered. Should the face become sunburnt it should be bathed in very hot water and then covered with grease.[13]

Cyflawnodd H. O. Jones waith ymchwil pwysig a gwerthfawr fel cemegwr ac fe'i dewiswyd yn 'Jacksonian Demonstrator' yn 1902 ac yn Gymrawd a Darlithydd yn ei goleg. Roedd yn awdurdod ar 'Stereochemistry of Nitrogen' ac ar olew tanawl a bu'n astudio'r carbonylau metalaidd gyda Syr James Dewar. Etholwyd ef yn Gymrawd o'r Gymdeithas Frenhinol yn 1912. Bu'n llwyddiannus iawn fel athro ac ymchwilydd a chyhoeddodd tua chwe deg o bapurau fel unigolyn neu ar y cyd.

Dechreuodd ymddiddori mewn dringo pan oedd bron yn ddeg ar hugain oed yn dilyn cyfarfod gyda Thomson ym Mhen-y-Pas yn ystod gwyliau'r Pasg, 1907, ond nid drwy hap a damwain y daeth yno. Yn fuan wedyn daeth yn aelod o'r garfan dringwyr enwog a arferai gyfarfod yng Ngorphwysfa dan arweiniad Geoffrey Winthrop Young. Daeth yn amlwg bod H. O. Jones yn adnabod Young yn flaenorol. Ymhlith papurau Young mae llythyr oddi wrth H. O. dyddiedig 11 Rhagfyr 1906, yn cadarnhau ei fod wedi bod yn dringo yn ardal Zermatt, ac wedi cyfarfod Young yno. Dadlennir yn ogystal bod Young wedi gwahodd H. O. Jones i Ben-y-Pas erbyn gwyliau Nadolig 1906, ond na allai yntau ddod oherwydd ymrwymiad blaenorol, a'i fod yn gobeithio dod yno yn ystod y Pasg, 1907. Yr ymweliad hwn yn sicr fu'n fodd i gychwyn ei ddiddordeb mawr mewn mynydda, a dod i adnabod Thomson ac un arall o gymeriadau blaenllaw carfan unigryw Pen-y-Pas, Oscar Eckenstein, a aeth ag ef i ddringo ar Lliwedd.

Buan y gwelwyd doniau arbennig H. O. Jones ar y creigiau a llwyddasant i ddarganfod dringfeydd newydd fel y 'Great Chimney' ar fwtres dwyreiniol Lliwedd, sy'n codi at 330 troedfedd ac yn cael ei chyfri fel y gwter orau yng Nghymru a Lloegr gan Thomson. Mae'r ddringfa wedi ei graddio yn 'V. D.' (*very difficult*) mewn arweinlyfr dringo diweddarach. Bu'n ymweld â'r Alpau ac Eryri yn gyson o 1907 ymlaen a threuliodd wythnos yn dringo ar yr Ynys Hir, Yr Alban, ond yn wahanol i Owen Glynne Jones, Eryri oedd ei hoff gyrchfan gan nad oes sôn iddo erioed ddringo yn Ardal y Llynnoedd. Daeth yn aelod o'r 'Climber's Club' a'r Clwb Alpaidd yn 1910 a dyma oedd gan Winthrop Young i'w ddweud mewn ysgrif goffa i'r Cymro:

> Commencing his climbing somewhat late, he set himself with the thoroughness of a highly trained mind and the enthusiasm of a Celtic nature to master every detail and aspect of mountaineering, and in the space of only a few seasons had won his way, by force of sheer intellect, helped by remarkable powers of endurance, technical skill, and an inexhaustible vitality, into the very front rank of mountaineers. ... It was primarily in his own mountains of Wales that he discovered his peculiar powers, and took up the study of mountains and climbing as a science. He is responsible for much original exploration on the Welsh cliffs, and was the leader of what is now considered the severest of all the great Lliwedd climbs, the 'Paradise Route'. ... But it is with the Italian face of Mont Blanc that his name will always be associated. From 1908 until the year of his

death he spent his vacation time, with the occasional excursus on to the Chamonix Aiguilles or the Zermatt peaks, in this region of fascinating exploration. ... As a mountaineer, Jones' endurance, skill and calculating courage were only equalled by his sound judgement of rock, ice or weather, by his cool decision in every variety of emergency, and by his self-control and unfailing sense of humour.[14]

Gwnaeth Thomson a Jones sawl dringfa newydd ar Lliwedd ac ar fynyddoedd eraill yn Eryri gyda'u cyfeillion Yr Athro a Mrs. Kennedy Orton o Fangor, Bronwen Jones a Leonard Noon. Gwelwyd cynnydd sylweddol mewn dringfeydd newydd yn Eryri yn ystod y ddwy flynedd ar ddiwedd degawd cyntaf yr ugeinfed ganrif ar greigiau fel y 'Milestone Buttress' wrth droed Tryfan, lle nad oedd ond y ddringfa arferol a fforiwyd gan O. G. Jones a'r brodyr Abraham cyn hynny. Dringwyd crib orllewinol y Glyder Fawr am y tro cyntaf, ac archwiliwyd clogwyni Creigiau Gleision sy'n codi'n serth uwchlaw Nant Ffrancon. Roedd Thomson o'r farn bod Creigiau Gleision yn ychwanegiad pwysig i'r maes dringo yn Eryri, ond nid yw'n denu fawr o ddringwyr erbyn hyn. Bu dringo hefyd yng nghyffiniau'r Cwmglas, ar Glogwyn y Ddysgl, yr Wyddfa, yn ystod mis Medi, 1910, craig oedd yn cynnig sialens newydd i ddringwyr ar y pryd. Gwelwyd yn ystod yr un flwyddyn y gyntaf o gyfres o ddamweiniau i aelodau o gymuned ddringo Pen-y-Pas. Collodd Charles Donald Robertson ei fywyd yng nghwter ddwyreiniol y Glyder Fach, ar yr un clogwyn lle bu H. O. Jones, Thomson a Noon yn fforio dringfa newydd a'i galw yn 'Chasm Route'. Mae rhannau ohoni yn anodd iawn ac yn parhau i achosi problemau i ddringwyr cyfoes. Yn 1910 hefyd y collodd dringwr profiadol o'r enw Anton Stoop ei fywyd tra'n dringo'r Garn uwchben Drws-y-coed a chladdwyd ef ym mynwent Eglwys Llanllyfni. Gelwir y ddringfa ar grib ganolog Y Garn, Drws-y-coed, bellach yn 'Mallory's Ridge' wedi i Harold Porter a George Mallory lwyddo i'w dringo yn ddiweddarach. Daeth Mallory i enwogrwydd maes o law am ei ymgyrchoedd ar Everest yn ystod y 1920au cynnar.

Llechog yw'r ysgwydd garegog sy'n ymestyn o waelod llethr y Clawdd Coch i gyfeiriad Rhyd-ddu ar ochr ddeheuol yr Wyddfa, ac yn ystod gwyliau'r Pasg, 1911, daeth H. O. Jones a'i chwaer Bronwen a'r Athro Orton a'i wraig yno i chwilio am ddringfeydd newydd. Ymddengys mai dringo'r cwterydd yr oeddynt ran fwyaf, fel y 'Grey Gully' a'r 'Five Cave Gully', dringfeydd sy'n dal i gael eu graddio'n 'severe' gan yr arweinlyfrau.

Dychwelodd H.O. i Llechog yn ystod Mehefin yr un flwyddyn gan fforio mwy o ddringfeydd newydd fel 'Black Rib', 'Torpedo Route' a 'Cloister Climb'. Fe sylwir mai enwau Saesneg sydd i'r dringfeydd, ffaith efallai sy'n adlewyrchu dylanwad y mynyddwyr Seisnig ar ddringo yn Eryri. Cymraeg yn sicr oedd iaith gyntaf teulu H.O. Jones, ac er bod awduron arweinlyfrau dringo fel Thomson, oedd yn gyfaill agos iddo, yn pwysleisio'r pwysigrwydd o ddefnyddio enwau Cymraeg lleol ar y clogwyni pan yn bosib, dyfeisio enwau Saesneg a wnaent pan yn bedyddio dringfa newydd. Dim ond nifer bychan o Gymry Cymraeg oedd yn mynydda yn ystod y cyfnod o flaen y Rhyfel Mawr, a Saeson oedd yn dylanwadu'n bennaf ar y sbort. Roedd mynydda ar y pryd ond yn apelio at garfan o bobl oedd wedi derbyn addysg ysgolion bonedd a Phrifysgolion, ac mewn swyddi proffesiynol fel ym myd addysg, y Gwasanaeth Sifil neu'r Eglwys. Roedd llawer o'r Cymry oedd yn dringo mynyddoedd yn dod o deuluoedd oedd wedi ymfudo i fyw i ddinasoedd yn Lloegr, ac wedi dod dan ddylanwad sbort nad oedd yn apelio fawr at y Cymry cyffredin oedd yn ennill eu bywoliaeth ym mro eu mebyd, a phrin iawn oedd eu diddordeb hwy mewn dringo. Daeth newid mawr yn ystod yr ugeinfed ganrif.

Ymwelodd H.O. Jones a'r Alpau yn ystod mis Mehefin, 1907 yng nghwmni A.E. Bellars ac Oscar Eckenstein gan aros yn Courmayeur. Doedd fawr o ddringwyr o Brydain yn mynychu'r lle ar y pryd, ond buan y gwnaeth wyneb deheuol Mont Blanc argraff ffafriol ar H.O., a dyma oedd ei brif atyniad yn ddiweddarach. Ychydig o sylw a geir erbyn heddiw yn arweinlyfrau'r Clwb Alpaidd am ddringfeydd H.O. Jones, ond ceir disgrifiadau manylach ohonynt yn Ffrangeg yn y *Guide Vallot*. Gwelodd 1907 ddechrau ei ymdrechion hir ar y Rocher du Mont Blanc, crib ddanheddog sy'n codi at tua 150m uwchlaw rhewlif Mont Blanc, a heb ei chroesi gan neb yr adeg honno. Llwyddodd i gyrraedd y gwahanol gopaon fesul un gydag Eckenstein a'r Dr. Carl Blodig ac eraill dros gyfnod o ychydig flynyddoedd, ac yn 1910 croesodd H.O. y gefnen ar ei hyd o'r de i'r copa mwyaf gogleddol (3890m) gyda'r tywysyddion Brocherel a Savoye. Gwnaeth hefyd ymgyrch ar y Les Monts Rouges de Triolet dros gyfnod o ddwy flynedd a chyrhaeddwyd y copa deheuol (3274m) yn 1909 gyda'i dywysydd Laurent Croux, a'r flwyddyn ganlynol dringodd y copa gogleddol (3311m) gyda'i chwaer Bronwen a'r tywysydd Henri Brocherel.

Mae'r Aiguille Blanche de Peuterey (4112m) yn cael ei gwahanu oddi wrth brif fasiff y Mont Blanc gan y Col de Peuterey, ac roedd H. O. Jones wedi ei swyno gan ei ffurf fawreddog, ond roedd gan fynyddwyr Prydeinig gryn bryder ynglŷn â'r rhanbarth hwn ers 1882 wedi i'r Athro F. M. Balfour ddiflannu yno. Llwyddodd Syr Seymour King a'i dywysyddion Aloys Anthamatten, Emile Rey ac Ambrosius Supersaxo i gyrraedd ei gopa yn 1880 drwy groesi at y Col de Peuterey o'r Col Eccles ar yr Innominata, ac wedyn i'r copa. Yn fuan wedyn dringodd G. Grüber at y bwlch o rewlif Freney, ond gwelwyd bod y ddwy ffordd yn beryglus oherwydd eu bod yn agored i gerrig yn disgyn. Dringwyd y mynydd yn ogystal yn 1893 o ochr Brenva gan P. Güssfeldt a'r tywysyddion Christian Klucker, César Ollier ac Emile Rey, ond roedd perygl oddi wrth gerrig yn disgyn yn bodoli yno hefyd.

Meddyliodd H. O. Jones y gallai yntau fforio trywydd i'r copa, ac wedi archwilio wyneb y Freney o'r Innominata penderfynodd roi cynnig ar ddringo esgair o graig i'r dde o lwybr Grüber. Ei fwriad oedd dringo'r esgair honno at safle lle'r oedd modd croesi at fwlch y Col de Peuterey. Ar 16 Awst 1909 cychwynnodd H. O. Jones gyda'u tywysyddion, tad a mab o'r un enw, Laurent Croux, o'u camp ger Rhewlif Brouillard am 3.25 y bore, ac erbyn 11.00 roeddynt wedi dringo'r esgair a chyrraedd at y pwynt lle roedd yn bosib croesi at y bwlch. Gwelsant yn fuan bod y ffordd wedi ei blocio gan rew glas caled, a phenderfynwyd ailgychwyn i fyny'r esgair. Roedd storm yn cyniwair pryd y sylweddolwyd bod y rhan uchaf o'r graig yn anodd iawn, ond llwyddwyd i gyrraedd ei phen am 2.30 y prynhawn. Hwn oedd y copa gogleddol a enwir yn argraffiad 1930 o'r arweinlyfr *Guide Vallot* yn 'Pointe Jones' (4104m), ac erbyn 4.00 y prynhawn roeddynt wedi croesi at y prif gopa mewn storm o fellt a tharanau ac eira. Daethant i lawr yn ddiymdroi ar ochr y Brenva ac erbyn 6.30 roeddynt wedi cyrraedd y graig lle bu Güssfeldt yn gwersylla yn ystod ei esgyniad ef. Gwnaethant wersyll dros dro yno gan fod yr eira'n dal i ddisgyn, ond ailgychwynnwyd am 5.30 y bore canlynol er ei bod yn parhau i bluo a chyrhaeddwyd Courmayeur am hanner dydd.

Dywedodd H. O. Jones yn ddiweddarach bod y ffordd honno i fyny yn ddigon diogel, ond wnaeth neb roi cynnig arni wedyn yn ystod yr ugain mlynedd nesaf, onibai am ei defnyddio i ddod i lawr unwaith yn 1925. Doedd dim disgrifiad o'r ffordd yn ymddangos yn arweinlyfr y Clwb

Alpaidd yn ystod y 1970au, dim ond nodyn i ragrybuddio dringwyr am ansawdd ansicr y graig yno, a'r perygl o gerrig yn disgyn.

Dringodd H. O. Jones gyda Geoffrey Winthrop Young yn yr Alpau am y tro cyntaf yn 1911 yng nghwmni nifer eraill o selogion Pen-y-Pas. Rhwng diwedd Gorffennaf a 19 Awst y flwyddyn honno cyflawnodd naw dringfa gan gynnwys rhai newydd fel i fyny crib gorllewinol y Dome de Neige gan groesi at y Pic Lory a'r Les Ecrins gyda Young, a Todhunter a'r tywysyddion Brocherel, Croux a Joseph Knubel. Antur newydd hefyd oedd creu dringfa ar Grib Brouillard Mont Blanc o'r Col Emile Rey gyda Young, Blodig a Knubel. Menter newydd arall oedd dod i lawr crib ddwyreiniol y Grandes Jorasses, eto yng nghwmni Young, a Croux a Knubel, a thri diwrnod yn ddiweddarach roedd gyda Young a Knubel eto yn gwneud dringfa newydd ar grib orllewinol y Grandes Jorasses, ac ymhen tridiau wedyn dringodd y Grépon yn syth o'r Mer de Glace gyda Young, Todhunter, Knubel a Brocherel.

Yn dilyn hyn aeth i Zermatt i gyfarfod Archer Thomson a dringodd y Täschhorn gydag ef mewn tywydd garw. Bu'r ddau yn dioddef o ewinrhew ysgafn o ganlyniad. Aeth y ddau wedyn yng nghwmni Joseph Knubel a chroesi'r Matterhorn ddwywaith mewn tridiau, yr eildro ar hyd crib y Zmutt. Ar ddiwedd y tymor llwyddiannus hwn aeth i'r Ynys Hir, Yr Alban i ddringo. Roedd ar begwn uchaf ei ffitrwydd a'i fedrau dringo yn ystod y cyfnod hwn.

Muriel Gwendolen Edwards

Ym mis Awst 1912 priododd H. O. Jones gyda Muriel Gwendolen Edwards, ail ferch y Parchedig William Edwards, Ficer Bangor o 1886 hyd ei farwolaeth yn 1913. Ganed Muriel ar 12 Mawrth 1886 yn Llanberis, ac fe'i haddysgwyd yn Ysgol Ashleigh, Streatham, ac ym Mhrifysgol Cymru, Bangor, o 1903. Roedd yn fyfyrwraig ddisglair gan gymhwyso ar gyfer gradd B.Sc. gydag anrhydedd mewn cemeg yn 1909. Yr arholwr allanol oedd yr Athro Humphrey Owen Jones. Cymerodd Muriel ran flaenllaw ym mywyd y coleg, yn y Gymdeithas Drafodaeth Lenyddol, y Clwb Tenis, yn ogystal â chanu mewn pedwarawd yn Eisteddfod y Coleg. Arhosodd ym Mangor am bedwar tymor ychwanegol yn gweithio dan arolygaeth K. J. P. Orton ar buro asid asetig ar gyfer ei ddefnyddio mewn astudiaethau cinetig ar glorineiddio. Derbyniwyd hi'n Gymrawd o Brifysgol Cymru yn 1910, ac o ganlyniad i'r cymhwyster hwnnw aeth i Gaergrawnt yn ystod tymor y

Muriel Gwendolen Edwards
Llun o Archif JSTOR

Grawys, 1911. Ymunodd â Choleg Newnham lle bu'n gweithio dan arolygaeth H. O. Jones ar arbrofion mewn Cemeg. Cyhoeddwyd dyweddïad Muriel Gwendolen Edwards â Humphrey Owen Jones ar ddechrau haf 1912.

Ymddengys bod Muriel yn gymeriad cryf a diflino, yn ei gwaith ac ar y mynyddoedd. Bu'n arwain parti o ferched ar un o ddringfeydd y Llethrau Caws, Cwm Idwal, ac hefyd ar y 'Pinnacle Ridge' o'r Sgurr nan Gillean, ar yr Ynys Hir. Treuliodd Muriel a H. O. wyliau'r Calan a'r Pasg, 1912, ym Mhen-y-Pas cyn i'w dyweddïad gael ei gyhoeddi, ac fe'u priodwyd ar 1 Awst y flwyddyn honno yng Nghadeirlan Bangor.

Treuliwyd rhan gyntaf y mis mêl yn Chamonix, mewn tywydd garw, a'r unig ddringo a gyflawnwyd ganddynt oedd ar yr Aiguille de l'M a'r Aiguille des Petits Charmoz. Cyrhaeddodd Geoffrey Winthrop Young a Joseph Knubel ar 9 Awst, ond roedd y newyddion trist am farwolaeth ddiweddar Archer Thomson yn pwyso'n drwm ar eu meddyliau ac yn pylu'r dathliadau tra buont yn aros yng nghaban y Gamba wrth droed yr Innominata am ychydig ddyddiau. Arhosodd Muriel yn y caban ar yr 11 o'r mis tra'r aeth H. O., ei dywysydd Julius Truffer, Young a Knubel i wneud y ddringfa gyntaf o gopa gogleddol y Dames Anglaises. Daeth y Dr. Paul Preuss i'r caban ar 12 Awst, a'i adroddiad ef o'r hyn a ddigwyddodd wedyn a gyflwynir yma.[15] Ef oedd un o ddringwyr gorau Awstria yn y cyfnod hwn, yn D. Phil. Prifysgol Munich, ffisiolegydd planhigion ac athronydd, a gollodd ei fywyd tra'n dringo ar ei ben ei hun yn Awstria yn ystod mis Hydref, 1913.

Gan fod y tywydd yn anffafriol aeth Young a Knubel lawr i Courmayer ar y 13 o'r mis, ond erbyn y 15 roedd y tywydd wedi gwella a phenderfynwyd dringo y Mont Rouge de Peuterey, crib na lwyddwyd i'w ddringo gan neb o'r blaen. Cychwynodd H. O. Jones, ei wraig Muriel, Dr. Paul Preuss a'r tywysydd Julius Truffer gan raffu i fyny wedi cyrraedd Rhewlif Fresnay. Dechreuwyd ar y dringo o ddifrif o'r pant rhwng y Mont

Aiguille Blanche de Peuterey ar Mont Blanc – Pointe Jones wedi'i nodi
Llun o Archif Wikipedia

Rouge a'r Aiguille Noire, lle gofynnodd H.O. i Preuss fynd i gael golwg am y ffordd orau ymlaen. Dywed Preuss mai prif reswm H.O. am ofyn iddo wneud hyn oedd er mwyn arbed ei wraig rhag unrhyw waith dringo dianghenraid, ond ychwanegodd nad oedd yn credu y byddai unrhyw anhawster difrifol yn eu wynebu. Truffer oedd yn arwain, Muriel wedyn a H.O. Jones yn olaf ar y rhaff, ac yn hyn o beth aeth yn groes i gyngor Preuss o roi'r wraig ifanc ar waelod y rhaff.

Ymlwybrodd y parti oedd ar y rhaff ymlaen yn araf gan roi digon o amser i Preuss sgowtio'r ffordd ymlaen yn drylwyr. Dilynwyd y grib ar y cychwyn, ond bu'n ofynnol dal ychydig allan ar ochr Fresnay er mwyn osgoi rhwystr. Dywed Preuss ei fod ef ar dir diogel, ryw chwe medr uwchben Truffer, a oedd ar fin gadael simnai gul o gwter yn y graig a symud i'r chwith. Roedd Muriel ddwy fedr islaw wrth waelod y simnai mewn safle dda a phymtheng medr o raff yn gorwedd yn rhydd rhyngddi a'r tywysydd, a Jones yn union islaw iddi hi. Er bod y tywysydd wrthi'n

150

dringo'n ofalus daeth gafaeliad o faint hanner bricsen yn rhydd o'r clogwyn wrth iddo roi ei bwysau arno a disgynnodd wysg ei gefn gan lusgo Muriel a H. O. Jones i lawr y dibyn tua'r rhewlif tua tri chan medr islaw. Nid ynganwyd unrhyw air nac ebychiad na gwaedd. Preuss oedd yr unig un a oroesodd i adrodd yr hanes, ac mae'n pwysleisio nad oedd rithyn o wirionedd yn y straeon am hongian ar y rhaff a chrogi wrthi, a ymddangosodd mewn rhai newyddiaduron yn ddiweddarach. Daliai Preuss mai'r prif reswm am y ddamwain oedd i'r darn o graig ollwng wrth i'r arweinydd roi ei bwysau arni, ond roedd hefyd yn feirniadol o drefn y dringwyr ar y rhaff gan bwysleisio mai'r gwannaf a ddylai fod yn olaf, a bod hyd y rhaff rhyngddo ef a'r ail yn llai na'r darn rhwng yr ail a'r arweinydd. Barn Winthrop Young yn ddiweddarach oedd na fyddai trefn y rhaffu wedi gwneud unrhyw wahaniaeth gan i Truffer ddisgyn ar H. O. Jones gan ei fwrw oddi ar ei safle.

Cludwyd y cyrff i lawr i Courmayeur drannoeth y trychineb lle roedd nifer o selogion Pen-y-Pas yn barod i ymgymryd â'r trefniadau angenrheidiol, ac roedd Young, Eckenstein, Mallory, Pope a Reade yn bresennol yn yr angladd yno. Digwyddodd y trychineb ymhen bythefnos wedi eu priodas, ac roedd hynny yn ychwanegu at y tristwch mawr a deimlwyd yn y gymdeithas fynydda, yn ogystal â'r boblogaeth yn gyffredinol; cynhaliwyd gwasanaethau coffa yng Nghymru a Chaergrawnt. Sefydlwyd yr 'H. O. Jones Lectureship in Physical Chemistry' yng Nghaergrawnt o fewn blwyddyn a chyflwynodd Coleg Prifysgol Cymru, Bangor a Choleg Newnham Wobrau Muriel Edwards mewn Gwyddoniaeth. Mae cofeb i H. O. Jones yn Ysgol Lewis, Pengam, ac fel y 'Pointe Jones'[16] yr adnabyddir copa gogledd orllewinol yr Aiguille Blanche (4104m) hyd heddiw.

Botanegydd oedd yr Athro John Bretland Farmer, a urddwyd yn farchog yn ddiweddarach, ond gwelir ei enw yntau deirgwaith yn llyfr dringo Archer Thomson ar Lliwedd gyda dringwyr profiadol eraill fel Andrews ac Eckenstein yng nghofnodion y dringfeydd. Ymwelai â Phen-y-Pas yn gyson a threuliodd sawl haf yn dringo yn yr Alpau yng nghwmni J. Morland. Athro botaneg yn y 'Royal College of Science', Llundain, oedd Farmer yn ystod y cyfnod hwn ac ef oedd yn arolygu gwaith J. Lloyd Williams yn ystod y cyfnod a dreuliodd yntau yno yn astudio gwymoneg.

Robert Camber-Williams

Robert Camber-Williams
Llun drwy garedigrwydd
Dr. H. T. Roberts

Roedd Farmer, fel Thomson a Young, yn amlwg ymhlith y criwiau a oedd yn ymgynnull ym Mhen-y-Pas yn ystod gwyliau'r Pasg a'r Nadolig, ac un o'i gyfeillion dringo oedd y Canon Robert Camber-Williams,[17] a aned yn Llanystumdwy yn 1860 gan fynychu'r un ysgol â David Lloyd George, ond gwahanol iawn oedd eu daliadau gwleidyddol fodd bynnag. Anghydffurfwyr oedd y teulu ond troi at yr Eglwys fu eu hanes oherwydd bod Methodistiaid Llanystumdwy yn gwrthod gadael i'w plant fynychu'r eglwys yno. Treuliodd Camber-Williams gyfnod ym Mangor wedyn dan hyfforddiant i fod yn offeiriad dan oruchwyliaeth Owen Evans, is-Ganon y Gadeirlan, cyn symud mlaen i astudio yn Rhydychen ac yng Ngholeg Diwinyddol Ely. Fe'i hordeiniwyd yn ddiacon yn 1885, ac yn offeiriad ym Mangor yn 1886 cyn dechrau ar ei guradiaeth yn Eglwys y Santes Fair yno. Wedi cyfnod yn Llandudno bu'n ficer am naw mlynedd yn Nolwyddelan, ac yn ystod yr amser hwnnw daeth ei ysgrifau dadleuol ynglŷn â pherthynas crefydd a'r wladwriaeth i sylw John Owen, prifathro Coleg Dewi Sant, Llanbedr Pont Steffan, ac o ganlyniad derbyniodd wahoddiad i ymuno â'r staff yno. Yn Llanbed, rhwng 1896 a 1899, y sefydlodd Gwmni y Wasg Eglwysig Gymreig cyn cael ei benodi yn Ganon Genhadwr Esgobaeth Tyddewi yn 1899. Cyhoeddwyd nifer o lyfrau gan y wasg yn Llanbed yn ogystal â chylchgronau fel *Yr Haul*, *Y Llan* a *Perl y Plant*, a sefydlwyd gan Camber-Williams ei hun yn 1900.

Ymddangosodd erthyglau ganddo ar ddringo yn *Yr Haul* yn 1909, a dwy arall ar ddringo Craig yr Aderyn,[18] dringfa ar Lliwedd, y flwyddyn ganlynol. Erbyn hynny roedd yn aelod o'r 'Climbers' Club'[19], ac fel y gwelsom yn yr ail bennod cyfrannodd erthygl i gylchgrawn y clwb hwnnw yn 1914. Mae ei erthyglau yn y cylchgronau Cymraeg yn dadlennu llawer am ei brofiadau ar y mynyddoedd; rhaid cofio mai ar gyfer plant a ieuenctid yr ysgrifennodd y rhai a gyhoeddwyd mewn gwahanol rifynnau o *Perl y Plant*,[20] ond ceir ynddynt gofnodion diddorol o'i aml ymweliadau ag Eryri yn ystod y cyfnod rhwng 1908 a 1914. Ceisiai greu darlun i'w ddarllenwyr ifainc o dirwedd Eryri drwy ddweud wrth y darllenwyr am osod eu llaw ar y bwrdd a dychmygu ffurf y dyffrynnoedd rhwng y gwahanol fysedd. Ceisiodd hefyd fathu enw Cymraeg ar ran uchaf o Lwybr Penygwryd i'r Wyddfa drwy gyfieithu'r term Saesneg 'zig-zags' yn 'Miga Moga'; Llwybr y mul yw'r enw Cymraeg arno gan mai dyma'r ffordd yr arferid cludo'r copr o'r gwaith ger Llyn Glaslyn. Yn yr un erthygl mae'n cofnodi'r enedigaeth gyntaf ar gopa'r Wyddfa pan aned plentyn i Mr. a Mrs. Evans oedd yn gofalu am un o'r cabanau yno. Yn ôl un erthygl a ymddangosodd yn *Y Llan* yn 1910 cafodd ei feirniadu am glodfori dringo mewn mannau peryglus a chodi ofn ar blant, ond mae'n amlwg na newidiodd fawr ar ei arddull o ganlyniad, ac roedd yn gwbl grediniol bod ei ddarllenwyr ifainc yn mwynhau darllen am ei anturiaethau cyffrous mynyddig. Roedd yn amlwg o flaen ei amser yn ceisio cael mwy o ieuenctid i ymddiddori mewn cerdded a dringo mynyddoedd, a hynny mewn oes pan nad oedd y sbort un ai yn apelio nac yn cael ei hyrwyddo yng Nghymru. Yn wir, pan gyflwynwyd mynydda elfennol i weithgareddau'r Urdd yn ystod y 1940au ni bu unrhyw ymgais i ddatblygu dringo go iawn am tuag ugain mlynedd arall.

Daw i'r amlwg yn ei ysgrifau y gallu diflino o gerdded oedd gan bobl bryd hynny gan fod cerdded yn rhan annatod o'u bywyd bob dydd. Er bod gwasanaeth trên yn cludo teithwyr i Lanberis a Bethesda rhaid oedd cerdded ymlaen wedyn er mwyn cyrraedd Pen-y-Pas neu Ogwen Cottage. Wrth gwrs, roedd yn bosib llogi car a cheffyl, ond, ar wahân i'r gost ychwanegol doedd hynny ddim yn ymarferol bob amser fel y crybwyllwyd yn gynharach, ac ar ddiwedd cyfnod o wyliau ar y mynyddoedd a'r trên olaf wedi ymadael cerdded oedd yr unig ffordd o ddychwelyd adref.

Ysgrifennodd yr erthyglau mynydda a ymddangosodd yn *Yr Haul*[21] ar gyfer oedolion, ac maent yn sicr o apelio at haneswyr y pwnc. O gofnodi ei brofiadau ei hun dywed mai anaml iawn y byddai unrhyw un yn ymateb i'w gyfarchiad 'Bore da' ar y mynyddoedd, ac mae'n mynd ymlaen i adrodd hanes ymwelydd o Lundain yn holi'r ffordd i gopa'r Wyddfa gan fugail yng Nghwm Llan. Cydgerddodd y bugail gyda'r ymwelydd a phan ofynnwyd iddo pa fath le oedd ar y copa atebodd y bugail na fu ef erioed yno, dim ond cyn belled â Bwlch y Saethau. Synnwyd y dieithryn gan agwedd y bugail tuag at brydferthwch yr ardal ac atebodd drwy ofyn iddo a fu ef erioed ar ben Eglwys Gadeiriol Sant Paul, ar ateb oedd na fu. 'Wel fe fûm i' meddai'r bugail a rhoddodd hynny daw ar y teithiwr.

Byddai'n arferiad gan Camber-Williams gerdded i gopa'r Glyder Fawr wedi iddo gyrraedd gwesty Pen-y-Pas ar ddechrau gwyliau, er mwyn 'torri'r garw' chwedl yntau. Yn ystod un daith o'r fath cyfarfu â dau gerddwr oedd wedi cychwyn eu taith gerdded o Ogwen Cottage. Roeddynt wedi gadael Leeds am 6 o'r gloch y noson gynt ac wedi cyrraedd Bangor am 4 y bore, ac yna wedi teithio i Fethesda gyda'r car post, cyn cerdded ymlaen i Ogwen. Wrth geisio dilyn y ffordd i fyny'r Glyder heibio Twll Du collasant y llwybr yng nghanol y clogfeini a throdd y ddau yn ôl. Wedi mynd i lawr llwyddodd y ddau i ddringo'r Garn o Gwm Idwal a chroesi wedyn at y Glyder Fach, ac roeddynt ar eu ffordd i lawr am Lanberis i ddal y trên bost adref pan ddaethant i gyfarfod Camber-Williams. Roedd yn ofynnol i'r ddau fod wrth eu gwaith mewn ffatri yn Leeds erbyn 8 y bore, ac wrth eu gweld yn prysuro i lawr y mynydd meddyliodd Camber-Williams na fuasai gan yr un gweithiwr lleol rithyn o ddiddordeb mewn cyflawni'r fath gamp.

Gellir cyflwyno ambell ffaith sy'n gwrthbrofi'r sylw hwn fodd bynnag. Trigai J.W. Wyatt, ym Mryn Gwynan [sic], Beddgelert, ac roedd yn aelod o'r 'Climbers' Club' o 1901 hyd at 1907. Mewn ysgrif a gyhoeddwyd yng nghylchgrawn y clwb hwnnw mae'n adrodd ei hanes yn dringo ym mis Ionawr heibio rhaeadr Cwm Dyli at Lyn Teyrn i fyny at Fwlch y Moch, ac wedyn ymlaen at wyneb gogledd ddwyreiniol Crib Goch. Roedd y mynyddoedd dan gwrlid o rew ac eira a rhaid oedd defnyddio bwyell rew i gyflawni'r ddringfa. Wedi cryn drafferthion llwyddwyd i ddod i lawr i Fwlch Llanberis drwy'r Cwmglas Mawr a chyrraedd am 7.15 fin nos. Cyhoeddodd Wyatt hanes un arall o'i ddringfeydd yn yr un cylchgrawn yn ystod gaeaf y flwyddyn ganlynol. Aeth i fyny o Nantgwynant i Gwm Dyli a dringo'r graig rhwng Bwlch Ciliau a Bwlch y Saethau a disgyn i lawr wedyn i Gwm Llan. Mae'n codi amheuaeth ynglŷn ag enw'r crib a elwir 'Y Gribin' sy'n codi o ymyl Llyn Glaslyn i Fwlch y Saethau gan ddweud mai'r enw Cymraeg arni gan y bobl leol yw 'Criman' neu 'Crimiau' sy'n golygu crib, ac mai 'Craig y Griman' neu 'Pen y Griman' yw'r enw ar ei phen uchaf. Yr hyn sy'n ddiddorol ynglŷn â llythyrau Wyatt yw mai fel 'a man from this valley' mae'n disgrifio ei gydymaith yn ystod y dringfeydd hyn. Mae hyn yn profi bod o leiaf ambell ddyn lleol yn mwynhau mynydda, ac mae'n bur debyg mai un o'r dosbarth gweithiol ydoedd neu buasai wedi cael ei enwi ganddo.[22] Prawf arall o'r bwlch a fodolai rhwng y gwahanol ddosbarthiadau yn y gymdeithas bryd hynny.

Sylwodd Camber-Williams ar y newid a fu ym Mhen-y-Pas ers yr adeg y daeth yno am y tro cyntaf pryd y:

> safai amryw ddynion, … o gylch drysau Penygwryd a Phenypass tra disgwylid pob trên yn Llanberis gan fintai fawr o ferlod wedi eu cyfrwyo, a dynion a ffyn cyhyd a hwy eu hunain. Yr adeg honno ychydig a fentrai y Wyddfa yn enwedig o Gapel Curig heb "Guide". A safent i'w cyflogi wrth ddrysau y gwestai. Yn aml iawn cyflogid dau i fyned â dau neu dri i fyny.[23]

Mae'r ffaith hon am y tywysyddion lleol yn aros am gwsmeriaid wrth ddrysau'r gwestai yn cyd-fynd â'r arferiad oedd ym mhentrefi'r Alpau yn ystod yr un cyfnod. Mewn stori arall gan Camber-Williams gwelir mai eithriad oedd i Gymry logi tywysyddion mynydd. Yn Saesneg y siaradai Ceiriog a Mynyddog tra'n cerdded i ben yr Wyddfa un tro gyda dau dywysydd, ond pan welwyd pelydrau cyntaf yr haul yn tywynnu dros y gorwel dywedodd un o'r beirdd yn Gymraeg bod yr olygfa yn haeddu englyn. 'Dim byddigions ydi'r rhain, Cymry ydyn nhw' meddai un tywysydd.

Mae'n enwi dringwyr eraill heblaw Farmer y bu yn dringo gyda hwy. A.W. Andrews oedd yn gyd-awdur gydag Archer Thomson ar y llyfr dringo ar Lliwedd oedd un, hefyd J.C. Morland, dyn busnes o Glastonbury, Gwlad yr Haf, a ddringodd Glogwyn Du'r Arddu yn Rhagfyr 1898, Dr. O.K. Williamson a T. Picton, athro yn ysgol enwog St. Paul, Llundain, ac enwau llai adnabyddus fel y Dr. Clarke, a Dr. Graham, Richards, Tetley, Dunn a Hill. Mae'n ddiddorol sylwi hefyd bod aelodau o'i deulu a Chymry eraill yn dringo gydag ef, fel Robert Keble Williams, mab ei frawd William a fu'n gurad iddo yn Llanbed, Katie a Jen, a ddringodd gwter ddeheuol Tryfan yn 1912, ac Illtyd, Nona a Geraint sydd a'i llun yn ymddangos yn rhifyn Hydref, 1912 o'r *Perl*, yn paratoi i ddringo clogwyni glan môr Porth Glais, Tyddewi; arferiad nad oedd wedi datblygu bryd hynny i'r un graddau ag y mae heddiw.

Bu Camber-Williams yn dringo llawer ar Lliwedd, Tryfan, Clogwyn y Person a Thwll Du, a chroesodd Grib Goch sawl tro ym mhob tywydd gan gwblhau taith 'Pedol yr Wyddfa', sef cerdded ymlaen dros Fwlch y Saethau a Lliwedd ar ôl cyrraedd copa'r Wyddfa. Nid mynyddwr tywydd braf mohono, a phan fyddai'n rhy arw ar y clogwyni mawr byddai'n bodloni ar ddringo Craig Llyn Teyrn sy'n nes at westy Pen-y-Pas. Mae'n sôn llawer am groesi'r mynydd o Ben-y-Pas dros y Glyder Fawr ac i lawr at Lyn y Cŵn, ac o Benygwryd ar hyd hen lwybr y mwynwyr drosodd i Fwlch Tryfan a lawr i Ogwen. Roedd yr hen lwybr hwn yn cael ei ddefnyddio'n gyson gan fynyddwyr oedd yn croesi o un gwesty mynyddig i'r llall.

Derbyniodd wahoddiad i wasanaethu yn Rosenlaui, Y Swistir, yn lle Archddiacon Caerfyrddin a thra roedd yn aros yn Kandersteg clywodd y newydd trist am farwolaeth H.O. Jones, ei wraig, a'u tywysydd tra'n dringo'r Mont Rouge de Peuterey. Cerddodd Camber-Williams at Fwlch Gemmi, cyn dychwelyd i Kandersteg a thynnodd luniau o'r ardal ar gyfer eu cyhoeddi yn *Y Perl* yn 1912.

Dair blynedd yn ddiweddarach bu dirywiad yn iechyd Camber-Williams, ac wedi dioddef cystudd hir bu farw ym Mawrth 1924. Roedd ei fywyd yn llawn digwyddiadau trist. Bu farw ei bedwar plentyn yn fabanod, a chollodd ei wraig yn 1910, ac yn ystod yr amser pan oedd y trefniadau terfynol yn mynd rhagddynt i ddatgysylltu'r Eglwys Sefydledig yng Nghymru ar ddiwedd y Rhyfel Mawr, daeth diwedd ar Gwmni'r Wasg Eglwysig Gymreig. Gan nad oes sôn amdano yn *Y Bywgraffiadau Cymreig* erys hanes ei fywyd yn y traethawd yr ymgynghorwyd ag ef yma, a'i hynt a'i helynt fel mynyddwr yn y cylchgronau a hyrwyddwyd ganddo.

NODIADAU: Pennod 6

1. *The Climbers' Club Journal*, vol. 3, June 1901, No. 12, t.202.
2. Llawysgrif Llyfrgell Genedlaethol Cymru. J. Lloyd Williams B2/8.
3. J.M. Archer Thomson ac A.W. Andrews, *The Climbs on Lliwedd*, Edward Arnold, London, 1909.
4. J.M. Archer Thomson, *Climbing in the Ogwen District*, Edward Arnold, London, 1910
5. *The Climbers' Club Journal*, vol. 11, March 1909, No. 43, t.94.
6. Walt Unsworth, *Encyclopaedia of Mountaineering*, Hodder & Stoughton, London, Sydney, Auckland, 1992, tt.354-355.
7. Geoffrey Winthrop Young, *On High Hills*, Methuen, London, 1947, (5ed arg.) tt.8-9.
8. William Jones Williams, *Climbers' Club Journal*, 68, (1942), tt.66-67.
9. Alan Hankinson, *The Mountain Men*, Heinemann Educational Books, London, 1977, tt.57-58.
10. *The Climbers' Club Journal*, vol. 1, February 1899, No. 3, tt.85-88.
11. Ibid., t.87.

12. *Y Bywgraffiadur Cymreig hyd 1940*, t.441. John Shorter, 'Humphrey Owen Jones (1878-1912)', *Climber and Rambler*, 18, 2, Chwefror, 1979, tt.18-23.
    Idem. 'Humphrey Owen Jones, F.R.S. (1878-1912), Chemist and Mountaineer', *Notes and Records of the Royal Society of London*, Vol. 33, No. 2, (March, 1979), tt. 261-277.
13. Geoffrey Winthrop Young (gol.), *Mountain Craft*, Methuen, London, ail arg., 1921, tt.89-90.
14. *The Alpine Journal* 27, 1913, tt.71-73.
15. *The Alpine Journal* 26, 1912, tt.454-455.
16. Richard Goedeke, *The Alpine 4000m Peaks by the Classic Routes*, Diadem Books, London, 1991, t.226.
17. Huw Tegid Roberts, B.A. (Anrh.), *Bywyd a Gwaith Robert Camber-Williams 1860-1924* [.] *Amddiffynnydd Eglwysig Cymraeg*, Traethawd MTh 2002.
18. J. M. Archer Thomson ac A.W. Andrews, (1909) op. cit., tt.66-68.
19. *The Climbers' Club Journal*, vol. 12, no. 48, June 1910, t.172.
20. R. Camber-Williams, 'Ar hyd y Cribau' *Perl y Plant*, Cyf. 9, Rhifyn 105, Medi 1908, tt.278-284.
    Ibid., 8/93, Medi 1907, tt.265-268, 'Wythnos ym Mhen y Pass'.
    Ibid., 11/129, Medi 1910, tt.266-272, 'Yn y North Gulley'.
    Ibid., 11/130, Hydref 1910, tt.302-309, 'Ar y Lliwedd'.
    Ibid., 12/135, Mawrth 1911, tt.71-76, 'Pen y Pass yn y Gaeaf.
    Ibid., 12/141, Medi 1911, tt.257-261, 'Dringo bach diniwed'.
    Ibid., 13/149, Mai 1912, tt.142-145, 'Yn y 'South Gulley'.
    Ibid., 13/153, Medi 1912, tt.262-266, 'Yng ngwlad y Swisiaid'.
    Ibid., 13/154, Hydref 1912, tt.295-299, 'Chwarae dringo'.
    Ibid., 14/161, Rhagfyr 1913, tt.133-138, 'Tridiau ym Mhen y Pass'.
    Ibid., 15/174, Mehefin 1914, tt.165-169, 'Tridiau ar y mynyddoedd'.
    Ibid., 15/177, Medi 1914, tt.264-268, 'Yn y mynyddoedd'.
    Ibid., 15/177, Medi 1914, tt.304-309, 'Hen gydnabod'.
21. *Yr Haul*, Rhif. 126, Awst 16 1909, cyf. xi, tt.243-249, 'Ar y mynyddoedd'.
    Ibid., Rhif. 127, Medi 15 1909, cyf. xi, tt.271-277, 'Mwy o ddringo'.
    Ibid., Rhif 138, Awst 15 1910, cyf. xii, tt.252-254, 'Craig yr Aderyn'.
    Ibid., Rhif 139, Medi 15 1910, cyf. xii, tt. 266-273, 'Craig yr Aderyn'.
22. *The Climbers' Club Journal*, Vol. iv, 1902, No. 15, tt.147-147.
    Idem., Vol. v, No 18, tt.86-87.
23. *Yr Haul*, Rhif. 126, t. 246.

7
Y mynyddoedd anghysbell

Fel y gwelwyd eisoes roedd yn weddol hawdd i fynyddwyr o Brydain deithio i wledydd fel Ffrainc, Awstria, yr Eidal a'r Swistir yn ystod teyrnasiad y Frenhines Victoria a'r cyfnod Edwardaidd ar ddechrau'r ugeinfed ganrif, ond buan y gwelwyd yr awydd i ddringo mynyddoedd mawr cyfandir Asia yn cynyddu. Mater cwbl wahanol, fodd bynnag, oedd i ymwelwyr lwyddo i gael mynediad i wledydd fel Nepal a Tibet oni bai eu bod yn cynrychioli'r Llywodraeth ne'n aelodau o'r fyddin.

Gan fod mynyddoedd mawr yr Alpau wedi eu harloesi, a dringfeydd newydd yn cael eu darganfod yn aml ar fynyddoedd yr Ynysoedd Prydeinig rhaid oedd troi golygon at gyfandiroedd Asia ac America er mwyn archwilio'r rhannau gwag oedd yn parhau i'w gweld ar fap y byd. Roedd Pegwn y Gogledd wedi ei gyrraedd gan Americanwr o'r enw Robert Peary ac roedd Roald Amundsen o Norwy wedi cael y blaen ar Scott i Begwn y De, gan guro Prydain i ddau o fannau mwyaf anghysbell y byd. Gan fod pegynau'r Arctig a'r Antarctig wedi eu fforio canolbwyntiodd mynyddwyr a daearyddwyr Prydain ar drefnu ymgyrchoedd ar y 'trydydd pegwn' sef Chomolungma, neu Mount Everest (8848m), y mynydd uchaf yn y byd. Bu mwy nag un Cymro, a rhai o dras Gymreig, heb sôn am lawer fu'n dringo'n rheolaidd yn Eryri, yn gysylltiedig â'r amryw ymgyrchoedd a fu arno cyn i'r mynydd gael ei ddringo yn 1953.

Erbyn blynyddoedd canol y bedwaredd ganrif ar bymtheg roedd Prydain yn bwrw mlaen gyda'r gwaith enfawr o gynnal arolwg ar is-gyfandir India o Cape Cormorin yn y de at yr Himalaia yn y gogledd. Dyma'r arolwg gwyddonol mwyaf uchelgeisiol o'i fath i gael ei gynnal yn y byd yn ystod y cyfnod hwnnw. Dechreuwyd ar y gwaith dan gyfarwyddyd swyddog yn y fyddin o'r enw William Lampton yn 1802, ac yn dilyn ei farwolaeth olynwyd ef gan y Cyrnol George Everest a aned yn sir Frycheiniog yn 1790. Cwblhawyd y gwaith ar y rhan fwyaf o'r wlad dan ei oruchwyliaeth ef gan osod y sylfaen ar gyfer mesur mynyddoedd mawr yr Himalaia maes o law. Urddwyd ef yn Farchog yn 1861 a bu farw yn 1866, ond er i fynydd ucha'r byd gael ei enwi ar ei ôl roedd wedi ymddeol cyn i'r arolwg ar y mynyddoedd mawr ddechrau o ddifrif, a'r tebyg yw na welodd George Everest Chomolungma erioed.

Cyn troi at yr Himalaia rhaid rhoi golwg ar hanes diddorol Cymro a oedd yn un o'r rhai a lwyddodd drwy ymgyrch ryfeddol i gyrraedd un o gopaon Denali, neu Mount McKinley[1] (6194m), y mynydd uchaf yng ngogledd America. Yn 1897 tra'n archwilio'r tiriogaethau anghysbell i'r gogledd o Fornant Cook gwelodd carfan o fforwyr fynydd mawr gwyn yn codi o'r tryblith rhewlifoedd ac yn llawer uwch na mynyddoedd eraill Cadwyn Alasga. Penderfynwyd rhoi'r enw 'Mount McKinley' arno – a dilyn arferiad hurt gan fforwyr y cyfnod o enwi mannau newydd ar ôl gwleidyddion. William McKinley o Ohio oedd y pumed Arlywydd ar hugain ar yr Unol Daleithiau ond saethwyd ef yn 1901 gan anarchydd yn dilyn gyrfa ddigon di-nod. Mae'r enw brodorol Denali yn cael ei arddel ar y mynydd bellach. Saif Denali gan milltir o arfordir garw gogleddol y Môr Tawel ac yng nghanol tiroedd gwyllt o fforestydd, ceunentydd, ac afonydd mawr, a dim ond ychydig iawn o'r brodorion a drigai yno yn 1910 yng nghanol yr eirth a'r bleiddiaid. Tarfwyd ar lonyddwch ymylon y diriogaeth hon drwy ddyfodiad y dynion gwynion i chwilio am aur yn yr Yukon gan ymestyn eu mwyngloddio wedyn i Alasga.

Yn 1903 ceisiodd James Wickersham ddringo'r mynydd o Rewlif Peters ar wyneb gogleddol a adnabyddir heddiw fel y 'Wickersham Wall', lle peryglus oherwydd mynych gwympiadau eira, ac ni lwyddwyd i ddringo'r ffordd yma yn llwyddiannus tan 1963. Dywedodd y Dr. Frederick A. Cook iddo deithio o amgylch y mynydd, taith ryfeddol o gofio ansawdd y tirwedd a'r tywydd, a mynnai Cook hyd ei awr olaf iddo ddringo i'w gopa yn 1906, a chan ei fod yn fforiwr a theithiwr profiadol a diysgog doedd dim rheswm dros beidio â derbyn ei stori. Ond, roedd y gŵr hwn hefyd wedi honni iddo gyrraedd Pegwn y Gogledd flwyddyn o flaen Peary a phrofwyd mai celwydd oedd yr honiad hwnnw. Cafodd yr enw o fod y twyllwr mwyaf digywilydd gan fforwyr y cyfnod o hynny ymlaen. Yn ôl Cook roedd wedi dringo Denali gyda thri arall, ac wedi cyrraedd y copa gyda gŵr o'r enw Barrill, gan ddangos ffotograff er mwyn ceisio profi hynny. Beth amser yn ddiweddarach aeth Barrill ar ei lw na fu Cook yn nes na phedair milltir ar ddeg i'r mynydd, ac mai o ben rhyw fryn dinod y tynnwyd y llun. Bwriwyd cryn amheuaeth ar honiad Cook o'r cychwyn gan fod y mynydd anferth hwn yn gofyn am fedrau mynydda o'r safon uchaf os am groesi ei rewlifoedd a'i gribau rhewllyd yn llwyddiannus.

Denali – Mount McKinley
Llun o Archif Wikipedia

Saif Denali yng nghanol cadwyn mynyddoedd Alasga sy'n ymestyn dros ranbarth sylweddol de-ganolbarth y dalaith. Mae tua chant tri deg o filltiroedd i'r gogledd-ogledd orllewin o Anchorage a chant pum deg pump milltir i'r de-orllewin o Fairbanks, ac mae ei gopa tua thri deg pum milltir o unrhyw briffordd fodern, ond yn fwy anghysbell gan mlynedd yn ôl. Mae dau gopa i Denali; yr un deheuol yw'r uchaf.

Tom Lloyd a Denali

Esgorodd yr her o ddringo Denali ar noson aeafol yn salŵn Billy McPhee yn Fairbanks a'r lle yn llawn mwynwyr a helwyr oedd wedi hen arfer byw yng nghanol oerfel ac eira parhaol yn ystod gaeafau deng mis Alasga. Roedd mor oer y tu allan, meddir, nes bod poer dyn yn rhewi cyn cyrraedd y llawr. Mwnchwiliwr o Gymro oedd Tom Lloyd a safai wrth y bar gyda'i gyfeillion yn dadlau a oedd modd dringo i ben Denali (Mount McKinley oedd yr enw cyfarwydd arno bryd hynny ymhlith y mwynwyr) a oedd, yn weddol ddiweddar, wedi ei enwi fel y mynydd uchaf yng ngogledd America. Mae'n amlwg mai drwy herio a betio tra'n yfed wisgi y daeth y cynllun i fodolaeth, gyda Billy McPhee uchel ei gloch yn llywyddu

160

a Tom Lloyd yn datgan y gallai ef gyrraedd copa McKinley gyda'i bartneriaid. Dywedodd McPhee wrtho ei fod yn rhy hen a thew i ddringo'r mynydd ond seliwyd y sialens gyda chyfraniad o $1500 rhwng tri dyn lleol, i'w dalu petai Lloyd, neu un o'i bartneriaid, yn llwyddo i gyrraedd copa'r mynydd cyn 4 Gorffennaf 1910. Mis Rhagfyr oedd hi ar y pryd ac Alasga dan eira trwm a fyddai'n parhau am rai misoedd eto, ond bwriodd Tom Lloyd ymlaen gyda'i baratoadau. Roedd tri arall wedi addo bod yn rhan o'r ymgyrch, William Taylor, ei gydweithiwr yn y mwnglawdd, a dau arall y bu'n gweithio gyda hwy ers blynyddoedd, Charlie McGonagall a'r Swediad Pete Anderson. Prin iawn oedd profiad y pedwar cyn belled â bod dringo mynyddoedd yn y cwestiwn, ond roeddynt yn brofiadol iawn ac wedi hen arfer teithio mewn eira ac edrych ar eu hol eu hunain yn eangderau coediog Alasga.

Bwriad Tom Lloyd oedd teithio at y mynydd drwy ddull y mwnchwiliwr, sef defnyddio esgidiau eira, timau o gŵn a slediau, a marcio'r rhan olaf o'r llwybr tua'r copa â nifer helaeth o bolion coed. Roedd wedi cael y gof yn Fairbanks i osod bachau o haearn ar bolion cryf, un pen iddynt yn sengl a miniog a'r pen arall yn fforchog, ar gyfer dringo llethrau serth o rew. Ar 20 Rhagfyr 1909 cychwynnodd y parti tra unigryw hwn o 'fynyddwyr', i fonllefau byddarol torf oedd wedi ymgynnull o flaen Gwesty'r Pioneer, allan i groesi eangderau rhewllyd Alasga i gyfeiriad Denali. Roedd chwe dyn yn y parti ar y cychwyn, a dim un ohonynt gydag unrhyw fath o brofiad blaenorol o fynydda, dau dîm cŵn a sled, dau geffyl a mul, yn cario blawd, lard a choffi a chynfas lydan o sidan balŵn i'w gosod rhwng polion ar ffurf pabell. Mae'n debyg bod y ddau oedd wedi ymuno â'r criw yn ychwanegol, Robert Horn a Charles Davidson, wedi cweryla gyda'r lleill ac yn fuan wedi'r cychwyn aeth yn ysgarmes gyda rhai o'r lleill a'r diwedd fu iddynt droi'n ôl am adref. Mae'n debyg mai'r ffordd arferol i setlo unrhyw anghydfod yn y wlad galed a garw honno yn y cyfnod afreolus hwnnw oedd â dyrnau neu â gwn.

Teithiodd y pedwar ymlaen dros ddiffeithwch gwyn Alasga gan wersyllu yma ac acw a saethu ambell anifail gwyllt fel y caribŵ i gael cig i'r pot. Doedd fawr bwrpas rhuthro gan y byddai'r eira yn parhau hyd at Ebrill o leiaf. Ar 14 Chwefror roeddynt wedi dod i olwg y rhewlif a chodwyd gwersyll ar gyrion y coed olaf gan aros i hela a pharatoi am y daith ymlaen. Cofnododd Tom Lloyd fanylion o'r ymgyrch mewn dyddiadur – gorchwyl anarferol i fwnchwiliwr caled a garw efallai – a chyflwynodd ef yn ddiweddarach i'r *Fairbanks Daily Times* ond mae lle i gredu iddo gael ei olygu cyn iddo ymddangos mewn print. Ymddangosodd adroddiad hefyd yn y *Daily Telegraph* yn 1910. Dyddiadur Tom Lloyd yw'r unig ddogfen ddilys sy'n cofnodi hynt a helynt yr ymgyrch ryfeddol hon, gan rai nad oedd ganddynt ddim profiad o fynydda, i un o'r mynyddoedd mwyaf anghysbell yn y byd.

O ddarllen y dyddiadur gwelir eu bod wedi dewis y ffordd fwyaf ymarferol i gyrraedd gwaelod y copa; efallai mai drwy lwc y bu hynny neu drwy reddf naturiol rhai oedd wedi arfer fforio tiroedd gwyllt, pwy a ŵyr. Gelwir y ffordd hon yn 'Muldrow Glacier' bellach ac mae'n gwyro i fyny am ddeuddeng milltir rhwng cribau Denali nes newid yn llethr serth o rew sy'n arwain at grib uchaf y mynydd. Roedd wedi ei orchuddio gan drwch o eira ac roedd yn dal i bluo drwy gydol y daith i fyny. Sefydlwyd gwersyll ar y rhewlif yn ystod canol mis Mawrth yn dilyn rhai teithiau sgowtio, a dyma ddisgrifiad Tom Lloyd o'r lle fel y'i cyhoeddwyd yn y *Daily Telegraph*:

> March 13. – Took stove, tent, and bedding up Wall Street Glacier. We called it that because you look straight up as at a wall, but in places it honestly looked to me to reach 10,000 feet up. Of course, it cannot be anything like that distance or height, but it looked to be – stretching straight up in the air. It is the grandest thing I ever saw in my life, that long stretch of glacier … The next eight miles are terrible for crevasses. You can look down in them for a distance stretching from 100 ft. to hades [*sic*] or China.[2]

Gwelwyd bod rhai o'r hafnau dwfn yn yr eira o'u blaen yn mesur tua hanner can troedfedd ar draws, ond llwyddwyd i groesi'r rhan fwyaf ohonynt dros y pontydd eira naturiol, a defnyddiwyd coed i bontio'r gweddill. Roedd rhan y timau cŵn yn profi'n anhepgorol i'r ymgyrch, yn tynnu'r coed a'r slediau ar draws yr hafnau, er bod ambell un yn llithro dros yr erchwyn ambell waith a chael ei dynnu'n ôl i fyny gerfydd ei harnais gan y lleill. Symudai'r garfan ymlaen yn araf mewn tymheredd o tua 26° dan y rhewbwynt yn aml, a'r prif bryder oedd i'r tywydd gynhesu a meddalu'r eira. Roedd llawer o amser yn mynd i dorri coed er mwyn llunio polion tal, 750 ohonynt i gyd, ar gyfer marcio'r ffordd i fyny ac i lawr y 'Wall Street Glacier', fel y'i gelwid; dyfais ddefnyddiol er mwyn cadw at y ffordd pan oedd y niwl yn drwchus. Rhoddwyd yr enw 'Pothole Camp' ar y gwersyll ym mhen uchaf y rhewlif. Lluniwyd hwn mewn hafn ddofn yn yr eira gan ddefnyddio'r gynfas o sidan balŵn i fochel rhag y stormydd eira ffyrnig oedd bron â'u dallu ac yn gwneud unrhyw ymgais o symud mlaen bron yn amhosib. Defnyddiwyd tameidiau o grwyn caribŵ a mentyll o grwyn defaid ar gyfer gwely. Unwaith yn unig y defnyddiwyd y stôf olew gan fod y gwres yn toddi gormod ar yr eira gan achosi i'r llawr suddo'n isel ac efallai agor twll i hafn ddofn islaw. Bu cryn bryder ymhlith y mwnchwilwyr pan gododd y tymheredd i rewbwynt ac achosi cwympiadau o eira yma a thraw o'u hamgylch, ac meddai Tom Lloyd:

> A slide seemed to be taking the glacier under the tent away, and startled by the sound like the report of a great gun (I had never heard anything like it before) I jumped up. It didn't seem to affect the other boys, and the Swede, who had crossed many glaciers, paid no attention at all. He simply looked at me and smiled, and said "It's just ripping a little below; it is safe here." ... The ice comes tearing down the sides of the perpendicular walls with a most awful noise, tearing and grinding its way.[3]

Mae'n amlwg bod y Swediad Pete Anderson yn ddyn o gymeriad cadarn oedd yn gallu ymdopi â'r sefyllfa yn well na'r gweddill efallai, er ei fod yn dioddef o ewinrhew ar y pryd, ond ni fyddai'n cwyno, dim ond dweud pan ofynnid iddo ei fod braidd yn ddolurus ar brydiau. Byddai'r mynych luwchwyntoedd oedd yn claddu eu gwersyll dro ar ôl tro yn ddigon i wneud i ambell barti o fynyddwyr Alpaidd roi'r ffidil yn y to, ond nid felly'r mwnchwilwyr hyn, a'u cŵn, oedd yn hollol gartrefol mewn eira mawr, a thrwy ddyfalbarhad a phenderfyniad gwnaethant eu ffordd i fyny'r rhewlif drwy ddefnyddio eu hesgidiau eira, a phan oedd yr eira yn galetach yn y mannau serth gosodwyd y dyfeisiadau haearn arnynt er mwyn cael gwell gafael. Arhosodd Taylor yn y gwersyll isaf er mwyn cario'r gwahanol anghenion i'r criw a aeth ymlaen i sefydlu'r gwersyll olaf.

Cyrhaeddwyd bwlch uchel ar 17 Mawrth a gwelwyd bod dau gopa i Denali, neu 'Mac' fel y galwent hwy y mynydd, ond roedd yn anodd dweud o edrych ar y ddau pa un oedd yr uchaf. Roedd y bwlch cul wedi ei ffurfio o eira caled heb fawr o le i godi gwersyll a chan fod y copa yn ymestyn am tua 5,000 o droedfeddi eto penderfynwyd tyllu i'r eira caled er mwyn cael lloches a chynllunio'r ymgyrch olaf at gopa'r mynydd. Ni fyddai'r cŵn yn cael eu defnyddio o hynny mlaen. Mae'n rhaid ei bod yn anodd gweld o'r lle roeddynt pa gopa oedd yr uchaf, a doedd dim teclyn fel mesurydd uchder ar gael. Gwaethygodd y tywydd tra roeddynt yn aros yn y gwersyll uchaf gyda stormydd eira parhaol a orfododd Taylor i aros am bedwar diwrnod yn y gwersyll isaf rhag dod â'r cyflenwadau angenrheidiol o fwyd i fyny i'r lleill. Y diwedd fu, wedi ofni'r gwaethaf am Taylor, i'r rhai oedd yn y gwersyll uchaf fynd i lawr i chwilio amdano ond cawsant ryddhad o'i weld yn gyrru sled a chŵn i fyny'r rhewlif i'w cyfarfod. Cafwyd popeth yn barod yn y gwersyll uchaf erbyn 1 Ebrill a chychwynnwyd tua'r copa, ond mae cryn amheuaeth ynglŷn â dilysrwydd cofnodion Tom Lloyd o'r hyn a ddigwyddodd o hynny mlaen, ac ni chofnodwyd ganddo unrhyw fanylion o'r anawsterau a gafwyd yn ystod yr ymdrech olaf oni bai nad oeddynt wedi defnyddio rhaffau, a bod pob unigolyn wedi cymryd ei siawns.

Mae'r cofnod yn nyddiadur Tom Lloyd am 2 Ebrill yn dweud iddynt ddilyn y grib i gyfeiriad y 'coast summit', sef y copa deheuol, yr uchaf o'r ddau. Mae nodyn wedi ei ychwanegu'n ddiweddarach i'r cymal hwn yn y dyddiadur sy'n dweud: 'there are two Summits to Mount McKinley, apparently of equal height and connected by a saddle. We climbed them both.' Gan na lwyddwyd i osod polyn y fflag ar y 'coast summit' oherwydd prinder creigiau cadarn addas dychwelodd y parti i lawr i'r gwersyll ar y bwlch a dringo i'r copa gogleddol y diwrnod canlynol a gosod y fflag yno. Mae'r cofnod am 3 Ebrill yn cadarnhau hyn:

> We had little difficulty in reaching the saddle, as the boys had been there previously and had cut steps, which made the ascent easier. Once there we proceeded to cross the glacier between the two summits, to the north summit where the rocks were. The distance from the left, or coast, summit to the right, or northern, summit (zigzagging as we had to go) must be about three miles, but it is a hard mater to estimate distance up in the air ... We dug down 15 in. into the rocks until we found a solid spot, where there will be no question but that the flagpole will stand, and into it we stuck that flagpole ... a straight, seasoned spruce sapling full 4 in. at the butt, and tapering to full 2½ in. at the top, and is full 14ft. long. The flag attached to it is 6 ft. by 12 ft. in size, is an American flag erected by four Americans of Welsh, Scotch, Canadian and Swedish descent, and on the flag, written thereon in ink, is the name "M.W. Griffin". The flag was raised at 2.35 p.m. on April 3, 1910. That is the story of the climb.[4]

Cyrhaeddodd Tom Lloyd, ei sled a'i gŵn, adref yn Fairbanks wyth niwrnod yn ddiweddarach i adrodd hanes y ddringfa hanesyddol a derbyniwyd ef fel arwr, a chadarnhaodd iddynt ddringo dau gopa Denali, ond does fawr o sôn am ei gymdeithion ac roedd rhai mynyddwyr profiadol o America yn ei amau. Pan aethpwyd ati i holi'r tri arall, Anderson, McGonagall a Taylor, oedd wedi aros i weithio yng ngwaith aur Lloyd yn lle dychwelyd gydag ef i Fairbanks, cafwyd nad oedd eu fersiwn hwy o'r hanes yn cytuno â'r un a draddodwyd gan yr arweinydd. Daeth yn amlwg o'u tystiolaeth hwy mai'r copa gogleddol yn unig a lwyddwyd i'w ddringo a drylliwyd hygrededd Tom Lloyd o hynny mlaen, ac roedd amheuaeth fawr a ddringwyd yr un o'r ddau gopa.

Aeth tair blynedd heibio cyn bod unrhyw ddatblygiad pellach yn hanes dringo Denali pryd y llwyddodd Hudson Stuck, Archddiacon yr Yukon, a Harry P. Karstens i ddringo copa deheuol y mynydd ac o edrych ar draws at y copa gogleddol gwelwyd y polyn fflag a ddywedodd Tom Lloyd oedd wedi ei adael yno yn 1910. Roedd hyn yn cadarnhau bod y mwnchwilwyr wedi llwyddo i gyrraedd un o gopaon Denali o leiaf. Efallai mai'r prif gymhelliad dros honiad Tom Lloyd iddynt ddringo'r ddau gopa oedd y $1500 o arian betio oedd yn aros amdano yn salŵn Billy McPhee yn Fairbanks, ond eto onid oedd cyrraedd un o gopaon Denali yn ddigon o gamp o ystyried mai mwnchwilwyr cyffredin oeddynt ac nid mynyddwyr profiadol gyda chyfarpar pwrpasol.

Bu llawer o feirniadu ar Tom Lloyd pan gafwyd allan na fu ef ar yr un o gopaon Denali gan y bu'n rhaid iddo ef aros ac yn y gwersyll ar y rhewlif i gyfarwyddo'r ymgyrch am nad oedd yn ddigon heini i ddringo'r llethrau uchaf. Cofnod digon dilornus a geir amdano yn yr *Who's Who in British Climbing*[5] gan ei alw'n 'booze-loving Welshman'. Troi'n ôl oedd hanes McGonogall hefyd wedi iddo gario'r polyn at 500 troedfedd o'r copa, gan adael Anderson a Taylor i fynd mlaen i blannu'r fflag ar y top.

Mae'n amlwg bod Tom Lloyd yn dipyn o gymeriad. Bu'n siryf yn Utah am gyfnod cyn hynny ac yn ôl un adroddiad bu ef a'i gyfaill ar warthaf Butch Cassidy a'r Sundance Kid ar un adeg:

> On May 6, 1897, the newspaper reported that ex-Sherif Tom Lloyd and Pete Anderson returned from their futile hunt for the outlaws; the search was abandoned ...[6]

Mae'n debyg mai Denali oedd y mynydd cyntaf a'r olaf i Tom Lloyd ei ddringo gan nad oes unrhyw sôn iddo gyflawni unrhyw orchest gyffelyb wedyn. Y prif reswm ei fod yn Alasga yn y lle cyntaf oedd i wneud ei ffortiwn drwy gloddio am aur, ac ennill bet oedd ei unig gymhelliad i arwain yr ymgyrch ar Denali; mae'n amlwg nad oedd wedi ei gyfareddu gan harddwch naturiol y mynyddoedd.

Eluned Morgan

Nid felly'r ferch a oedd yr ail i ddringo i gopa'r Mynydd Llwyd ym mynyddoedd yr Andes. Merch Lewis Jones oedd Eluned Morgan[7] a aned ym mae Biscay ar fwrdd y llong *Myfanwy* yn 1870 a'i bedyddio â'r cyfenw 'Morgan'. Magwyd hi yn y Wladfa ym Mhatagonia ac fe'i haddysgwyd yn yr ysgol Gymraeg yno. Bu ar ymweliad â Chymru yn 1885 ac wedyn yn 1888 pryd yr arhosodd yn ysgol y Dr. Williams yn Nolgellau am ddwy flynedd cyn dychwelyd i'r Wladfa i gadw ysgol breswyl i enethod yn Nhrelew; bu'n ysgrifennu traethodau i'r eisteddfodau a golygu a chysodi'r *Drafod* am gyfnod yn 1893. Ymwelodd â Chymru eto yn 1896 a chyfrannodd ysgrifau i *Cymru* O. M. Edwards y flwyddyn ganlynol. Bu'n flaenllaw yn y gwaith o godi ysgol ganolraddol Gymraeg yn y Gaiman ac yna, yn 1898, aeth ar daith tua mynyddoedd yr Andes a chyhoeddwyd yr hanes hwnnw yn *Cymru* O. M. E., ac mewn bywgraffiad ohoni gan R. Bryn Williams. Cyfareddwyd hi pan syllodd am y tro cyntaf tua'r Mynydd Llwyd fel y tystia ei hysgrifau:

> Y peth cyntaf a welwn drwy ffenestr fy ystafell bob bore oedd Mynydd Llwyd, a'i gopa gwyn ym myd y cymylau. Yr oedd yn demtasiwn ac yn swyn anorchfygol i mi, a rhaid oedd ffurfio cwmni i ddringo i'w ben. Nid oedd ond un person wedi bod yn y fan honno erioed, a bygythid pethau mawr arnom am ein rhyfyg.[8]

Gwelir bod cymhelliad Eluned Morgan i ddringo mynydd yn un tra gwahanol i eiddo Tom Lloyd. Rhaid oedd marchogaeth cryn bellter cyn cyrraedd llethrau isaf y mynydd ac roedd ambell un yn codi bwganod yn ystod y siwrnai. Bu cryn ddadlau ynglŷn â defnyddio'r ceffylau i fyny'r llethrau serth a'r gŵyr lleol, a oedd wedi hen arfer marchogaeth i bobman, am fynd ar y ceffylau mor uchel ag oedd modd, a'r lleill am gerdded. Buan iawn y cyrhaeddwyd man lle nad oedd modd marchogaeth a gadawyd y ceffylau yno a chychwyn ar droed tua'r copa.

Roedd yn daith dros dir garw a serth o gerrig mân a'r gwynt yn gryf i'w

Eluned Morgan
Llun allan o *Eluned Morgan, Bywgraffiad a Detholiad*,
R. Bryn Williams, 1948

hwynebau a rhaid oedd gwyro ambell waith er mwyn osgoi ei gynddaredd. O gopa'r mynydd gwelwyd y Condor yn ehedeg yn osgeiddig ac yn cael sylw ac edmygedd Eluned Morgan wrth ei wylio o grib y mynydd. Wedi mwynhau'r olygfa o gopa'r mynydd yn yr eira a'r oerni rhaid oedd cychwyn i lawr pan oedd yr haul ar fin machlud, ond fel sawl cerddwr mynydd arall buan y gwelodd y cwmni bod y daith i lawr mynydd yn anoddach na'r disgwyl, ond drwy lithro a cheisio cadw cydbwysedd llwyddwyd o'r diwedd i gyrraedd y ceffylau a chanlyn ymlaen at diroedd mwy gwastad.

Dychwelodd Eluned Morgan i Gymru gan fyw yng Nghaerdydd o 1912 tan 1918 ond aeth yn ôl i'r Wladfa wedyn lle bu'n arweinydd ym mywyd crefyddol y diriogaeth hyd ei marwolaeth yn 1938. Gwelodd ei llyfr *Dringo'r Andes* dri argraffiad, y cyntaf yn 1904, yr ail yn 1907 a'r trydydd yn 1917, ac roedd ei chyfrol arall, *Gwymon y Môr* (1909), yn adrodd hanes mordaith o Gymru i Batagonia. Cyhoeddodd hefyd *Ar Dir a Môr* (1913) sy'n adrodd hanes ei thaith ym Mhalesteina, a *Plant yr Haul* (1915) am hanes brodorion Periw.

Charles Granville Bruce

Gŵr o dras Gymreig oedd un o arloeswyr mwyaf dringo yn yr Himalaia hefyd. Mab ieuengaf Henry Austin Bruce,[9] yr Arglwydd Aberdâr cyntaf, oedd Charles Granville Bruce[10] a aned yn Llundain yn 1866 ac a addysgwyd yn Harrow a Repton, ond nid anghofiodd gyfnod ei blentyndod ar fryniau Morgannwg fel y tystiai ei atgofion:

My home, too, was in the hills of Glamorgan, in the Aberdare Valley, which lies just south of Merthyr Tydvil, and I spent all my time running about the hills, and sucked in from my earliest time a love and understanding of mountain country without my appreciating it at the time, my father being a most complete lover of his own valleys and hills, and was, in fact, until quite late in life a great walker and a fine shot even up to nearly his eightieth year.[11]

Cyflawnodd un daith gerdded gofiadwy yng nghwmni ei gyfaill Rhys Williams, a urddwyd yn farchog yn ddiweddarach, o dde Cymru i'r gogledd, a chofnododd yn ogystal sawl hanesyn difyr o'r cyfnod hwnnw yn ymwneud â'r helyntion wrth fynd gyda'r ciperiaid ar warthaf lladron a photsiars. Mae'n amlwg bod sawl cymeriad digon garw a drygionus o gwmpas bryniau ei gartref bryd hynny ac mae'n sôn am un criw o ladron newydd gwblhau un tymor o gosb

Charles Granville Bruce
Llun allan o *Himalayan Wanderer*,
C. G. Bruce, 1934

oedd wedi dychwelyd i'r stad a dwyn gynnau ei dad. Wedi iddynt gael eu dal dedfrydwyd hwy eto am fyrgleriaeth ac mae'n eu henwi fel 'Bill the Butcher, Shoni Kick-o-Top, Billy Blaen Llechau, Dick Shon Edwards' a 'Dai Brass-knocker'.

> I remember well that we ran down one of these poachers after a long chase over the hills and through the woods into a little village called Georgetown, where, unable to escape, he ran into a house, and was finally found snoring for all he was worth until dragged out in fury by the owner and handed over to us.[12]

Er bod ei fryd ar ymuno a'r fyddin, drwy'r milisia yn hytrach na thrwy Sandhurst y derbyniodd ei gomisiwn yn yr 'Oxfordshire and Buckinghamshire Light Infantry' yn 1887. Buan y daeth ei allu fel rhyfelwr mynydd i'r amlwg tra'n gwasanaethu ar y gororau yng ngogledd-orllewin yr India wedi iddo ymuno â'r 5ed 'Gurkha Rifles' ddwy flynedd yn ddiweddarach. Gwnaeth enw iddo ei hun fel milwr gwrol ac eofn ac enwyd ef deirgwaith mewn adroddiadau o faes y gad. Fe'i dyrchafwyd yn is-gyrnol yn 1913 ac erbyn 1914 roedd yn bennaeth ar y 6ed Gurkhas ac enwyd ef eto mewn adroddiadau cyn iddo gael ei glwyfo'n ddrwg yn Gallipoli. Wedi iddo ddychwelyd i'r India penodwyd ef yn arweinydd brigâd annibynnol y cyfandir hwnnw.

Cyfraniad mawr Bruce i fynydda yn gyffredinol oedd sylweddoli pwysigrwydd a gwerth brodorion yr Himalaia fel mynyddwyr. Daeth yn amlwg iddo y dylai milwyr oedd wedi eu hanfon i wasanaethu ar fynydd-dir fod yn hyddysg mewn ymladd ar fynyddoedd a datblygodd gatrawd lwyddiannus ar gyfer hynny. Hwy oedd y milwyr cyntaf yn y Fyddin Brydeinig i gael caniatâd i wisgo trowsusau byr yn dilyn cais gan Bruce ei hun. Meddai ar gymeriad cryf a charismataidd, yn dynnwr coes digyfaddawd a'r ddawn ganddo i gadw'r Gurkhas mewn hwyliau da drwy adrodd straeon digrif wrthynt. Adwaenid ef ymysg llawer o'i ffrindiau fel 'M.M.M.' sef y 'Mad Mountain Maniac', llysenw sy'n adrodd cyfrolau amdano. Siaradai Khaskura, iaith gyffredin Nepal ac roedd tafodiaith y Magars a'r Gurungs hefyd yn gyfarwydd iddo, dau o'r llwythau mwyaf rhyfelgar. Dyma fel mae Tom Longstaff yn ei gofio:

> Physically a giant he was a noted wrestler amongst the Sikh masters of the art. … As brave as a lion he was a master of mountain warfare and had served in every Frontier campaign of his time. … He was so worshipped by his Gurkhas and had so unique a control over them that when he was desperately wounded in Gallipoli the Staff considered that the brigade had suffered a loss equivalent to a whole battalion.[13]

Roedd profiad helaeth ganddo o fynyddoedd yr Himalaia. Aeth gyda William Martin Conway (Arglwydd Conway o Allington yn ddiweddarach) i'r Karakoram yn 1892, gyda Francis Younghusband i'r Hindu Kush yn 1893, ac roedd gydag Albert Frederick Mummery ar Nanga Parbat pryd y diflannodd y mynyddwr blaenllaw hwnnw a dau Gurkha mewn cwymp o eira yn 1895. Yn 1898 aeth yng nghwmni ei wraig ac un ar bymtheg Sherpa i archwilio'r ardal o gwmpas masiff Nun Kun. Dechreuodd Bruce gymryd diddordeb yn Everest tua 1893 wedi iddo gyfarfod y milwr a'r fforiwr Francis Younghusband yn Chitral, tref wedi ei garsiynu gan y fyddin Brydeinig ar y ffin ogledd orllewinol. Roedd gan Younghusband gryn brofiad o deithio dros diroedd anghysbell yn Asia ac wedi croesi Anialwch y Gobi a Bwlch Mustagh. Bu'r ddau'n dringo gyda'i gilydd o gwmpas Chitral ac awgrymodd Bruce y syniad o wneud cyrch ar Everest, ond ddaeth dim pellach o hyn gan fod y gwaith o gadw rheolaeth ar y sefyllfa danllyd oedd yn bodoli ar ffin India ar y pryd yn cymryd blaenoriaeth.

Ailgynheuwyd y syniad o ddringo Everest wedi i'r Arglwydd Curzon gael ei benodi yn Rhaglaw India, ond er ei fod yn deithiwr profiadol nid oedd yn fynyddwr. Cyfarfu â Younghusband yn Chitral a bu trafodaeth bellach ynglŷn ag Everest gyda William Douglas Freshfield, oedd ar y pryd yn llywydd y Clwb Alpaidd a'r Gymdeithas Ddaearyddol Frenhinol. Anfonodd Curzon gais at lywodraeth Nepal yn ystod ei ymweliad yno, ond ddaeth dim o'r peth gan fod y sefyllfa wleidyddol yn dwysáu ac yn pwyso ar ei feddwl. Roedd yn hollol grediniol y bwriadai Rwsia oresgyn Tibet, oedd dan reolaeth Tsieina ar y pryd, er eu bod hwy yn ei chael yn anodd llywodraethu'r wlad yn effeithiol. Ffurfiwyd byddin dan arweiniad y Cyrnol Younghusband, a arweiniodd gyrch ar Lhasa, ac er mai fel ymgais i hwyluso masnach a theithio y cychwynnodd ymyriad Prydain buan y tyfodd yn ymgyrch filwrol gan droi Tibet yn eu herbyn a pheri i'r Dalai Lama ffoi o Lhasa i ymofyn lloches ym Mongolia.

Setlwyd yr anghydfod fodd bynnag ymhen blwyddyn drwy ffurfio cytundeb oedd, ar y cychwyn yn anwybyddu Tsieina, ond erbyn 1906 bu cytundeb arall oedd yn caniatáu i Tsieina reoli Tibet – drwy ddefnyddio grym, a ffodd y Dalai Lama unwaith yn rhagor, y tro hwn i India. Canlyniad hyn oedd creu gelyniaeth rhwng y ddwy wlad ond yn y diwedd llwyddwyd i yrru Tsieina allan a datganodd Tibet ei hun yn wlad hunanlywodraethol ac felly y bu hyd nes i Tsieina oresgyn eto yn 1951.

Unwaith y tawelodd pethau yn Tibet anfonodd Curzon at Freshfield yn rhinwedd ei swydd fel Llywydd y Gymdeithas Ddaearyddol Frenhinol yn awgrymu ymgyrch ar y cyd gyda'r Clwb Alpaidd ar fynydd ucha'r byd, a oedd erbyn hynny yn agored i fynediad drwy wlad gyfeillgar. Eu bwriad oedd defnyddio nifer o'r Sherpa lleol a sefydlu gwersylloedd mewn gwahanol safleoedd arbennig ar y ffordd i fyny a chynnal y brif ymgyrch at y copa o'r uchaf o'r rhain. Amcangyfrif y gost oedd £5000 i £6000 gan obeithio y byddai llywodraeth India yn cyfrannu hanner y swm. Trafodwyd y cynnig gan y Clwb Alpaidd a chytunwyd i gyfrannu £100 at y gost, ond pan glywodd Arnold Mumm, aelod cefnog o'r clwb hwnnw, am gynllun Curzon cynigiodd ariannu'r fenter o'i boced ei hun er mwyn dathlu hanner canmlwyddiant y Clwb Alpaidd.

Aeth popeth i'r gwellt drwy ymyrraeth gwleidyddiaeth unwaith yn rhagor pan ymddiswyddodd Curzon fel Rhaglaw India yn 1905, ond roedd ei olynydd, yr Arglwydd Minto, yn aelod o'r Clwb Alpaidd ac yn gefnogol i'r ymgyrch. Ond y maen tramgwydd y tro hwn oedd John Morley, Ysgrifennydd Gwladol newydd yr India a ataliodd y cynllun am resymau diplomyddol. Roedd yn benderfynol o rwystro unrhyw ymyrraeth bellach yn Tibet gan ei fod yn feirniadol iawn o bolisïau Curzon yno, yn enwedig cyrch milwrol Younghusband ar Lhasa, a'i brif wrthwynebiad oedd y byddai unrhyw ymgyrch ar Everest yn tramgwyddo'r rhwymau cytundebol a fodolai rhwng Prydain a Rwsia.

O ddeall hyn penderfynodd Arnold Mumm a mynyddwyr eraill, Bruce yn eu plith, droi eu golygon at Garhwal, gan lwyddo i ddringo Trisul (7120m) a sefydlu record newydd mewn uchder a barhaodd am un mlynedd ar hugain. Rhaid cofio mai ychydig iawn o wybodaeth oedd yn bodoli bryd hynny am y wlad o amgylch Everest, ond yn 1907 caniataodd y Nepaliaid i Natha Singh, oedd yn cynnal arolwg ar India ar y pryd, fynediad i'r Dudh Kosi, a llwyddodd i fapio'r mynyddoedd a welodd ar y ffordd. Ef oedd yr estron cyntaf i weld y dyffryn a ddaeth maes o law yn brif fynediad i Everest o'r de. Teithiodd yn ogystal y tu hwnt i Lobuche a mapiodd derfyn Rhewlif Khumbu.

Un arall a gyfrannodd i'r gwaith o greu mapiau o'r wlad o gwmpas Everest oedd swyddog ifanc o'r enw Lefftenant John Noel o'r East Yorkshire Regiment oedd ar ddyletswydd yn India. Yn ystod misoedd yr haf manteisiai ef a'i gatrawd ar bob cyfle i adael gwastatir chwilboeth India i ymweld â'r mynyddoedd mawr yng nghwmni rhai o'r Sherpaid er mwyn archwilio'r llwybrau a'r bylchau a arweiniai i Tibet, a llwyddodd i groesi i'r wlad honno drwy fwlch nad oedd dan oruchwyliaeth milwyr. Gwisgodd ei hun fel un o'r brodorion a lliwiodd ei wallt yn ddu a thrwy gario bwyd a diod a chadw at y mannau anghysbell llwyddodd i osgoi unrhyw bentref rhag i neb ei adnabod. Wrth groesi eangderau diffaith llwyfandir Tibet sylweddolodd bod y map oedd ganddo yn hollol anghywir o weld cadwyn arall o fynyddoedd yn ei wynebu, ond bwriodd mlaen a dringodd Langu La. Gwelodd yr Himalaia yn blaen o'r fan hon yn ymestyn o'i flaen am filltiroedd, a phan ddaeth bwlch sydyn yn y cymylau gwelodd bigyn miniog gwyn oedd yn uwch na'r gweddill a thrwy ddefnyddio ei gwmpawd sylweddolodd ei fod yn syllu ar ysblander Chomolungma, Mam Dduwies y Ddaear, a mil o droedfeddi o'i chopa i'w weld yn blaen.

Ymddengys bod Noel wedi cyrraedd o fewn chwe deg milltir i Everest, ond roedd sawl mynydd arall rhyngddynt a'r cawr ac yn rhwystr i unrhyw ymgyrch uniongyrchol. Ceisiwyd osgoi'r rhwystrau drwy deithio o'u hamgylch ond rhwystrwyd hwy gan filwyr Tibet ac fe'u gorchymynnwyd i adael y wlad. Daeth y Rhyfel Mawr i ymyrryd ar unrhyw gynlluniau pellach ar Everest a chollodd sawl dringwr ifanc ei fywyd yn y laddfa anesboniadwy honno cyn bod unrhyw sôn pellach am geisio cyrraedd y 'trydydd pegwn'.

Cynhaliwyd cyfarfod rhwng y Gymdeithas Ddaearyddol Frenhinol a'r Clwb Alpaidd ar 10 Mawrth 1919 er mwyn ailgychwyn yr ymgyrch ar ddringo Everest. Rhoddodd Noel adroddiad o'i deithiau yn Tibet a chafwyd araith gan Francis Younghusband i ailddechrau'r ymgyrch yn swyddogol. Roedd y ffaith bod Tsieina a Rwsia yng nghanol gwrthryfeloedd gwleidyddol yn golygu nad oedd ganddynt fawr o amser i boeni am garfan o fynyddwyr Prydeinig yn teithio drwy Tibet, a chan fod y Tsieineaid wedi tynnu eu garsiwn o Lhasa roedd perthynas dda yn bodoli rhwng llywodraethau Prydain a Tibet a sicrhawyd bendithion y Dalai Lama. Sefydlwyd pwyllgor ymgyrch oedd yn cynnwys aelodau o'r Gymdeithas Ddaearyddol a'r Clwb Alpaidd ond buan y sylweddolwyd bod prif amcanion y ddwy garfan yn gwbl wahanol. Roedd y daearyddwyr am gynnal arolwg o'r rhanbarth, a'r mynyddwyr am ddringo'r mynydd. Llwyddwyd fodd bynnag i gytuno ar un ar ddeg penderfyniad, a'r cyntaf o'r rhain yn rhoi blaenoriaeth i gyrraedd copa Everest.

Rhaid oedd dewis y tîm gorau ar gyfer ymgyrch o'r fath a phenderfynwyd cynnal ymgyrch i ragchwilio'r mynydd yn 1921[14] ac un arall i'w ddringo yn 1922. Roedd pawb o'r farn mai Bruce fuasai'r arweinydd mwyaf profiadol ond doedd o ddim ar gael oherwydd ymrwymiad blaenorol. Gwahoddwyd y Lefftenant-Cyrnol Howard-Bury i gymryd ei le, ac er nad oedd profiad ganddo fel mynyddwr roedd yn arweinydd da, a'r modd ganddo i dalu ei ffordd yn annibynnol, ac roedd hynny o gymorth mawr gan fod trysorydd y pwyllgor wedi diflannu gyda £717 o arian yr ymgyrch.

Amcangyfrifwyd y byddai'r gost o gynnal ymgyrchoedd 1921 a 1922 tua £10,000 a chodwyd yr arian yn bennaf drwy roddion preifat. Aelodau eraill o'r ymgyrch oedd Henry Morshead ac Edward Wheeler oedd yn syrfewyr profiadol, y daearegwr Dr. A. M. Heron oedd yn aelod o'r 'Geological Survey of India', a'r prif fynyddwyr oedd George Mallory a George Finch. Ymddengys bod Mallory a Finch yn gymeriadau pur wahanol. Ganed

Finch yn Awstralia ac er ei fod yn ddringwr o brofiad a gallu eithriadol doedd o ddim yn boblogaidd gyda'r sefydliad. Ni fu erioed mewn ysgol fonedd na phrifysgol na chwaith yn aelod o'r Clwb Alpaidd. Treuliodd y rhan fwyaf o'i oes yn Ewrop a siaradai Almaeneg yn well na Saesneg. Roedd y garfan elitaidd o'r mynyddwyr Prydeinig yn ei ystyried yn dipyn o rafin, yn datgan ei farn yn ddi-flewyn-ar-dafod ac yn or-hunan-hyderus, ac wrth gwrs, doedd o ddim yn ŵr bonheddig. Roedd Mallory ar y llaw arall yn ateb i holl ofynion y Clwb Alpaidd ceidwadol ac er nad oedd cystal dringwr â Finch, roedd ar binacl ei fedrau fel dringwr.

George Mallory

Yn enedigol o sir Gaerlleon dechreuodd George Herbert Leigh Mallory[15] ei yrfa fel dringwr yn yr Alpau yn 1904, a daeth i Ben-y-Pas yn 1906 gyda pharti o fyfyrwyr o Gaergrawnt i ddringo ar Lliwedd. Daeth yn un o gyfeillion agos Geoffrey Winthrop Young ac yn un o'r cylch cyfrin a arferai ymgynnull ym Mhen-y-Pas ar wyliau'r Pasg a'r Nadolig. Pan ar ei ymweliadau â Phen-y-Pas arferai Mallory adael y gwesty i gerdded a rhedeg y mynyddoedd o amgylch cyn dychwelyd yn y man i ymuno â'r lleill. Addysgwyd ef yn ysgol Winchester cyn mynd ymlaen i Goleg Magdalen, Caergrawnt, i ddarllen Hanes

George H. L. Mallory
Llun o Archif Wikipedia

a bu'n athro ysgol yn Charterhouse hyd at yr ymgyrch ar Everest yn 1921, ar wahân i'r cyfnod a dreuliodd yn y fyddin yn ystod y Rhyfel Mawr. Roedd yn gymeriad cyfeillgar a phoblogaidd, ond yn ddiarhebol o anhrefnus ac anghofus; yn Rhyddfrydwr rhonc ac o blaid hawliau merched a mudiad y 'suffragettes'. Priododd gyda Ruth Turner yn 1914 a chawsant fab a dwy ferch; y ddwy yn datblygu'n ddringwyr nodedig fel eu tad maes o law, ond buan y datblygodd merch arall, 'Mam Dduwies y Ddaear', i fod yn obsesiwn ganddo.

Penodwyd yr Albanwr Harold Raeburn yn arweinydd ar y dringwyr er ei fod yn tynnu mlaen mewn oedran. Roedd yn bum deg chwech oed ar y pryd, a bu'n wael ei iechyd drwy gydol yr ymgyrch a doedd ei berthynas â

Mallory a Howard-Bury ddim yn dda o'r cychwyn. Ychwanegwyd at yr anghydfod a fodolai ar gychwyn yr ymgyrch pan ddaeth yn glir nad oedd Finch yn ddigon cryf i gymryd rhan wedi i ganlyniad yr archwiliad meddygol ei gael yn anemaidd ac o dan ei bwysau arferol, ac er mawr siom iddo bu'n rhaid ei wrthod. Cymerwyd ei le gan Guy Bullock, hen gyfaill ysgol Mallory, er nad oedd ganddo fawr o brofiad dringo. Meddyg yr ymgyrch oedd y Dr. Alexander Wollaston, oedd hefyd yn ddringwr nodedig, a'r Dr. Alexander Kellas, ffisiolegydd tir uchel, yn eilydd iddo. Ef oedd yr unig aelod o'r tîm a fedrai siarad yr ieithoedd lleol a datblygodd cyfeillgarwch rhyngddo ef a Mallory yn fuan, ond yn anffodus daeth yn amlwg bod iechyd Kellas yn dirywio'n raddol fel y symudai'r ymgyrch ymlaen.

Cyfarpar digon cyntefig oedd gan fynyddwyr y cyrchoedd cynnar. Derbyniodd pob aelod £50 tuag at offer, ond codwyd hyn i £100 yn ddiweddarach. Buasai'r dillad oedd ganddynt yn ymddangos yn gwbl anaddas i fynyddwyr cyfoes yr Himalaia, fel crysbeisiau o frethyn, sgarffiau gwlân, cotiau gweu, sanau cartref, siacedi 'gabardine' ac esgidiau lledr o'r math a ddefnyddid ar fynyddoedd Ewrop.[16]

Rhannwyd yr ymgyrch yn ddwy garfan gyda Morshed a'i syrfewyr yn mynd ymlaen i ogledd Sikkim a thros y Serpo La i Kampa Dzong yn Tibet. Dilynodd y gweddill ffordd haws dros y Jelep La gan ymuno â'r lleill maes o law, ond rhwystrid hwy ar brydiau gan gawodydd trymion o law a flaenai'r monsŵn ym mis Mai. Sylweddolwyd bod y muliod a gawsant gan Fyddin India yn hollol anaddas i deithio drwy fforestydd lled-drofannol a mwll Sikkim, a phenderfynwyd eu hanfon yn ôl wedi pum niwrnod a dibynnu wedyn ar unrhyw fulod mynydd a iaciaid a gafwyd ar y ffordd.

Roedd yn haws i'r brif garfan deithio yr ochr bellaf i'r Jelep La a ddringo'n araf at uchder o bron 16,000 troedfedd at lwyfandir sych Tibet, ond cafodd Raeburn ei daro'n wael a disgynnodd oddi ar ei geffyl ddwywaith. Dioddefodd Kellas yn fwy na neb o'r dysentri oherwydd ei gyflwr gwan a bu'n rhaid ei gario ar gludwely. Parhaodd mewn hwyliau da er ei holl wendid a daeth y newydd am ei farwolaeth yn dilyn trawiad ar y galon yn dipyn o sioc pan glywyd hynny yn Kampa Dzong ar 5 Mehefin. Gan fod Raeburn yn dangos symptomau tebyg i Kellas penderfynodd Wollaston ei hebrwng i Lachen yn Sikkim, a'i adael yno yng ngofal cenhadon o Sweden hyd nes byddai'n gwella.

Teithiodd yr ymgyrch ymlaen i'r gorllewin drwy Tibet a chyrraedd tiroedd dieithr lle bu'r syrfewyr yn brysur yn mapio'r tirwedd. Cyrhaeddwyd Tingri Dzong, canolfan masnach brysur tua deugain milltir o Everest ac yma y sefydlwyd y prif wersyll. Arhosodd Morshead yno i fapio'r ardal a Wheeler a Heron i archwilio bwlch uchel y Khumba La oedd yn cael ei ddefnyddio gan fasnachwyr o Nepal. Canolbwyntiodd Mallory a Bullock ar chwilio tua'r de am y ffordd orau i gyrraedd Everest.

Gwelodd y ddau Everest tra'n archwilio ceunant Yaru ar 13 Mehefin wedi dringo clogwyn o 1,000 o droedfeddi ac o'i gopa caed golygfa eang o'r mynyddoedd tua'r de. Llwyddodd yr ymgyrch ragchwilio i gyrraedd Dyffryn Rongbuk ar 25 Mehefin lle clywsant am y Fynachlog Sanctaidd, Dyffryn y Meudwyon a'r Lama Rongbuk oedd yn ailymgnawdoliad o'r Duw oedd yn trigo ar eira'r mynydd mawr lle deuai'r pererinion i'w addoli. Erbyn 29 Mehefin roedd Mallory, Bullock a'r Sherpaid wedi sefydlu gwersyll uwch ar uchder o 17,060 o droedfeddi i fyny'r dyffryn gyda'r bwriad o archwilio'r dyffrynnoedd oedd yn cysylltu â'r prif rewlif. Dyma'r prif fynediad i Everest o'r ochr ogleddol ac roedd cyrraedd yno yn cael ei ystyried yn gryn lwyddiant. Methodd Mallory a Bullock ar eu hymgais gyntaf i ddarganfod y fynedfa i Rewlif Dwyreiniol Rongbuk ac wedi sylweddoli eu camgymeriad treuliwyd gormod o amser yn chwilio amdano. Dringodd y ddau i ben mynydd o 22,500 o droedfeddi a safai i'r gogledd-orllewin o Everest ac er bod y ddau ddringwr am alw'r mynydd yn Mount Kellas rhoddwyd yr enw lleol Ri-Ring arno yn ddiweddarach. Bu Mallory yn brysur yn tynnu lluniau o'r ardal yn ystod y cyfnod hwn ond gan iddo osod y platiau yn y camera y ffordd anghywir difethwyd y cyfan. Buan y daeth yn amlwg i'r ddau ddringwr bod daeareg y mynyddoedd yn dra gwahanol i'r hyn yr oeddynt wedi ei gasglu o gopa Ri-Ring yn flaenorol, a sylweddolwyd hefyd bod yr eira a ddisgynnai yn ystod misoedd yr haf yn cynyddu'r posibilrwydd o gwympiadau trwm. Roedd eu pebyll yn anaddas ar gyfer y gwyntoedd cryfion a chariwyd y pebyll 'Whymper' cryfach i fyny er mwyn ceisio cael gwell cysgod rhag elfennau ffyrnig y mynyddoedd. Dywedir hefyd bod Mallory yn cael trafferth i danio'r stof 'primus', peth arall oedd yn tystio ei anabledd i weithio teclynnau, ac erbyn diwedd Gorffennaf ymunodd y ddau ag aelodau o'r brif ymgyrch yn Nyffryn Kharta.

Mynegodd Guy Bullock ei syniad bod y rhewlif a elwir erbyn hyn yn 'East Rongbuk Glacier' efallai yn troi i'r gorllewin ac yn arwain at brif rewlif Rongbuk ac yn cynnig mynediad i Fwlch Gogleddol Everest. Teithiodd Mallory a Morshead gyda Sherpaid i'w cynorthwyo, i fyny Dyffryn Kharta a dringo i'r bwlch a elwir yn Lakpa La. Erbyn hyn roedd yn ganol Awst a thymor y monswn wedi cyrraedd gan greu gwelediad cyfyng, ond roedd yr hyn a welwyd yn eu hargyhoeddi eu bod, o'r diwedd, wedi dod ar draws yr agoriad i ddringo Everest.

Dyma pryd y daeth y parti ar draws olion traed yn yr eira a dywedodd y Sherpaid mai olion yr ieti oeddynt, sef y bwystfil blewog oedd yn lladd pobl a chyda'r cryfder i frathu gwddf iac.

Dychwelodd Raeburn o Sikkim yng nghanol mis Medi wedi gwella'n ddigon da i ailymuno â'r tîm o ddringwyr, ac erbyn yr ugeinfed o'r mis roedd y tywydd wedi gwella digon i ganiatáu i chwe dringwr a phymtheg Sherpa wersylla ar y Lakpa La. Cychwynnodd tri ohonynt, Mallory, Bullock a Wheeler, allan ymhen deuddydd gyda Morshead, Wollaston a Howard-Bury yn dilyn. Bu'n rhaid iddynt dreulio noson allan ar y mynydd mewn tymheredd o -30°(F) a gorfu i'r tri olaf ddychwelyd i'r prif wersyll o ganlyniad i effeithiau'r oerni. Symudodd gweddill y dringwyr o Lakpa La tua Rhewlif Dwyreiniol Rongbuk er mwyn ceisio cyrraedd pen y rhewlif a gwersyllu ar uchder o 22,000 troedfedd, lle roedd Bwlch Gogleddol Everest yn codi'n syth o'u blaenau. Bore drannoeth gwnaed ymgais i gyrraedd gwaelod y Bwlch, ond roedd yr awyr denau, y gwyntoedd cryfion a'r eira ffres meddal yn gwneud pethau'n anodd iawn iddynt. Roedd Wheeler wedi colli pob teimlad yn ei draed a dychwelodd i lawr y diwrnod canlynol, ond roedd Mallory mor benderfynol ag erioed o gario mlaen, a Bullock yn ymwybodol iawn o ymroddiad di-ildio ei gyfaill.

Penderfynwyd dychwelyd o'r mynydd ar 24 Medi ac er bod y parti yn siomedig roeddynt wedi cyflawni gorchest go arbennig yn wyneb yr holl anawsterau a ddaeth i'w rhan. Llwyddwyd o'r diwedd i ddarganfod mynedfa i Everest, ac roedd y syrfewyr wedi archwilio'r rhanbarthau o'i amgylch, ac o glywed y newyddion aeth Pwyllgor Everest ati'n syth i gynllunio ymgyrch arall ar gyfer 1922 fel roedd parti ymgyrch 1921 yn hwylio adref.

Er dirfawr siom i Howard-Bury penodwyd Bruce yn arweinydd ar ymgyrch 1922[17] a dewisodd Edward Strutt, mynyddwr profiadol dibynadwy, yn ddirprwy iddo, ond er eu bod yn wahanol o ran cymeriad llwyddodd y ddau i gyd-dynnu'n weddol dda. Llwyddodd George Finch i basio'r prawf meddygol y tro hwn, a gwahoddwyd ef i ymuno â'r tîm, ac roedd yn cael ei ystyried y dringwr mwyaf medrus ohonynt. Prif feddyg yr ymgyrch oedd Tom Longstaff oedd â chryn brofiad o'r Himalaia, er iddo wneud yn glir o'r cychwyn nad oedd am ddringo, ond roedd y llawfeddyg Howard Somervell yn ddringwr profiadol a'r meddyg Arthur Wakefield, fu'n rhedeg mynyddoedd yn Ardal y Llynnoedd, hefyd yn y garfan. Swyddog yn y fyddin oedd Edward Norton, ac er nad oedd ganddo brofiad mewn dringo mynyddoedd uchel datblygodd yn fynyddwr da yn ystod yr ymgyrch. Yr aelodau eraill oedd Geoffrey Bruce, nai yr arweinydd a John Morris, y ddau yn swyddogion ym myddin y Gurkhas, a daeth pum milwr o'r gatrawd honno i'w canlyn, ac roedd Colin Crawford o'r Gwasanaeth Sifil Indiaidd eisoes wedi dringo yn Sikkim a Kashmir. Cytunodd George Mallory i ymuno unwaith eto, ond y tro hwn John Noel oedd yn gofalu am y cyfarpar ffotograffiaeth, ac mae'r ffilmiau du a gwyn 35mm a dynnodd o ymgyrchoedd 1922 a 1924 bellach yn cael eu hystyried yn rhan bwysig o hanes cynnar mynydda yn yr Himalaia. Roedd tîm ieuengach yn cychwyn allan tro hwn, a chwe dringwr da yn eu plith.

Er mwyn osgoi cynddaredd y monsŵn penderfynwyd ceisio cyrraedd Tibet yn gynharach na'r llynedd, ond ychydig iawn o wahaniaeth oedd yn nillad y dringwyr ers y tro diwethaf. Meddyliwyd y buasai gwasgodau llaes o ledr yn eu hamddiffyn rhag y gwyntoedd, ond profodd y rhain yn anaddas a chafwyd smociau yn eu lle. Cafwyd esgidiau sgïo oedd yn gallu cymryd cramponau ar gyfer dringo uchel, hefyd mocasinau uchel o Ganada, esgidiau mawr ffelt gyda'r rhannau uchaf o grwyn ŵyn, ac esgidiau gyda leinin ffwr o Norwy i'w gwarchod rhag ewinrhew. Bu gwelliant yn yr amrywiaeth o fwyd hefyd y tro hwn dan gyfarwyddyd Bruce, yn cynnwys selsig Harris mewn tuniau, ham Hunter, sbageti Heinz, penwaig, sardinau, bacwn, sofliar mewn tuniau, yn ogystal â diodydd fel siampaen a chlaret, a'r cyfan yn ychwanegu'n dderbyniol at y tatws a'r cig iac arferol. Roedd cost yr ymgyrch hon yn llawer mwy na'r un gynharaf.

Bu cryn drafod ynglŷn â defnyddio ocsigen gan fod systemau newydd wedi eu datblygu gan y Proffesor Dreyer ym Mhrifysgol Rhydychen ar gyfer y Llu Awyr. Roedd rhai, Mallory yn eu plith, yn erbyn defnyddio 'awyr Lloegr' ar fynyddoedd yr Himalaia o safbwynt egwyddorol a'r ffaith y byddai'n ychwanegu at y pwysau yr oedd yn rhaid ei gario ar dir uchel. Barnwyd yn y diwedd y byddai'n rhaid ei ddefnyddio er mwyn ymateb i'r awyr denau ar y cribau uchel. Ar ben hyn roedd ymgyrch 1922 yn cludo llawer mwy o offer gwyddonol; roedd y bocs oedd yn cynnwys y cyfarpar ffotograffig yn mesur deugain troedfedd ac nid hawdd oedd cael mul, neu fulod, a fyddai'n ddigon mawr a chryf i'w gario.

Cychwynnodd y grŵp cyntaf o Darjeeling ar 26 Mawrth a'r ail yn dilyn o fewn ychydig ddyddiau, gan ddilyn yr un ffordd ag a gymerwyd yn 1921, ond roeddynt yn gynt o rai wythnosau, ond eto bron fis yn hwyrach na'r cyrchoedd cyfoes. Cyfarfu'r ddau barti yn Phari Dzong ar 7 Ebrill cyn symud mlaen gyda'i gilydd a chyrraedd dyffryn sanctaidd Rongbuk a'i Mynachlog hardd ar 30 Ebrill. Roedd Bruce yn ymwybodol iawn o grefydd ac arferion y Bwdhyddion ac roedd yn eu parchu. Gwnaeth addewid i'r Abad yno na fyddai'n caniatáu i un anifail gael ei ladd yn y dyffryn, ac eglurodd hefyd mai ar bererindod yr oeddynt i Chomolungma, gan mai ef oedd y mynydd uchaf yn y byd lle gallai dyn fod yn agos at y nefoedd.

Sefydlwyd y prif wersyll nepell o waelod y rhewlif ar uchder 17,000 o droedfeddi, ac wedyn dilyn yr un patrwm â'r un a ddefnyddiwyd ar yr ymgyrchoedd ar Begwn y De. Sefydlwyd nifer o wersylloedd ar hyd y ffordd o fewn tair neu bedair milltir i'w gilydd, sef y pellter y medrai'r cludwyr ei gerdded dan bwysau ar dir uchel, a chludo cyflenwad o fwyd a nwyddau o un i'r llall fel bo'r angen. Safai'r gwersyll cyntaf ar uchder o 17,800 o droedfeddi, a'r ail ar 19,800 a'r trydydd ar 21,000. Dewiswyd Mallory a Somervell ac un Sherpa i wneud yr ymgais gyntaf i fyny'r Bwlch Gogleddol ar 13 Mai a chawsant bod yr eira yno dan gwrlid o rew tenau ac yn torri'n hawdd dan bwysau dyn, ac a oedd o ganlyniad yn suddo i ddyfnder ansefydlog o eira meddal. Gosodwyd nifer o bolion o goed yma ac acw wrth fynd i fyny a'u cysylltu â rhaff er mwyn hwyluso'r ffordd i'r lleill a fyddai'n dilyn. Sefydlwyd gwersyll 4 ar ben y bwlch ar uchder o 23,000 o droedfeddi, yr uchder mwyaf i neb aros noson arno erioed, a chwblhawyd y ddringfa heb gymorth ocsigen, gan nad oedd yn gweithio fel y dylai pan gyrhaeddwyd y prif wersyll.

Mallory oedd yn gyfrifol am yr ymgais gyntaf i ddringo mlaen at Everest, a'i fwriad oedd sefydlu gwersyll bychan hanner ffordd rhwng y Bwlch Gogleddol â'r copa, ond buan y sylweddolwyd bod hyn yn ormod i'r cludwyr gan y buasai hynny'n golygu dringo 3,000 o droedfeddi i'w gyrraedd, ac wedyn dychwelyd i lawr at wersyll 4 i dreulio'r noson.

Am 5 o'r gloch ar fore 20 Mai roedd naw Sherpa yn dioddef o salwch pen mynydd, a dim ond pedwar ohonynt oedd yn ddigon abl i ddringo, ac o ganlyniad roedd yn 7.30 cyn bod Mallory, Somervell, Norton a Morshead yn barod i gychwyn. Doedd yr ocsigen ddim yn barod i'w ddefnyddio a buan y cododd yn wynt cryf a phlymiodd y tymheredd. Collodd Norton ei sach wrth geisio rhoi mwy o ddillad amdano, ac er eu bod wedi llwyddo i ddringo 2,000 o droedfeddi mewn tair awr a hanner penderfynwyd anfon y cludwyr i lawr i wersyll 4; ond noson ddigwsg a gafodd y gweddill ar uchder o 23,000 o droedfeddi. Disgynnodd mwy o eira dros nos ac roedd cyflwr rhai o'r mynyddwyr yn gwaethygu erbyn iddi wawrio. Roedd ewinrhew wedi gafael ar glust Norton a'r rhew hefyd wedi effeithio ar dri o fysedd Mallory, ac roedd Morshead yn dangos arwyddion o hypothermia. Dringodd Mallory, Somervell a Norton ymlaen, ond penderfynodd Morshead aros amdanynt yn y babell. Buan y sylweddolodd y tri dringwr eu bod wedi llwyr ymlâdd ac nad oedd obaith ganddynt o gyrraedd y copa y diwrnod hwnnw, a gorfu iddynt roi i fyny a throi'n ôl wedi cyrraedd 26,985 o droedfeddi. Cyrhaeddwyd gwersyll 5 am 4 o'r gloch y prynhawn. Bu'n rhaid i Morshead gael cymorth gan y lleill i gyrraedd y Bwlch Gogleddol, ond llithrodd wrth groesi rhigol oedd yn llawn eira a thynnodd Somervell gydag ef, ond drwy ddefnyddio'u bwyeill rhew llwyddodd Mallory gyda chymorth Somervell, i atal y cwymp. Cyrhaeddodd y pedwar y gwersyll ar y Bwlch Gogleddol am 11.30 yr hwyr mewn cyflwr truenus. I waethygu'r sefyllfa roedd y Sherpaid, drwy gamddealltwriaeth, wedi mynd â'r holl offer coginio i lawr gyda hwy yn ystod y dydd a doedd dim byd ganddynt ar gyfer toddi eira. Cafodd Norton y syniad o agor tun o jam a'i gymysgu â llefrith a dyna'r oll a'u cynhaliodd dros yr oriau nesaf. Dychwelodd y dringwyr i wersyll 3 y diwrnod wedyn bron marw o syched.

George Finch oedd yr arbenigwr ar yr ocsigen a chan fod y cyfarpar wedi ei ddifrodi yn ystod y daith bu'n rhaid iddo ef aros yn y prif wersyll i geisio rhoi trefn ar bethau a'i gael i weithio. Ar 22 Mai teithiodd Geoffrey Bruce a Finch i fyny i wersyll 4 mewn teirawr a dychwelyd mewn hanner can munud drwy ddefnyddio ocsigen; buan y gwelwyd y gwahaniaeth a bu'r prawf yn llwyddiannus. Bu ymgyrch arall am y Bwlch Gogleddol ymhen deuddydd gyda deuddeg o gludwyr yn cario ocsigen a chyfarpar gwersyllu a dilynwyd hwy gan Geoffrey Bruce, Finch a Tejbir Bura. Trodd y tywydd yn eu herbyn pan gyrhaeddwyd uchder o 24,500 o droedfeddi;

dechreuodd fwrw eira a chryfhaodd y gwynt. Penderfynodd Finch aros wedi iddynt ddringo can troedfedd yn uwch. Dychwelodd y cludwyr i'r Bwlch Gogleddol gan adael y dringwyr i fwrw noson anghyfforddus yn uchel ar y mynydd. Cododd y gwynt gan bron ddisodli neu rwygo eu pebyll, a doedd dim posib cael cwsg dan y fath amgylchiadau. Tawelodd y storm drannoeth a daeth Noel a chwe Sherpa i fyny atynt yn cario te a chawl. Penderfynodd Finch, Geoffrey Bruce a Tejbir Bura aros yno er eu bod mewn cyflwr lluddedig, a chawsant noson oer arall ar y mynydd, ond profodd yr ocsigen ei werth eto a chafwyd cwsg o'r diwedd.

Penderfynwyd rhoi cynnig am y copa fore drannoeth a chychwyn am 6.30. Cryfhaodd y gwynt eto wrth iddynt groesi tua'r Band Melyn, strimyn o garreg galch forol sy'n amgylchynu copa Everest fel modrwy. Roedd y graig yn llithrig ac yn fwy felly dan gwrlid o eira meddal. Cyrhaeddwyd 26,900 o droedfeddi a phenderfynwyd troi ac anelu tua chrib y mynydd, ond ymhen tri chan llath dechreuodd Geoffrey Bruce wegian drwy ei fod yn cael trafferth gyda'i gyflenwad ocsigen. Llwyddodd Finch i'w atal mewn pryd rhag cwympo'n wysg ei gefn i lawr wyneb gogleddol y mynydd. Gwelodd Finch bod tiwb cyfarpar ocsigen Bruce wedi torri ond roedd un arall ganddo ac wedi gosod hwnnw penderfynwyd troi'n ôl wedi sylweddoli mai dyma'r fan uchaf yr oedd yn bosib iddynt ei chyrraedd dan yr amgylchiadau. Roeddynt wedi cyrraedd 27,300 o droedfeddi, yr uchaf i ddyn gyrraedd erioed, a dychwelodd y partïon i'r prif wersyll wedi llwyr ymlâdd. Llwyddwyd i brofi'n ddigamsyniol fanteision ocsigen mewn safleoedd uchel, ond dioddefodd Finch wedi'r ymgyrch hon a dychwelodd i Brydain yn fuan wedyn yng nghwmni Strutt, Longstaff a Morshead.

Colli saith Sherpa mewn cwymp eira

Roedd yn amlwg bod y monsŵn ar eu gwarthaf, ond cychwynnodd Mallory eto ar 5 Mehefin gyda Somervell, Crawford, Wakefield a phedwar ar ddeg o Sherpaid, ond erbyn iddynt gyrraedd gwersyll 3 roedd deunaw modfedd o eira ffres wedi disgyn. Ar fore 7 Mehefin cychwynnodd y parti drwy'r eira trwchus tua'r Bwlch Gogleddol ond arhosodd Wakefield ar ôl. Erbyn 1.30 y prynhawn roeddynt wedi cyrraedd o fewn chwe chan troedfedd i'r Bwlch gyda Somervell ar y blaen a Mallory, Crawford ac un o'r Sherpaid ar y rhaff gyntaf a'r gweddill yn dilyn wedi eu rhaffu gyda'i gilydd. Yn sydyn clywyd sŵn cwymp anferth o eira ac o edrych i lawr y mynydd gwelsant bedwar o'r Sherpaid, ond dim golwg o'r naw cludwr arall. Llwyddwyd i dynnu dau ohonynt allan o'r eira yn ddiogel ond collwyd y saith arall, a dymuniad y Sherpaid oedd eu bod yn cael eu gadael lle'r oeddynt. Codwyd carn er cof amdanynt yng ngwersyll 3. Cafodd y trychineb effaith drawmatig ar weddill aelodau'r ymgyrch a theimlai Mallory mai arno ef ei hun roedd y bai. Heblaw am y trychineb roedd ymgyrch 1922 yn cael ei hystyried yn llwyddiant ysgubol, gan fod record newydd o uchder wedi ei sefydlu, a'r ffaith bod defnyddio ocsigen wedi profi'n fanteisiol er mwyn cyrraedd uchelderau eithafol mewn awyr denau.

Charles Granville Bruce oedd y dewis mwyaf amlwg fel arweinydd i ymgyrch Everest 1924[18] er bod cyflwr ei iechyd yn achosi pryder i'r meddygon. Datgelodd archwiliad meddygol ei fod yn dioddef o bwysau gwaed uchel a bod ganddo broblemau gyda'i galon, ond er hyn fe'i pasiwyd yn ffit. Dewiswyd Norton fel arweinydd y dringwyr, gyda Mallory, Somervell, Noel a Geoffrey Bruce, oedd yn aelodau profiadol o ymgyrch 1922, a hefyd swyddogion heb gomisiwn o'r 'Gurkha Rifles', sef Hurke, Shamsher, Tejbir ac Umar. Aelodau newydd oedd y meddyg a'r dringwr Bentley Beetham, Noel Odell a Richard Graham. Yr Uwch Gapten R.W.G. Hingston oedd meddyg swyddogol yr ymgyrch ac roedd hefyd yn naturiaethwr, ac E.O. Shebbeare o Adran Goedwigaeth Bengal oedd yn helpu Geoffrey Bruce i drefnu cludiant yr ymgyrch.

Bu cryn dipyn o anghydfod ynglŷn â dewis Richard Graham fel aelod o'r ymgyrch am ei fod wedi bod yn wrthwynebwr cydwybodol yn ystod y Rhyfel Mawr, ond roedd Somervell a Mallory o blaid ei gael. Achosodd hyn gymaint o ddadlau ag i Graham dynnu'n ôl yn y diwedd a chymerwyd ei le gan John de Vere Hazard, a fu'n euog o esgeulustod ymhellach ymlaen yn ystod yr ymgyrch. Doedd George Finch ddim yn aelod o'r ymgyrch newydd. Yn ystod haf 1923 bu'n darlithio ar gyfandir Ewrop ar ymgyrch 1922 heb ganiatâd a gwrthododd dalu hanner yr enillion a dderbyniodd i Bwyllgor Everest er iddynt anfon anfoneb iddo am y swm. O ganlyniad penderfynwyd peidio â'i wahodd i ymuno â'r ymgyrch. Gan fod A.M. Heron, daearegwr swyddogol yr ymgyrch gyntaf, wedi ei wahardd gan lywodraeth Tibet a'i gyhuddo o wneud tyllau yn y ddaear a fuasai'n caniatáu dihangfa i'r cythreuliaid, Noel Odell a ymgymerodd â'r gwaith, ac ef hefyd oedd yn gyfrifol am yr ocsigen.

John Noel y ffotograffydd
Parhaodd John Noel yn ei swydd fel ffotograffydd i'r ymgyrch hon eto a llwyddodd drwy gynllun dyfeisgar i gyfrannu at leihau costau'r pwyllgor

drwy gynnig prynu'r holl hawliau ffotograffig am £8,000, a gwneud y taliad cyn bod yr ymgyrch yn gadael am India. Bu hyn yn arbediad mawr iddynt. Ffurfiodd Noel gwmni yr 'Explorer Film Ltd.' gan wahodd Younghusband i fod yn llywydd arno. Llwyddwyd i godi'r arian drwy fuddsoddiadau cyhoeddus gydag addewid am siâr o'r elw i bawb. Roedd ystafell dywyll arbennig gan Noel ym mhrif wersyll ymgyrch 1922 wedi ei haddasu ar gyfer prosesu'r ffilmiau negatif, ond y tro hwn adeiladodd labordy yn Darjeeling ar gyfer y gwaith a chludwyd y ffilmiau negatif yno gan ddynion ar geffylau. Cyflogwyd dau ddyn yno am gyfnod o bedwar mis yn prosesu sleidiau lantarn a ffilm.

Aelod newydd i'r tîm oedd dyn ifanc pryd golau o'r enw Andrew Irvine neu 'Sandy' fel y'i gelwid, a fu'n astudio peirianneg yng ngholeg Merton lle daeth yn enwog fel rhwyfwr nodedig. Addysgwyd ef mewn ysgol fonedd yn yr Amwythig cyn mynd ymlaen i Rydychen, ac roedd hynny yn unol â phatrwm y cefndir dosbarth canol derbyniol. Cyfarfu Irvine â Noel Odell yn Spitsbergen yn ystod haf 1923 pan oedd yn aelod o ymgyrch i'r Arctig, a gwnaeth argraff ffafriol ar Odell drwy ei nerth corfforol, ei wytnwch a'i hiwmor iach, a gwahoddwyd ef i ymuno â charfan Everest pan ddaeth y cyfle. Roedd rhai yn ei ystyried yn rhy ifanc a dibrofiad i fod yn aelod o dîm o ddringwyr ar fynydd-dir mor arw, ond roedd yn gymwys iawn ei allu i drwsio teclynnau fel y stôf primus a chadw'r cyfarpar ocsigen i weithio, swydd oedd yn holl bwysig i lwyddiant yr ymgyrch.

Cychwynnodd yr ymgyrch newydd am Tibet ar 25 Mawrth, 1924, ond dioddefodd Beetham o'r dysentri ymhen pythefnos a Mallory o boenau yn ei stumog, ond Bruce a ddioddefodd waethaf pan lewygodd dan effaith malaria. Penderfynwyd ei anfon yn ôl i India dan ofal Hingston a chymerwyd ei le fel arweinydd gan Norton a benododd Mallory fel arweinydd ar y dringwyr.

Cyrhaeddwyd Rongbuk ar 28 Ebrill a phenderfynodd Norton wneud yr ymgais gyntaf ar Everest tua 17 Mai, ac felly yn gynt na'r rhai cynharach. Ar 3 Mai cychwynnodd Mallory, Irvine, Odell, Hazard ac ugain cludwr o wersyll 2 ar Rewlif Dwyreiniol Rongbuk gyda'r bwriad o sefydlu gwersyll 3 islaw'r Bwlch Gogleddol. Dilynwyd hwy y diwrnod canlynol gan ugain cludwr arall gyda mwy o gyflenwadau, ond methodd y rhain â chyrraedd gwersyll 3 pan ddaeth yn storm enbyd gan achosi i'r tymheredd ostwng yn sylweddol fel y chwipiai'r gwyntoedd Arctig ar draws y rhewlif. Gorfu i'r tîm cyntaf gynnal eu hunain gydag un blanced yr un a rhywfaint o haidd amrwd tra roedd yr eira yn graddol lenwi'r pebyll. Pan lwyddodd Geoffrey Bruce i gyrraedd gwersyll 3 roedd y cludwyr mewn cyflwr truenus heb ddigon o nerth ar ôl i baratoi eu prydau bwyd eu hunain. Doedd dim newid yn y tywydd drwg ac yn y diwedd gorchmynnodd Norton i bawb ddychwelyd i'r prif wersyll erbyn 12 Mai. Roedd un Sherpa wedi torri ei goes, un arall yn dioddef o ewinrhew at ei fferau, eraill yn dioddef o niwmonia, ond roedd Shamsher, un o'r swyddogion heb gomisiwn, wedi cael tolchen ar ei ymennydd. Gorfodwyd pawb i aros yn y prif wersyll wedyn nes y byddai'r tywydd yn gwella a chafwyd ymweliad gan y Lama o Fynachlog Rombuk.

Gyda'r posibilrwydd y byddai'r monswn yn cyrraedd yn gynnar dechreuwyd ar y gwaith o atgyflenwi'r gwersylloedd, a nodwyd 29 Mai fel dyddiad newydd ar gyfer gwneud ymgais ar y copa. Er mwyn osgoi llwybr trychinebus 1922 penderfynwyd gosod rhaffau yn sownd wrth bolion i farcio'r ffordd i fyny'r Bwlch Gogleddol, ond y lle hwn oedd eu prif rwystr unwaith yn rhagor. Disgynnodd Mallory i hafn yn yr eira, ond llwyddodd i ddod allan heb gymorth, ac erbyn iddo gyrraedd gwersyll 3 roedd wedi llwyr ymladd. Drannoeth dringodd Somervell, Irvine a Hazard gyda deuddeg Sherpa mewn eira dwfn i sefydlu gwersyll 4, a'r bwriad wedyn oedd gadael Hazard a'r Sherpaid yno i baratoi'r gwersyll tra roedd y ddau arall yn dychwelyd i wersyll 3. Bu'n bwrw eira drwy'r nos a thrwy gydol y diwrnod canlynol.

Gwawriodd bore 23 Mai yn glir a chychwynnodd Geoffrey Bruce ac Odell gyda dau ar bymtheg o gludwyr i fyny at y Bwlch Gogleddol, ac wedyn ymlaen i wersyll 4 gyda'r gobaith o fedru cyrraedd gwersyll 5 y diwrnod canlynol. Gwaethygodd y tywydd unwaith yn rhagor, a gwelsant Hazard a rhai o'r Sherpaid yn dod i lawr drwy'r eira trwm, ond roedd pedwar ohonynt ofn mentro i lawr y llethr serth llithrig ac wedi gwrthod symud o'u gwersyll. Roedd pedwar dyn wedi eu gadael yn ddiymgeledd ar y Bwlch Gogleddol a buasai unrhyw ymgais i'w hachub yn beryg o gychwyn cwymp yn dilyn yr eira oedd wedi hel ar y llethr yn dilyn yr holl gawodydd trymion. Pan wawriodd drannoeth yn glir cychwynnodd Norton, oedd yn flin iawn bod Hazard wedi gadael y Sherpaid, gyda Mallory a Somervell i fyny'r bwlch i geisio achub y pedwar. Roedd rhaid croesi clwt o eira dwfn meddal cyn cyrraedd pen y bwlch, ac aeth Somervell yn gyntaf, ond sylweddolodd nad oedd ganddo ddigon o raff, a

Wyneb Gogleddol Everest
Llun gan Carsten Nebel o Archif Wikipedia

bu'n rhaid i'r pedwar Sherpa oedd yn aros amdano groesi'r eira yn ofalus tuag ato. Croesodd y ddau gyntaf yn ddiogel, ond cychwynnodd y ddau olaf gyda'i gilydd ac roedd pwysau'r ddau yn ormod i'r eira a dechreuodd y ddau lithro i gyfeiriad clogwyn o rew ddau gan troedfedd islaw. Yn ffodus daethant i stop cyn cyrraedd y dibyn, a llwyddodd Somervell drwy ddefnyddio ei fwyell rew a'i raff i ddod â'r ddau i fyny'n ddiogel. Cyrhaeddodd y dringwyr a'r Sherpaid wersyll 3 mewn cyflwr o sioc am 7.30 yr hwyr. Ar 25 Mai penderfynwyd gadael y gwersyll ar Rewlif Dwyreiniol Rongbuk oherwydd y tywydd ansefydlog ac anarferol. Sylweddolwyd nad y monsŵn oedd wedi cyrraedd yn gynnar, ond y tywydd mawr oedd yn cyrraedd o gyfeiriad Affganistan.

Bu bron i ymgyrch 1924 ddod i ben ond wedi galw pawb at ei gilydd yng ngwersyll 1 penderfynodd y chwe dringwr, a'r ychydig Sherpaid oedd mewn cyflwr digon ffit, eu bod am ddal ati. Dringodd Mallory a Geoffrey Bruce at y Bwlch Gogleddol gan dreulio noson yng ngwersyll 4, ac ar 1 Mehefin dringwyd at grib y mynydd gydag wyth Sherpa yn cludo'r anghenion ac aeth pedwar ohonynt i lawr yn ôl wedi gollwng eu llwythi.

Sefydlwyd gwersyll 5 ar uchder o 25,300 o droedfeddi ac arhosodd Mallory a Bruce a'r gweddill o'r Sherpaid yno dros nos. Roedd Norton a Somervell wedi cychwyn ar yr un diwrnod tua'r Bwlch Gogleddol gyda chwe Sherpa, a'r diwrnod canlynol aethant o wersyll 4 i 5. Cyfarfu partïon Norton â Mallory hanner y ffordd rhwng y ddau wersyll, ac roedd aelodau o barti Mallory wedi llwyr ddiffygio wedi noson ddigwsg yn y gwyntoedd rhewllyd cryfion. Aeth Norton ymlaen a chyrraedd gwersyll 5 erbyn 1 o'r gloch y prynhawn. Anafwyd dau o'r Sherpaid pan daeth craig yn rhydd a tharo eu pabell a bu'n rhaid iddynt ddychwelyd i'r prif wersyll y diwrnod canlynol. Roedd gwersyll 6 wedi ei sefydlu am 1.30 y prynhawn pan ddaeth gorchymyn gan Norton i aros. Cyrhaeddwyd uchder o 26,800 o droedfeddi y diwrnod hwnnw.

Cyrraedd uchder oedd yn record newydd

Penderfynodd Norton a Somervell gychwyn tua'r copa fore drannoeth heb gymorth ocsigen gan gychwyn am 6.40 a llwyddwyd i ddringo uwchben y Band Melyn a dechrau croesi'r wyneb gogleddol. Roedd Somervell yn dioddef o ddolur gwddf cas oedd yn creu rhwystr iddo anadlu ac ni allai fynd ymlaen, ond er bod llygaid Norton yn llidiog wedi iddo dynnu ei sbectol dywyll er mwyn gweld y graig yn gliriach llwyddodd i gyrraedd uchder o 28,126 o droedfeddi. Dyma record newydd a fuasai'n aros heb ei thorri am tua deng mlynedd ar hugain arall, ond erbyn hyn roedd yn 1 o'r gloch ac yn amser troi'n ôl os am ail ymuno â Somervell a chyrraedd gwersyll 6 yn ddiogel. Ailymunodd â'i gydymaith ymhen awr ac wedi clymu'r rhaff cychwynnodd y ddau i lawr am 2.00 o'r gloch y prynhawn, er bod Somervell wedi colli ei fwyell rew i lawr yr wyneb gogleddol serth llwyddwyd i gyrraedd gwersyll 6 yn ddiogel. Tynnwyd y babell i lawr a rhoi cerrig arni i'w harbed rhag iddi fynd i ganlyn y gwynt cryf cyn ail gychwyn i lawr y mynydd. Yn y man daeth Mallory ac Odell i'w cyfarfod a'i helpu i gyrraedd gwersyll 4. Cafodd Norton boenau mawr yn ei lygaid dros nos a bu'n dioddef o ddallineb eira (opthalmia) am wythnosau wedyn.

Odell yn gweld Mallory ac Irvine am y tro olaf

Dechreuodd ymgais olaf ymgyrch 1924 ar ddringo Everest pan gychwynnodd Mallory ac Irvine allan o wersyll 6 ar fore 8 Mehefin. Mae'n debyg i Mallory ddewis Irvine yn hytrach na Odell am ei fod yn ifanc a ffit, ond yn fwy na hynny, efallai, oherwydd ei allu i edrych ar ôl y cyfarpar ocsigen a'r stof a'u cadw i weithio; roedd Mallory ei hun yn anobeithiol gydag unrhyw declynnau o'r fath, fel y gwelwyd eisoes pan ddifethodd y lluniau yn ystod yr ymgyrch gyntaf. Roedd Mallory wedi dechrau sylweddoli gwerth ocsigen erbyn hynny.

Cychwynnodd Odell yntau i fyny o wersyll 5 y bore hwnnw gan gario cyflenwad o fwyd gydag ef i'r gwersyll uchaf. Pan oedd yn 12.50 dringodd i ben craig fechan ar uchder o tua 26,000 o droedfeddi ac arhosodd i edrych i gyfeiriad Everest. Pan gliriodd y niwl gallai weld y mynydd yn glir yn y pellter, a dau ddyn yn dringo'r grib yn araf tua'r copa. Gorchuddiwyd y mynydd eto dan fantell o niwl. Dyma'r tro olaf i Mallory ac Irvine gael eu gweld yn fyw, ond doedd Odell ddim yn sylweddoli hynny ar y pryd.

Cyrhaeddodd Odell wersyll 6 am 2 o'r gloch ac roedd yn dechrau bwrw eira a'r gwynt yn cryfhau. Gwaethygodd y tywydd yn ystod y dydd ac arhosodd yn y babell nes iddi glirio cyn mynd allan i edrych o gwmpas ond doedd dim golwg o'r ddau ddringwr. Dychwelodd i wersyll 4 am 4.30 a dywedodd yr holl hanes wrth Hazard. Roedd y ddau braidd yn bryderus fel roedd yn nosi gan fod Mallory wedi gadael ei ffagliadau a'i fflacholeuadau ar ôl yng ngwersyll 6 ac felly doedd dim modd ganddynt o anfon signal i'r rhai oedd yn chwilio amdanynt. Cychwynnodd Odell i fyny at y gwersylloedd uchaf eto gyda dau Sherpa gan aros noson yng ngwersyll 5 a mynd ymlaen at wersyll 6 gan ddefnyddio ocsigen. Doedd dim yn wahanol yno. Dringodd yn uwch gyda'r gobaith o ddarganfod unrhyw olion o Mallory ac Irvine ond rhoddodd y gorau iddi ymhen dwyawr. Gosodwyd dwy sach gysgu ar siâp y llythyren 'T' yn yr eira er mwyn gadael i weddill y garfan islaw wybod nad oedd sôn am y ddau ddringwr. Ymddengys bod yr arwyddion hyn wedi eu trefnu ymlaen llaw. Wedi cau'r babell yng ngwersyll 6 cychwynnodd Odell i lawr y mynydd gyda chwmpawd oedd yn perthyn i Mallory, a'r cyfarpar ocsigen yr oedd Irvine wedi bod yn gweithio arno. Roedd Norton, Geoffrey Bruce, Noel a Hingston yn disgwyl am unrhyw newyddion yng ngwersyll 3, a phan gyrhaeddodd Odell y Bwlch Gogleddol gosododd chwe blanced ar siâp croes yn yr eira i ddynodi nad oedd unrhyw obaith bellach o ddod o hyd i Mallory ac Irvine[19] yn fyw, a felly y daeth ymgyrch Everest 1924 i ben.

NODIADAU: Pennod 7.

1. Am hanes y mwyngloddwyr yn dringo Denali yn 1910 gweler: Terris Moore, *Mt McKinley: the Pioneer Climbs*, University of Alaska Press, 1967.
2. *The Daily Telegraph*, 6 Mehefin 1910, t.14.
3. Ibid.
4. Ibid.
5. Colin Wells, *Who's Who in British Climbing*, The Climbing Company Ltd., 2008, tt.284-285.
6. Lula Parker Betenson, *Butch Cassidy, my brother*, Brigham Young University Press, 1975, t.126.
7. *Y Bywgraffiadur Cymreig hyd 1940*, t.605.
8. R. Bryn Williams, *Eluned Morgan* [:] *Bywgraffiad a Detholiad*, Y Clwb Llyfrau Cymreig, 1948, t.62.
9. *Y Bywgraffiadur Cymreig hyd 1940*, t.49.
10. *Y Bywgraffiadur Cymreig 1951-1970*, t.251.
11. C. G. Bruce, *Himalayan Wanderer*, Alexander Maclehose & Co., London, 1934, t.7-8.
12. Ibid., t.10.
13. Tom Longstaff, *This My Voyage*, John Murray, London, 1950, t.93.
14. Am hanes cyflawn ymgyrch Everest 1921 gweler: C. K. Howard-Bury, D.S.O., *Mount Everest: the Reconnaissance*, Edward Arnold & Co., London, 1922.
15. Nodaf bedwar bywgraffiad o Mallory:
    Dudley Green, *Mallory of Everest*, John Donald, Burnley, 1991.
    David Pye, *George Leigh Mallory, a Memoir*, Oxford University Press, 1927.
    David Robertson, *George Mallory*, Faber & Faber, London, 1969.
    Showell Styles, *Mallory of Everest*, The Macmillan Company, New York, 1967.
16. Am hanes datblygiad cyfarpar mynydda gweler: Mike Parsons a Mary B. Rose, *Invisible on Everest*, Northern Liberties Press, Philadelphia, 2003.
17. Am hanes ymgyrch Everest 1922 gweler: C. G. Bruce, et al., *The Assault on Mount Everest 1922*, Edward Arnold, London, 1923.
18. Am hanes ymgyrch Everest 1924 gweler: E. F. Norton et al., *The Fight for Everest: 1924*, Edward Arnold, London, 1925.
19. Am hanes darganfod corff Mallory gweler: Peter Firstbrook, *Lost on Everest* [:] *The Search for Mallory and Irvine*, BBC Worldwide Ltd., London, 1999.
    Hefyd, Jochen Hemmleb a Eric Simonson, *Detectives on Everest* [:] *The 2001 Mallory & Irvine Research Expedition*, The Mountaineering Books, Seattle, 2002.
    Hefyd, Conrad Anker a David Roberts, *The Lost Explorer* [:] *Finding Mallory on Mount Everest*, Simon & Schuster, New York, 1999.

Mynegai